2018年度全国会计专业技术资格考试一本通
中级会计资格

经济法

恒企教育产品技术中心专业研发部　编

中国商业出版社

图书在版编目（CIP）数据

2018年度全国会计专业技术资格考试一本通.中级会计资格.经济法/恒企教育产品技术中心专业研发部编.— 北京：中国商业出版社，2018.4

（考霸魔方系列丛书）

ISBN 978-7-5208-0319-9

Ⅰ.①2… Ⅱ.①恒… Ⅲ.①经济法—中国—资格考试—自学参考资料 Ⅳ.①F23

中国版本图书馆CIP数据核字(2018)第075200号

责任编辑：唐伟荣

中国商业出版社出版发行

010-63180647　www.c-cbook.com

(100053　北京广安门内报国寺1号)

新华书店经销

广州市丰秀印务有限公司印刷

*

787×1092毫米　1/16　14.75印张　280千字

2018年5月第1版　2018年5月第1次印刷

定价：59.00元

* * * *

（如有印装质量问题可更换）

教材编写及使用说明

使用说明

考霸魔方系列丛书——中级会计资格考试一本通，由恒企教育产品技术中心下属的专业研发部组织多位长期担任中级会计资格考试培训项目的资深老师和研究员编写，并获得了多位业界名师的指导，使得此书得以顺利出版，与各位见面。本书使用恒企教育考霸魔方理论，对官方教材内容的重要考点进行筛选和提炼，做到聚焦，并在考点内容的呈现方式上做到精炼、易懂、丰富多样。希望能帮助广大考生高效地掌握知识，通过考试。

本套辅导教材有《中级会计实务》、《财务管理》和《经济法》三册，内容紧扣最新考试大纲，知识结构明确，理解难度适中，同时搭配独创的在线学习联动模块，让每一位考生都拥有专属的学习方案，为考生通关护航。

本套辅导教材配有独创性和定制化的学习体系（使用方法的视频解说请扫描本页右上角二维码）。具体介绍如下：

1. 基于"测评"的定制化学习方案

考生可扫描封底二维码关注微信公众号"恒企图书"，输入对应图书激活码进行注册登录，即可开始"前置测评"。系统会根据测评结果为考生定制专属的"学习方案"，并给出第一阶段的学习调整方案，考生可根据"学习方案"展开阶段性的学习。

每个阶段的学习，会按照"学习方案"对考生进行线上"检测"。当考生完成本阶段的学习后，会对考生进行"阶段测评"，以考察考生的学习程度，真正做到"发现问题并及时解决问题，绝不把问题带到今后的学习当中"。同时系统也会根据测评结果给出下一阶段的学习调整方案。

当考生完成辅导教材主体内容的学习之后，将对考生的学习成果进行线上"诊断"，最终会给出系统、全面的诊断结果，并针对其不足之处推荐相对应的"学习药方"。

2. 思维导图

本套辅导教材的"思维导图"不同于其他辅导教材仅提供给考生单调的知识架构图，而是通过线上呈现本书的知识框架，引导考生在学习过程中对"通关宝典"的内容进行梳理，并将其中重要的知识内容留空，供考生根据自己的理解去填写。这种方法可使考生对章节的知识内容和架构之间的联系进行更深层次的记忆和掌握，达到事半功倍的学习效果。考生可扫描本书各个章节标题旁边的二维码进入线上系统，点击"填空版"进行自我测试；点击"完整版"查看解析，展开自主化学习。

3. 通关宝典

"通关宝典"是对知识点和考点的精准梳理，是本套辅导教材的知识内容主体，与线上"学习方案"的课程章节和相关测评紧密联系。

（1）为了让考生更直观地了解"通关宝典"中的知识点在考试中的重要性，知识点序号前会标有★来表示其重要程度。

★★★表示该知识点非常重要，在考试中出现频率很高，需要考生着重学习理解。

★★表示该知识点较为重要，在考试中出现频率较高，或者是考试大纲中要求掌握的知识点。

★表示该知识点一般重要，是考试大纲中要求熟悉的知识点。

没有★表示在考试中出现频率较少，是考试大纲中仅要求了解的知识点。

（2）为了让考生更直观地了解"通关宝典"中的知识点对应的重点部分，采取一套颜色符号体系来表示。

专色+加粗+双划线：主关键词

黑色+加粗：次关键词

黑色+单划线：次次关键词

黑色+双划线：分点列举时的次关键词

专色+下划线：分点列举时的次次关键词

着重号：举例说明

表中符号使用同上，但具体操作比较灵活。

所有的考点视其在考试中的重要性会配有相应部分试题，供考生边学边练，深入掌握知识点。部分疑难重点内容附有相应的课程视频二维码，考生扫描二维码即可直接观看对应知识点的视频课程，使考生更为直观地学习和理解。部分知识点亦配有记忆方法，方便考生理解和记忆。本套辅导教材中会有【总结】、【易混点】、【注意】、【对比】、【小剧场】等提示板块标注，以进一步提高考生的学习效率。

4. 考霸手稿

"考霸手稿"是与考霸真实接触的模块。此模块是对历年真题进行系统全面的剖析，并整理相应的应试技巧及考试经验分享给考生，便于考生掌握解题思路，增强考生的应试能力。此外，"考霸手稿"也配有试题的解题思路和步骤的详细说明，供考生参考学习。

5. 模拟试卷

在考生完成对"通关宝典"和"考霸手稿"的学习之后，本套辅导教材根据考试大纲中的考点甄选试题，还配备了一套纸质"模拟试卷"。"模拟试卷"用来考核考生对本套辅导教材中所述内容及解题技巧的掌握和运用程度，答案解析需要考生扫描对应二维码进行查看。

本套辅导教材的编写组本着严谨认真、精益求精的态度进行编写，但由于时间有限，书中难免出现错漏与不足，恳请广大读者批评指正！联系方式010-52479895。

目录

第一模块　通关宝典 1

第一阶段学习方案 1
第一阶段通关宝典 3

第一章　总论 3
第一节　经济法概述 3
第二节　法律行为与代理 4
第三节　经济仲裁与诉讼 9

第二章　公司法律制度 19
第一节　公司法律制度概述 19
第二节　公司的登记管理 20
第三节　有限责任公司 21
第四节　股份有限公司 34
第五节　公司董事、监事、高级管理人员的资格和义务 40
第六节　公司股票和公司债券 43
第七节　公司财务会计 46
第八节　公司合并、分立、增资、减资 47
第九节　公司解散和清算 48
第十节　违反公司法的法律责任 50

第二阶段学习方案 52
第二阶段通关宝典 54

第三章　其他主体法律制度 54
第一节　个人独资企业法律制度 54
第二节　合伙企业法律制度 57

第四章　金融法律制度 71
第一节　证券法律制度 71
第二节　保险法律制度 83
第三节　票据法律制度 92

第三阶段学习方案·· 102
第三阶段通关宝典·· 104

第五章 合同法律制度 104
第一节 合同法律制度概述·· 104
第二节 合同的订立·· 105
第三节 合同的效力·· 110
第四节 合同的履行·· 111
第五节 合同的担保·· 115
第六节 合同的变更和转让·· 125
第七节 合同的权利义务终止··· 127
第八节 违约责任·· 130
第九节 主要合同·· 131

第四阶段学习方案·· 145
第四阶段通关宝典·· 147

第六章 增值税法律制度 147
第一节 增值税法律制度概述··· 147
第二节 增值税的纳税人、征税范围和税率··· 147
第三节 增值税的应纳税额·· 152
第四节 增值税的税收优惠·· 155
第五节 增值税的征收管理和发票管理··· 156
第六节 增值税的出口退（免）税制度··· 159

第七章 企业所得税法律制度 160
第一节 企业所得税概述··· 160
第二节 企业所得税的纳税人、征税范围及税率·· 160
第三节 企业所得税的应纳税所得额··· 163
第四节 企业所得税的应纳税额··· 172
第五节 企业所得税的税收优惠··· 173
第六节 企业所得税的源泉扣缴··· 178
第七节 企业所得税的特别纳税调整··· 179
第八节 企业所得税的征收管理··· 179

第八章 相关法律制度 …… 182
　第一节　预算法 …… 182
　第二节　国有资产管理法律制度 …… 185
　第三节　知识产权法律制度 …… 187
　第四节　政府采购法律制度 …… 192

第二模块　考霸手稿 …… 197

第三模块　应试技巧 …… 217

第四模块　模拟试卷 …… 218

第一模块　通关宝典

第一阶段学习方案

前置测评

学习方案一（90模块过单科）

学习方案一				
阶段一模块	学习、复习内容	检测	完成日期	定制调整内容
1-1	学习第一章第一节	-		
1-2	学习第一章第二节	-		
1-3	学习第一章第二节	-		
1-4	学习第一章第三节	-		
1-5	学习第一章第三节	-		
1-6	学习第一章第三节 复习第一章	检测1		
1-7	学习第二章第一、第二节	-		
1-8	学习第二章第三节	-		
1-9	学习第二章第三节	-		
1-10	学习第二章第三节	-		
1-11	学习第二章第三节	-		
1-12	学习第二章第三节	-		
1-13	学习第二章第四节	-		
1-14	学习第二章第四节	-		
1-15	学习第二章第四节	-		
1-16	学习第二章第四节	-		
1-17	学习第二章第五节	-		
1-18	学习第二章第六节	-		
1-19	学习第二章第七、第八节	-		
1-20	学习第二章第九节	-		
1-21	学习第二章第十节 复习第一、第二章	阶段1测评		

经济法

学习方案二（60模块过单科）

学习方案二					
阶段—模块	学习、复习内容	检测	完成日期	定制调整内容	
1-1	学习第一章第一节	-			
1-2	学习第一章第二节	-			
1-3	学习第一章第三节	-			
1-4	学习第一章第三节 复习第一章	检测1			
1-5	学习第二章第一、第二节	-			
1-6	学习第二章第三节	-			
1-7	学习第二章第三节	-			
1-8	学习第二章第四节	-			
1-9	学习第二章第四节	-			
1-10	学习第二章第五节	-			
1-11	学习第二章第六节	-			
1-12	学习第二章第七、第八节	-			
1-13	学习第二章第九、第十节 复习第一、第二章	阶段1测评			

学习方案三（30模块过单科）

学习方案三					
阶段—模块	学习、复习内容	检测	完成日期	定制调整内容	
1-1	学习第一章第一、第二节	-			
1-2	学习第一章第三节 复习第一章	检测1			
1-3	学习第二章第一、第二、第三节	-			
1-4	学习第二章第三节	-			
1-5	学习第二章第四、第五节	-			
1-6	学习第二章第六至第十节 复习第一、第二章	阶段1测评			

第一阶段通关宝典

第一章 总论

本章考情分析

思维导图

本章主要介绍民商法的基础知识,需要准确理解的法律概念较多,复习难度较大。本章主要以客观题的形式考核,但有部分内容也可能会出现在主观题中。考生应注意加强理解,并对相关知识点加以记忆。

年份 题型	2014年		2015年		2016年		2017年卷一		2017年卷二	
	题量	分值	题量	分值	题量	分值	题量	分值	题量	分值
单选题	3	3	4	4	3	3	1	1	3	3
多选题	2	4	1	2	1	2	1	2	1	2
判断题	1	1	1	1	1	1	1	1	1	1
简答题	–	–	–	–	–	–	–	–	–	–
综合题	–	–	–	–	–	2	–	–	–	–
合计	–	8	–	7	–	8	–	4	–	6

第一节 经济法概述

一、经济法的渊源

★考点1. 经济法的渊源

法律渊源		制定机关
宪法		全国人大
法律		全国人大及其常务委员会
法规	行政法规	国务院
	地方性法规	地方人大及其常务委员会
规章	部门规章	国务院各部委、中国人民银行、审计署及直属机构
	地方政府规章	地方人民政府
民族自治条例和单行条例		民族自治地方人大
司法解释		最高人民法院、最高人民检察院
国际条约或协定		国际法主体
效力:宪法 > 法律 > 行政法规 > 地方性法规 > 同级地方政府规章		

【记忆口诀】宪法最大人大定,法律次之看人大及其常委会;行政法规国务院,地

方法由地方人大定,最后规章来补充,国务院各部委部门规,地方人民政府规章低。

【例1·单选】下列各项中,属于行政法规的是(　　)。
A. 财政部制定的《会计从业资格管理办法》
B. 全国人民代表大会常务委员会制定的《中华人民共和国矿产资源法》
C. 河南省人民代表大会常务委员会制定的《河南省消费者权益保护条例》
D. 国务院制定的《中华人民共和国外汇管理条例》
【答案】D
【解析】选项A属于部门规章;选项B属于法律;选项C属于地方性法规;选项D属于行政法规。

二、经济法主体

★★考点1. 经济法主体

包括<u>国家机关</u>、企业、<u>事业单位</u>、<u>社会团体</u>、个体工商户、<u>农村承包经营户</u>和公民等。

【例2·多选】下列各项中,可以成为经济法主体的有(　　)。
A. 政府　　　B. 非营利组织　　　C. 各类企业　　　D. 外国人
【答案】ABCD
【解析】经济法主体可分为:国家机关、企业、事业单位、社会团体、个体工商户、农村承包经营户和公民等。

第二节　法律行为与代理

一、法律行为

★★考点1. 法律行为的概念和特征

(1) 概念
法律行为是指<u>民事主体</u>通过意思表示<u>设立</u>、<u>变更</u>、<u>终止</u>民事法律关系的行为。
(2) 特征
①以达到一定的民事法律后果为目的。
a. 只有符合<u>生效要件</u>的法律行为,才能发生当事人预期的法律后果。
b. 无论法律效果是否<u>有效</u>、<u>无效</u>、<u>可撤销</u>或<u>效力待定</u>,均为法律行为。
②以<u>意思表示</u>为要素。
③是具有法律约束力的<u>合法行为</u>。

【例1·单选】下列各项中,属于民事法律行为的是(　　)。(2017年)
A. 陈某拾得一个钱包
B. 李某种植果树
C. 杨某与某商场签订购买机器的合同

D. 王某盗窃他人财物

【答案】C

【解析】选项AB，属于事实行为（与意思表示无关）；选项D，非法行为不是民事法律行为。

【例2·多选】下列各项中，属于民事法律行为的有（   ）。（2013年）

A. 甲完成一项发明创造

B. 乙捡到一台电脑

C. 丙商场与某电视生产企业签订购买一批彩电的合同

D. 丁放弃一项债权

【答案】CD

【解析】选项AB，属于事实行为（与意思表示无关）；选项CD，属于民事法律行为（以意思表示为要素），其中签订合同属于双方法律行为，债务的免除属于单方法律行为。

考点2. 法律行为的分类

分类标准	具体类别
（1）**主体**意思表示的形式	单方行为（如债务的免除、委托代理的撤销）
	多方行为（如订立合同行为、设立公司的协议）
（2）是否存在**对等的给付**	有偿行为（如买卖、租赁、承揽）
	无偿行为（如赠与、无偿委托、借用）
（3）是否需要**特定形式**	要式行为（如融资租赁合同、建设工程合同）
	非要式行为（如口头订立的合同）
（4）**依存关系**	主行为（如借款合同）
	从行为（如担保合同）

★ 考点3. 法律行为的要件（2018年重大调整）

（1）成立要件

意思表示。

（2）生效要件

①行为人具有相应的<u>民事行为能力</u>。

②意思表示<u>真实</u>。

③<u>不违反强制性规定，不违背公序良俗</u>。

（3）自然人的民事行为能力

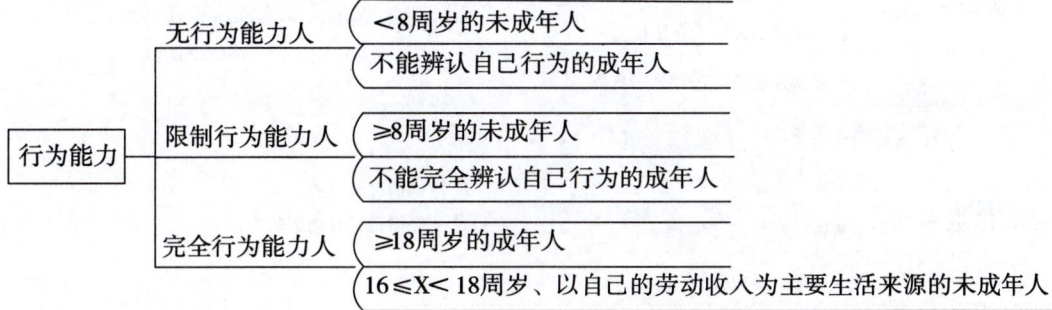

【记忆口诀】完全行为要成年，要么16能挣钱；8岁以上未成年，限制一个半疯癫；再小再孬无法无天，民事行为不沾边。

★ 考点4. 附条件和附期限的法律行为

(1) 附生效条件的，条件成就时生效
(2) 附生效期限的，期限届至时生效

【注意】当事人恶意阻止条件成就的，视为条件已成就；恶意促使条件成就的，视为条件不成就。

【易混点】期限是必然到来的；条件不一定到来。

【例3·判断】陈某与李某约定，在李某结婚时，陈某将自己的一套房屋赠与李某。该赠与行为是附期限的法律行为。（　　）（2017年）

【答案】×

【解析】所附的条件可能成就，也可能不成就；所附的期限必然会到来。万一李某打一辈子光棍，陈某的房屋就送不出去了——结婚属于条件。

★ 考点5. 无效的法律行为

部分无效不影响其他部分效力的主要情形：
(1) 标的数量超过法律许可范围
(2) 内容由数种不同事项合并而成
(3) 非主要条款违反强制性规定或公序良俗

★ 考点6. 可撤销的法律行为

行使撤销权的时间限制：
(1) 自知道或应当知道之日起1年内
(2) 重大误解的，自知道或应当知道之日起3个月内
(3) 受胁迫的，自胁迫行为终止之日起1年内
(4) 当事人明确表示或以自己行为表明放弃的，自发生之日起5年内

【易混点】无效、可撤销、效力待定的情形及性质。

合同效力	情形	性质
无效	无民事行为能力人独立实施的	①自始无效、当然无效、确定无效 ②在诉讼、仲裁中可主动宣告无效
	通谋虚假表示实施的	
	恶意串通，损害他人合法权益	
	违反强制性规定或违背公序良俗	
可撤销	重大误解	①撤销前已经生效 ②一经撤销，自始无效
	受欺诈	
	受胁迫	
	乘人之危、显失公平	

续表

合同效力	情形	性质
效力待定	限制行为能力人超出自己的行为能力范围	①经权利人追认，合同有效；拒绝追认无效 ②善意、恶意相对人可催告权利人在<u>1个月</u>内追认；逾期视为拒绝 ③追认前，善意相对人可撤销
	无权代理	

【例4·单选】A、B公司于2015年2月4日签订买卖合同，3月4日A公司发现自己对合同标的物存在重大误解，遂于4月4日向法院请求撤销该合同，法院于5月4日依法撤销了该合同。根据《合同法》的规定，下列关于该买卖合同被撤销后效力的表述中，正确的是（　　）。

A. 该买卖合同自2月4日起归于无效
B. 该买卖合同自3月4日起归于无效
C. 该买卖合同自4月4日起归于无效
D. 该买卖合同自5月4日起归于无效

【答案】A

【解析】可撤销合同经依法撤销，自始（2015年2月4日）无效。

【例5·多选】甲公司以国产牛肉为样品，伪称某国进口牛肉，与乙公司签订了买卖合同，后乙公司得知这一事实。此时恰逢某国流行疯牛病，某国进口牛肉滞销，国产牛肉价格上涨。下列说法中，正确的有（　　）。

A. 乙公司有权自知道样品为国产牛肉之日起一年内主张撤销该合同
B. 甲公司有权自合同订立之日起一年内主张撤销该合同
C. 乙公司有权决定履行该合同，甲公司无权拒绝履行
D. 在乙公司决定撤销该合同前，甲公司有权按约定向乙公司要求支付货款

【答案】ACD

【解析】对于选项A，受欺诈、胁迫而订立的合同，属于可撤销的合同，具有撤销权的当事人（乙公司）自知道或应当知道撤销事由之日起1年内没有行使撤销权的，撤销权消灭；对于选项B，第三人实施欺诈行为，使一方在违背真实意思的情况下订立的合同，只有受损害方乙公司才有权撤销，甲公司没有撤销权；对于选项C，可撤销的合同在撤销前已经生效，乙公司可以行使撤销权，也可以不行使撤销权，而要求甲公司履行合同；对于选项D，可撤销的合同在被撤销前，合同有效，甲公司有权要求乙公司履行付款义务。故选项ACD正确。

二、代理

★考点1. 适用范围

(1) 必须是<u>民事</u>法律行为，如订立合同、履行债务、民事诉讼、商标注册等
(2) 应由<u>本人</u>实施的民事法律行为不得代理，如订立遗嘱、婚姻登记、收养子女等

【例6·单选】在当事人没有约定的情况下，下列行为可以由他人代理完成的是（　　）。

[7]

A. 订立遗嘱　　　　B. 登记结婚　　　　C. 租赁房屋　　　　D. 收养子女
【答案】C
【解析】应当由本人实施的民事法律行为，不得代理。

★考点2. 代理的种类
（1）委托代理
【注意】委托书授权不明的，被代理人应向第三人承担民事责任，代理人负连带责任。
（2）法定代理
【注意】无民事行为能力人、限制民事行为能力人的监护人是其法定代理人。
（3）指定代理

★考点3. 滥用代理权的情形
（1）自己代理
代理人以被代理人的名义与自己进行民事活动。
（2）双方代理
同一代理人代理双方当事人进行同一项民事活动。
（3）恶意串通
代理人与第三人恶意串通损害被代理人的利益。
【注意】代理人不得以被代理人的名义与自己或与自己同时代理的其他人实施民事法律行为，但被代理人或被代理的双方同意或追认的除外。

★考点4. 表见代理
（1）构成要件
①行为人没有代理权、超越代理权或代理权终止后以被代理人的名义订立合同。
②善意第三人有理由相信行为人有代理权。
（2）法律后果
①相对人可主张无权代理，以善意第三人的身份主张撤销订立的合同。
②相对人可主张表见代理，认定代理行为有效，由被代理人承担责任，被代理人承担责任后可向代理人追偿。

★考点5. 代理关系的终止

委托代理终止	法定代理或指定代理终止
（1）代理期间届满或代理事务完成	（1）被代理人取得或恢复民事行为能力
（2）被代理人取消委托或代理人辞去委托	（2）指定代理的人民法院或指定单位取消指定
（3）代理人或被代理人死亡	（3）被代理人或代理人死亡
（4）代理人丧失民事行为能力	（4）代理人丧失民事行为能力
（5）作为代理人或被代理人的法人、非法人组织终止	（5）其他原因引起的被代理人和代理人之间的监护关系消灭

【注意】被代理人死亡后，委托代理行为仍有效的情形：

（1）代理人不知道且不应当知道被代理人死亡。
（2）被代理人的继承人予以承认。
（3）授权中明确代理权在代理事务完成时终止。
（4）被代理人死亡前已实施，为了被代理人的继承人的利益继续代理。

【例7·单选】下列各项中，不属于委托代理终止的法定情形是（　　）。(2013年)

A.代理人辞去委托

B.代理期间届满

C.被代理人恢复民事行为能力

D.被代理人撤销委托

【答案】C

【解析】C选项是法定代理关系终止的情形之一。

第三节　经济仲裁与诉讼

一、仲裁

★★★考点1.《仲裁法》的适用范围

(1)	适用	平等主体：合同纠纷、财产权益纠纷
(2)	不适用	劳动争议、农业承包合同纠纷
(3)	不能仲裁	婚姻、收养、监护、扶养、继承纠纷、行政争议

【例1·单选】下列各项中，属于仲裁法律制度适用范围的是（　　）。(2017年)

A.融资租赁合同纠纷

B.农业集体经济组织内部的农业承包合同纠纷

C.离婚纠纷

D.行政争议

【答案】A

【解析】对于选项B，农业承包合同纠纷可以申请仲裁，但只适用于《农村土地承包经营纠纷调解仲裁法》，不属于仲裁法律制度适用范围；对于选项C，与人身有关的婚姻、收养、监护、扶养、继承纠纷，不属于财产性纠纷，不能提请仲裁；对于选项D，行政争议，当事人可申请行政复议或提起行政诉讼，但不能提请仲裁。故选项A正确。

【例2·单选】下列各项中，属于《仲裁法》适用范围的是（　　）。(2014年)

A.自然人之间因继承财产发生的纠纷

B.纳税企业与税务机关因纳税发生的争议

C.农户之间因土地承包经营发生的纠纷

D.公司之间因买卖合同发生的纠纷

【答案】D

【解析】不属于《仲裁法》调整的争议有：与人身有关的婚姻、收养、监护、扶养、继承纠纷（选项A）；行政争议（选项B）；劳动争议；农业承包合同纠纷（选项C）。故选项D正确。

★★★ **考点2. 仲裁协议**

（1）**效力**
①仲裁协议中为当事人设定的义务，**不能任意更改**、**终止**、**撤销**。
②当事人发生协议约定的**争议**时，任何一方**只能**提交**仲裁**，不能向人民法院起诉。
③具有**排除**诉讼管辖权的作用。
④**独立性**：合同的变更、解除、终止、无效，不影响仲裁协议的效力。

（2）仲裁协议**无效**的情形
①约定的仲裁事项**超过**法律规定的**仲裁范围**。
②无民事行为能力人或**限制**民事行为能力人订立的。
③一方采取**胁迫**手段，**迫使**对方订立的。
④仲裁协议对仲裁事项或仲裁委员会**没有**约定或约定不明确的，当事人可补充协议；达不成补充协议的，仲裁协议无效。

（3）**效力异议**
当事人对仲裁协议的效力有异议，应在仲裁庭**首次开庭前**提出。
①可请求仲裁委员会作出**决定**或请求**法院**作出**裁定**。
【注意】一方请求仲裁委员会，另一方请求法院的，由法院裁定。
②达成仲裁协议，一方向法院起诉未声明有仲裁协议，法院**受理后**，另一方在**首次开庭前**提交仲裁协议的，驳回起诉，但仲裁协议无效的除外。
【注意】在首次开庭前未提出异议的，视为放弃仲裁协议，法院应继续审理。
【易混点】当事人达成仲裁协议，一方向人民法院起诉未声明有仲裁协议，另一方怎么办？两条路可以走：
（1）**有异议**——人民法院"首次开庭审理前"提出异议——驳回起诉。
（2）**没异议**——视为双方放弃了已经达成的仲裁协议——法院继续审理。

【例3·单选】A、B签订的买卖合同中订有有效的仲裁条款，后因合同履行发生了纠纷，B未声明有仲裁条款而向法院起诉，法院受理了该案。首次开庭后，A提出应依合同中的仲裁条款解决纠纷，法院对该案没有管辖权。下列处理方式中，正确的是（   ）。
A. 法院与仲裁机构协商解决该案管辖权事宜
B. 法院继续审理该案
C. 法院中止审理，等确定仲裁条款效力后再决定是否继续审理
D. 法院终止审理，由仲裁机构审理该案
【答案】B
【解析】如果A在人民法院"首次开庭前"提交仲裁协议，人民法院应驳回B的起诉；如果A在人民法院"开庭审理时"才提交仲裁协议，视为放弃仲裁协议，人民法院应当继续审理。故选项B正确。
【例4·多选】下列关于仲裁协议效力的表述中，符合仲裁法律制度规定的有（   ）。

A. 仲裁协议具有独立性，合同的变更、解除，不影响仲裁协议的效力
B. 当事人对协议的效力有异议的，只能请求人民法院裁定
C. 仲裁协议具有排除诉讼管辖权的效力
D. 仲裁协议对仲裁事项没有约定且达不成补充协议的，仲裁协议无效

【答案】ACD

【解析】选项B，当事人对仲裁协议的效力有异议的，应当在仲裁庭首次开庭前请求仲裁委员会作出决定或者请求人民法院作出裁定。一方请求仲裁委员会作出决定，另一方请求人民法院作出裁定的，由人民法院裁定。

【例5·多选】根据仲裁法律制度的规定，下列属于无效仲裁协议的有（　　）。

A. 限制民事行为能力人与他人订立的仲裁协议
B. 因一方违约而被相对人依法解除的买卖合同中包含的仲裁协议
C. 当事人就继承纠纷约定仲裁的仲裁协议
D. 一方采取胁迫手段，迫使对方订立的仲裁协议

【答案】ACD

【解析】对于选项A，无民事行为能力人或者限制民事行为能力人订立的仲裁协议无效；对于选项B，仲裁协议具有独立性，合同的变更、解除、终止或者无效，不影响仲裁协议的效力；对于选项C，与人身有关的婚姻、收养、监护、扶养、继承纠纷不得申请仲裁，当事人就继承纠纷约定仲裁的仲裁协议属于超过法律规定的仲裁范围，仲裁协议无效；对于选项D，一方采取胁迫手段，迫使对方订立的仲裁协议无效。故选项ACD正确。

★★★考点3. 仲裁程序

（1）仲裁庭的<u>组成</u>

由 1 名或 3 名仲裁员组成；由 3 名仲裁员组成的，设<u>首席</u>仲裁员。

（2）<u>回避</u>制度

仲裁员有下列情况之一的，必须回避，当事人也有权提出回避申请：

①是本案**当事人**，或当事人、代理人的<u>近亲属</u>。
②与本案有**利害关系**。
③与本案当事人、代理人有**其他关系**，可能影响公正仲裁的。
④**私自会见**当事人、代理人，或接受当事人、代理人的<u>请客送礼</u>的。

【注意】当事人提出回避申请应说明理由，并在<u>首次开庭</u>前提出。回避事由在首次开庭后知道的，可在<u>最后一次开庭终结前</u>提出。

【例6·多选】根据《仲裁法》的规定，下列属于仲裁员必须回避的情形有（　　）。

A. 仲裁员与本案有利害关系
B. 仲裁员接受当事人的请客送礼
C. 仲裁员是本案代理人的近亲属
D. 仲裁员私自会见当事人

【答案】ABCD

【解析】根据规定，仲裁员有下列情况之一的，必须回避，当事人也有权提出回避申请：是本案当事人，或者当事人、代理人的近亲属；与本案有利害关系；与本案当事人、代理人有其他关系，可能影响公正仲裁的；私自会见当事人、代理人，或者接受当事人、代理人的请客送礼的。ABCD四项均是需要回避的情形。

(3) 仲裁裁决

①仲裁一般不公开进行，当事人协议公开的，可公开，但涉及国家秘密的不公开。

②裁决应按多数仲裁员意见作出，不能形成多数意见时，以首席仲裁员的意见作出。

(4) 仲裁效力

①如一方当事人不履行仲裁裁决的，另一方当事人可按照规定向人民法院申请执行。

②当事人提出证据证明裁决有依法应撤销情形的，可在收到裁决书之日起6个月内，向仲裁委员会所在地的中级人民法院申请撤销裁决。

【例7·判断】仲裁裁决被人民法院裁定撤销或不予执行的，当事人就同一纠纷，不能再重新达成仲裁协议申请仲裁或向人民法院起诉。（ ）。(2017年)

【答案】×

【解析】仲裁裁决作出后，当事人就同一纠纷，不能再申请仲裁或者向人民法院起诉。但是，仲裁裁决被人民法院依法裁定"撤销或者不予执行"的，原仲裁协议失效，当事人可以重新达成仲裁协议申请仲裁，也可以向人民法院起诉。

【例8·单选】根据仲裁法律制度的规定，当事人提出证据证明裁决有依法应撤销情形的，可以在收到裁决书之日起一定期间内，向仲裁委员会所在地的中级人民法院申请撤销裁决，该期间为（ ）。(2015年)

A.10日　　　　　　B.20日　　　　　　C.6个月　　　　　　D.2年

【答案】C

【解析】当事人提出证据证明裁决有依法应撤销情形的，可以在收到裁决书之日起6个月内，向仲裁委员会所在地的中级人民法院申请撤销裁决。

【例9·判断】当事人提出证据证明仲裁裁决有依法应撤销情形的，可在收到裁决书之日起1年内，向仲裁委员会所在地的高级人民法院申请撤销仲裁裁决。（ ）

【答案】×

【解析】当事人提出证据证明裁决有依法应撤销情形的，可在收到裁决书之日起6个月内，向仲裁委员会所在地的中级人民法院申请撤销裁决。

二、诉讼

★★★考点1. 诉讼管辖

(1) 地域管辖

①一般地域管辖：原告就被告原则。

【注意1】被告住所地与经常居住地不一致→经常居住地。

【注意2】住所地：户籍所在地；经常居住地：离开住所地至起诉时已连续居住满1年的地方，住院就医的除外。

a. 原告向2个以上有管辖权的人民法院起诉的，由最先立案的法院管辖。
b. 先立案的人民法院不得将案件移送给另一个有管辖权的人民法院。
c. 人民法院在立案前发现其他有管辖权的人民法院已先立案的，不得重复立案。
d. 立案后发现其他有管辖权的人民法院已先立案的，裁定将案件移送给先立案的。

②特殊地域管辖。

纠纷类型	管辖法院	
a. 合同纠纷	合同履行地	被告住所地
b. 保险合同纠纷	保险标的物所在地	
c. 票据纠纷	票据支付地	
d. 铁路、公路、水上和航空事故请求损害赔偿	事故发生地，车辆、船舶最先到达地，航空器最先降落地	
e. 专利纠纷	中级人民法院和基层人民法院	
f. 海事、海商案件	海事法院	

【例10·单选】当事人之间不存在管辖协议时，下列关于民事诉讼地域管辖的表述中，不符合民事诉讼法律制度规定的是（   ）。(2017年)

A. 因合同纠纷引起的诉讼，由被告住所地或合同履行地人民法院管辖

B. 因航空事故请求损害赔偿提起的诉讼，由航空器登记地人民法院管辖

C. 因专利纠纷引起的诉讼，由知识产权法院、最高人民法院确定的中级人民法院和基层人民法院管辖

D. 因票据纠纷引起的诉讼，由票据支付地或被告住所地人民法院管辖

【答案】B

【解析】选项B，因铁路、公路、水上和航空事故请求损害赔偿提起的诉讼，由事故发生地，车辆、船舶最先到达地，航空器最先降落地，或者被告住所地人民法院管辖。

【例11·判断】原告向两个以上有管辖权的人民法院起诉的，其中一个人民法院立案后发现其他有管辖权的人民法院已先立案的，应当裁定将案件移送给先立案的人民法院。（   ）(2015年)

【答案】√

【解析】立案后发现其他有管辖权的人民法院已先立案的，裁定将案件移送给先立案的人民法院。

(2) 协议管辖

只有合同纠纷、其他财产权益纠纷可协议管辖。

【注意】其他财产权益纠纷包括因物权、知识产权中的财产权而产生的民事纠纷。

【例12·单选】根据民事诉讼法律制度的规定，下列民事纠纷中，当事人不得约定纠纷管辖法院的是（   ）。(2016年)

A. 收养协议纠纷   B. 商标权纠纷
C. 物权变动纠纷   D. 赠与合同纠纷

【答案】A

【解析】对于合同纠纷和其他财产权益纠纷（因物权、知识产权中的财产权而发生的民事纠纷），当事人可以通过协议的方式选择解决他们之间纠纷的管辖法院。

★★★ **考点2. 审判程序**

（1）第一审程序，分为普通程序、简易程序
①普通程序起诉的法定条件：
　a. 原告是与本案有直接利害关系的公民、法人、其他组织。
　b. 有明确的被告。
　c. 有具体的诉讼请求、事实、理由。
　d. 属于人民法院受理民事诉讼、管辖范围，且须办理法定手续。
②法院应在7日内决定是否立案，且自立案之日起5日内将起诉状副本送给被告，被告在收到后15日内提出答辩。
【注意】被告不提出答辩不影响案件的审理。
③涉及国家秘密、个人隐私或法律另有规定的案件，不得公开审理，但离婚、涉及商业秘密的案件，当事人申请不公开的，可不公开。
④适用简易程序审理的，由审判员独任审判，书记员担任记录。
⑤人民法院可采取捎口信、电话、短信、传真、电子邮件等简便方式传唤双方当事人、通知证人、送达裁判文书以外的诉讼文书。
⑥已按照普通程序审理的案件，在开庭后不得转为简易程序审理。

【例13·单选】下列关于适用简易程序审理民事案件具体方式的表述中，不符合民事诉讼法律制度规定的是（　　）。（2015年）
A. 人民法院可以电话传唤双方当事人
B. 双方当事人可以就开庭方式向人民法院提出申请
C. 审理案件时由审判员独任审判
D. 已经按普通程序审理的案件在开庭后可以转为简易程序审理
【答案】D
【解析】关于选项AB，简易程序审理的案件，当事人双方可就开庭方式向人民法院提出申请，由人民法院决定是否准许，人民法院可以采取捎口信、电话、短信、传真、电子邮件等简便方式传唤双方当事人、通知证人和送达裁判文书以外的诉讼文书；关于选项C，适用简易程序审理案件，由审判员独任审判，书记员担任记录；关于选项D，已经按照普通程序审理的案件，在开庭后不得转为简易程序审理。

（2）第二审程序
①当事人不服地方人民法院第一审判决的，有权在判决书送达之日起15日内向上一级人民法院提起上诉。
②当事人不服地方人民法院第一审裁定的，有权在裁定书送达之日起10日内向上一级人民法院提起上诉。

（3）审判监督程序
①最高人民法院对地方各级人民法院、上级人民法院对下级人民法院已发生法律效

力的判决、裁定、调解书，发现确有错误的，有权提审或指令下级人民法院再审。

②当事人对已发生法律效力的判决、裁定，认为有错误的，可向原审人民法院或上一级人民法院申请再审，但不停止判决、裁定的执行。

③当事人对已发生法律效力的**调解书**申请再审，应在调解书发生法律效力后6个月内提出。

④当事人申请再审，人民法院**不予受理**的情形：

a. 再审申请被驳回后再次提出申请。

b. 对再审判决、裁定提出申请。

c. 人民检察院对当事人申请作出不予提出再审检察建议或抗诉决定后又提出申请。

【例14·多选】根据民事诉讼法律制度的规定，下列关于审判监督程序启动的表述中，正确的有（　　）。(2017年)

　　A. 当事人对已经生效的判决，认为有错误的，可以向上一级人民法院申请再审

　　B. 上级人民法院对下级人民法院已经生效的判决，发现确有错误的，有权提审

　　C. 各级人民法院院长对本院已经生效的判决，发现确有错误，认为需要再审的，提交审判委员会讨论决定

　　D. 最高人民法院对地方各级人民法院已经生效的判决，发现确有错误的，有权指令下级人民法院再审

【答案】ABCD

【解析】当事人对已经发生法律效力的判决、裁定、调解书，认为有错误的，可以向原审人民法院或上一级人民法院申请再审；最高人民法院对地方各级人民法院、上级人民法院对下级人民法院已经发生法律效力的判决、裁定、调解书，发现确有错误的，有权提审或指令下级人民法院再审；各级人民法院院长对本院已经发生法律效力的判决、裁定、调解书，发现确有错误，认为需要再审的，提交审判委员会讨论决定。故ABCD选项皆正确。

【例15·单选】根据民事诉讼法律制度的规定，下列当事人申请再审的情形中，人民法院可以受理的是（　　）。(2015年)

　　A. 再审申请被驳回后再次提出申请的

　　B. 对再审裁定提出申请的

　　C. 对再审判决提出申请的

　　D. 在调解书发生法律效力后6个月内提出申请的

【答案】D

【解析】当事人申请再审，有下列情形之一的，人民法院不予受理：再审申请被驳回后再次提出申请的（选项A）；对再审判决、裁定提出申请的（选项BC）；在人民检察院对当事人的申请作出不予提出再审检察建议或者抗诉决定后又提出申请的。在调解书发生法律效力后6个月内提出申请的，在符合条件的情况下，人民法院应予受理。

(4) 执行程序

①对发生法律效力的**判决**、**裁定**、**调解书**、其他法律文书，当事人必须履行。

②一方拒绝履行的，对方当事人可向人民法院申请执行，申请执行的期间为2年。

三、诉讼时效

★★ 考点1. 特点

（1）以权利人<u>不行使</u>法定权利的事实状态的<u>存在</u>为<u>前提</u>
（2）诉讼时效期间届满时消灭的是**胜诉权**，并不消灭**实体权利**
①义务人<u>未提出</u>诉讼时效抗辩，人民法院<u>不应</u>对诉讼时效问题进行<u>释明</u>及主动适用诉讼时效的规定进行<u>裁判</u>。
②当事人<u>未按照</u>规定提出诉讼时效抗辩，却以诉讼时效**期间届满**为由申请<u>再审</u>或提出<u>再审抗辩</u>的，人民法院<u>不予</u>支持。
③诉讼时效期间<u>届满后</u>，当事人自愿履行义务的，<u>不受</u>诉讼时效限制。
（3）具有<u>法定性</u>、**强制性**
当事人约定诉讼时效、对诉讼时效利益预先放弃均无效。

【例16·单选】下列关于诉讼时效期间届满后法律后果的表述中，符合法律规定的是（　　）。（2013年）
A. 当事人在诉讼时效期间届满后起诉的，人民法院不予受理
B. 诉讼时效期间届满后，权利人的实体权利消灭
C. 诉讼时效期间届满后，当事人自愿履行义务的，不受诉讼时效限制
D. 诉讼时效期间届满，当事人自愿履行义务后，可以诉讼时效期间届满为由主张恢复原状
【答案】C
【解析】诉讼时效届满后，义务人虽可拒绝履行其义务，权利本身及请求权并不消灭，当事人超过诉讼时效期间后起诉的，人民法院应当受理，选项A错误；诉讼时效期间届满时消灭的是胜诉权，并不消灭实体权利（债权人的债权并不消灭），选项B错误；诉讼时效期间届满后，当事人自愿履行义务的，不受诉讼时效的限制，义务人履行了义务后，又以诉讼时效期间届满为由抗辩的，人民法院不予支持，故选项D错误。

【例17·单选】根据诉讼时效法律制度的规定，下列关于诉讼时效制度适用的表述中，不正确的是（　　）。（2016年）
A. 当事人不可以约定诉讼时效的期间
B. 当事人未按照规定提出诉讼时效抗辩，却以诉讼时效期间届满为由申请再审，人民法院不予支持
C. 诉讼时效期间届满后，当事人自愿履行义务的，不受诉讼时效限制
D. 当事人未提出诉讼时效抗辩，人民法院可以主动适用诉讼时效规定进行审判
【答案】D
【解析】当事人未提出诉讼时效抗辩，人民法院不应对诉讼时效问题进行释明及主动适用诉讼时效的规定进行裁判。

★ 考点 2. 诉讼时效的适用对象
（1）只适用于**债权请求权**，即当事人可对债权请求权提出诉讼时效抗辩
（2）人民法院**不予支持**的情形
①支付存款**本金**及**利息**请求权。
②兑付**国债**、**金融债券**及向不特定对象发行的**企业债券**本息请求权。
③基于**投资关系产生的缴付出资请求权**。
④其他依法不适用的。
【注意】停止侵害请求权、消除危险请求权、消除影响请求权，也不适用。
【例 18·多选】根据诉讼时效法律制度的规定，当事人对下列债权请求权提出诉讼时效抗辩，人民法院不予支持的有（　　）。（2016 年）
A. 支付存款本息请求权
B. 兑付金融债券本息请求权
C. 兑付国债本息请求权
D. 基于投资关系产生的缴付出资请求权
【答案】ABCD
【解析】当事人可以对债权请求权提出诉讼时效抗辩，但对下列债权请求权提出诉讼时效抗辩的，人民法院不予支持：支付存款本金及利息；兑付国债、金融债券及向不特定人发行的企业债券；基于投资关系产生的缴付出资请求权；其他依法不适用诉讼时效规定的债权请求权。

★ 考点 3. 诉讼时效期间（2018 年重大调整）
分为普通时效与长期时效期间。

诉讼时效类型	起算点	长度	适用的纠纷类型
普通	**知道（应知道）**权利被侵害及义务人之日起	3 年	一般纠纷
最长（客观时效期间）	权利**被侵害之日**起	20 年	自权利受到损害之日起超过 20 年的，法律不予保护

★★ 考点 4. 诉讼时效的中止与中断
（1）中止条件
①必须是因法定事由而发生。
②发生或存续于诉讼时效期间的**最后 6 个月内**。
【注意】自中止时效的原因消除之日起满 6 个月，诉讼时效期间届满。
（2）中断事由
①权利人向义务人**提出请求履行义务**的要求。
②义务人**同意履行义务**。
③权利人**提起诉讼**或申请仲裁。
④与提起诉讼或申请仲裁具有同等效力的**其他**情形。
【注意】中断可多次进行，但不得超过法律规定的 20 年的最长诉讼时效期间。

【易混点】普通时效期间有中止、中断，长期时效期间不发生中止、中断，但可延长。

【例19·单选】根据诉讼时效法律制度的规定，在诉讼时效期间最后6个月内发生的下列情形中能够引起诉讼时效中止的是（　　）。(2016年，2017年)

A. 权利人向义务人提出履行义务的要求
B. 发生不可抗力致使权利人无法行使请求权
C. 义务人同意履行义务
D. 权利人提起诉讼

【答案】B

【解析】选项ACD都是诉讼时效中断的事由。

检测1

第二章 公司法律制度

本章考情分析
思维导图

本章是全书的重点章节，也是历年考试所占分值比较高的一章。本章考试重点多，需要记忆背诵的内容多，复习难度较大。因此，考生在复习过程中，要对本章内容重点学习，同时应重点关注简答题或综合题。

年份 题型	2014年		2015年		2016年		2017年卷一		2017年卷二	
	题量	分值	题量	分值	题量	分值	题量	分值	题量	分值
单选题	6	6	5	5	3	3	1	1	4	4
多选题	3	6	5	10	4	8	2	4	1	2
判断题	2	2	1	1	1	1	1	1	1	1
简答题	—	—	1	6	1	6	—	—	1	6
综合题	—	—	—	—	—	—	2	12	—	—
合计	—	14	—	22	—	20	—	18	—	13

第一节 公司法律制度概述

★ 考点1. 公司的种类

分类标准	种类	关系及性质	备注
《公司法》	有限责任公司	含一人公司、国有独资公司	—
	股份有限公司	上市、非上市股份有限公司	—
组织关系	母公司	控制地位	都具有法人资格，法律上彼此独立	母 ⇒ 子
	子公司	依附地位		
	总公司	—		总 分
	分公司	不具有法人资格，但可领取《营业执照》，以自己的名义进行经营活动，其民事责任由总公司承担		

【例1·多选】下列关于分公司法律地位的表述中，正确的有（　　）。(2013年)

A. 分公司独立承担民事责任

B. 分公司具有独立的法人资格

C. 分公司可以依法独立从事生产经营活动

D. 分公司从事经营活动的民事责任由其总公司承担

【答案】CD

【解析】分公司只是总公司管理的分支机构，不具有法人资格，但可以依法独立从事生产经营活动，其民事责任由设立分公司的总公司承担。因此选项 A、B 是错误的。

★ **考点 2. 公司法人财产权**

对外担保	(1) 董事会或股东（大）会决议
	(2) 有限额规定的，不得超过规定的限额（总额、单项）
对内担保	(1) 须经**股东（大）会**决议
	(2) **接受担保**的股东或受实际控制人支配的股东，<u>不得参加上述事项表决</u>
	(3) 该项表决由出席会议的**其他股东**所持表决权的**过半数**（>1/2）通过

【记忆口诀】对外担保股董议，对内担保股东议，出席其他表决半，数额不超章程关。

第二节 公司的登记管理

一、法定代表人

考点 1. 法定代表人
依照公司章程的规定，法定代表人由<u>董事长</u>、**执行董事**、<u>经理</u>担任。

二、设立登记

★ **考点 1. 设立登记**
(1) 依法设立的公司，由公司登记机关发给《企业法人营业执照》
(2) 公司<u>营业执照签发日期</u>为公司**成立日期**

【注意】电子营业执照与纸质营业执照具有同等法律效力。

【例 1·单选】根据公司法律制度的规定，有限责任公司的成立日期为（   ）。
A. 公司企业法人营业执照领取之日
B. 公司企业法人营业执照签发之日
C. 公司登记机关受理设立申请之日
D. 公司股东缴足出资之日
【答案】B
【解析】个人独资企业、合伙企业、有限责任公司、股份有限公司、中外合资经营企业、中外合作经营企业、外资企业的成立日期均为"营业执照的签发日期"。

考点 2. 变更登记
(1) 公司名称、法定代表人、经营范围：变更决议（决定）作出之日<u>30 日</u>内
(2) 减少注册资本、合并、分立：公告之日起<u>45 日</u>后
【注意】增加注册资本的，应自变更决议或决定作出之日起 30 日内申请变更登记。

(3) 变更实收资本：足额缴纳出资或股款之日起30日内
(4) 有限责任公司的股东转让股权：转让股权之日起30日内
(5) 公司董事、监事、经理发生变动：向原公司登记机关备案

第三节　有限责任公司

一、有限责任公司的设立

考点1. 注册资本

注册资本是指在公司登记机关登记的全体股东认缴的出资额。

★★考点2. 股东出资方式

可以	不可以
货币、实物、知识产权、土地使用权等	劳务、信用、自然人姓名、商誉、特许经营权、土地所有权、设定担保的财产等

【注意】用非货币财产作价出资，必须是可用货币估价并可依法转让。

【例1·单选】下列关于有限责任公司股东出资方式的表述中，符合公司法律制度规定的是（　　）。（2015年）

A. 以劳务作价出资　　　　　　　　B. 以商誉作价出资
C. 以特许经营权作价出资　　　　　D. 以土地使用权作价出资

【答案】D

【解析】股东可以用货币出资，也可以用实物、知识产权、土地使用权等可以用货币估价并可以依法转让的非货币财产作价出资，但不得以劳务、信用、自然人姓名、商誉、特许经营权或者设定担保的财产等作价出资。

★考点3. 股东未履行或未全面履行出资义务的认定

情形		措施
未评估		先评估，若不足，未足额出资
以划拨、设定权利负担的土地使用权出资		合理期间内办理变更手续，解除权利负担
房屋出资	已交付，未变更	变更后，认交付
	已变更，未交付	交付后，认交付

【注意】出资后因市场因素导致资产减值，应认定已足额出资。

【例2·判断】A、B、C共同投资设立一家有限责任公司，A以房屋作价100万元出资，并自公司设立时办理了产权转移手续，但直至公司成立半年后才将房屋实际交付给公司，B、C主张A在实际交付房屋之前不享有相应股东权利。B、C的主张是合法的。（　　）

【答案】√

【解析】出资人以房屋、土地使用权或者需要办理权属登记的知识产权等财产出资，

已经办理权属变更手续但未交付给公司使用的，公司或者其他股东主张其向公司交付、并在实际交付之前不享有相应股东权利的，人民法院应予支持。

考点 4. 股东出资责任

（1）股东未履行或未全面履行出资义务的责任

内部	履行出资本息	公司或其他股东有权请求该股东履行义务并承担违约责任
		接受股权转让的知情受让人对此承担连带责任
	限制股东权利	公司有权对其利润分配请求权、新股优先认购权、剩余财产分配权等作出合理限制
	解除股东资格	股东未履行出资义务（不包括未全面履行），经公司催告，在合理期间内仍未缴纳，公司有权以股东（大）会决议解除该股东的股东资格
外部	补充赔偿责任	公司债权人有权请求该股东在未出资本息范围内对公司债务不能清偿的部分承担补充赔偿责任
		公司设立时股东未尽出资义务，其他发起人与未履行或未足额履行出资义务的股东承担连带责任
	诉讼时效抗辩	未履行或未足额履行出资义务的股东向公司返还出资，股东不得以出资超过诉讼时效为由进行抗辩
		未履行或未足额履行出资义务的股东，可以公司与债权人之间的债权超过诉讼时效抗辩

（2）抽逃出资的形式
①将出资款项转入公司账户，验资后<u>又转出</u>。
②通过<u>虚构</u>债权债务关系将其出资转出。
③制作虚假财务会计报表<u>虚增利润</u>进行分配。
④利用<u>关联交易</u>将出资转出。
⑤其他未经法定程序将出资抽回的行为。

★★**考点 5. 公司章程**
（1）由股东共同依法制定并<u>签名</u>、盖章
（2）对<u>公司</u>、股东、董事、监事、<u>高级管理人员</u>具有约束力
（3）公司章程所记载的事项可分为必备事项和任意事项
其中必备事项包括：
①公司<u>名称</u>、<u>住所</u>。
②公司<u>经营范围</u>。
③公司<u>注册资本</u>。
④股东的姓名或名称。
⑤股东的出资方式、出资额、出资时间。
⑥公司的机构及其产生办法、职权、议事规则。
⑦公司<u>法定代表人</u>。

⑧股东会会议认为需要规定的其他事项。

【例3·多选】关于有限责任公司章程的表述中，符合公司法律制度规定的有（　　）。
A.制定公司章程是设立有限责任公司的必经程序
B.公司经营范围属于公司章程的必备事项
C.公司章程对股东没有约束力
D.公司章程必须由全体股东共同制定并签名、盖章
【答案】ABD
【解析】ABD选项表述皆正确。公司章程对公司、股东、董事、监事、高级管理人员具有约束力，故C选项错误。

【例4·多选】根据《公司法》的规定，公司章程对特定的人员或机构具有约束力。下列各项中，属于该特定人员或机构的有（　　）。
A.公司财务负责人　　　　　　　　B.公司股东
C.上市公司董事会秘书　　　　　　D.公司实际控制人
【答案】ABC
【解析】公司章程对公司、股东、董事、监事、高级管理人员具有约束力。公司实际控制人不属于股东，不受公司章程约定。

二、有限责任公司的组织机构

★★★考点1. 股东会
（1）职权

决定	经营方针、投资计划
选举、更换	由非职工代表担任的董事、监事，决定有关董事、监事的报酬事项
审议批准	董事会的报告
	监事会或监事的报告
	年度财务预算方案、决算方案
	利润分配方案、弥补亏损方案
作出决议	增加或减少注册资本
	发行债券
	合并、分立、变更公司形式、解散和清算等事项
修改	章程

（2）会议制度
①首次：由出资最多的股东召集、主持。
②以后：
　a.董事会召集：董事长→副董事长→半数以上董事共同推举一名董事主持。
　b.不设董事会的：执行董事召集、主持。
　c.董事会、执行董事不（不能）履行：监事会召集、主持。

d. 监事会不召集：代表1/10以上表决权的股东可自行召集和主持。

【注意】有先后顺序。

③提议召开临时会议的情形：

a. 代表1/10以上表决权的股东。

b. 1/3以上的董事。

c. 监事会或不设监事会的公司监事。

④召开股东会会议，应于会议召开15日前通知全体股东，但公司章程另有规定或全体股东另有约定的除外。

⑤股东会应对所议事项的决定作成会议记录，出席会议的股东应在会议记录上签名。

(3) 股东会的决议

决议方式		规定
普通决议		公司章程规定
特别决议	增减注册资本	须经代表2/3以上表决权的股东通过
	修改公司章程	
	公司合并、分立、解散	
	变更公司形式	

【注意】有限责任公司的股东会会议由股东按照出资比例行使表决权，但公司章程另有规定的除外。

【例5·单选】张某、王某、李某、赵某出资设立甲有限责任公司（下称甲公司），出资比例分别为5%、15%、36%和44%，公司章程对股东会召开及表决的事项无特别规定。下列关于甲公司股东会召开和表决的表述中，符合公司法律制度规定的是（　　）。

A. 张某、王某和李某行使表决权赞成即可通过修改公司章程的决议

B. 张某有权提议召开股东会临时会议

C. 王某和李某行使表决权赞成即可通过解散公司的决议

D. 首次股东会会议的召开由赵某召集和主持

【答案】D

【解析】修改公司章程、解散公司属于有限责任公司股东会特别决议事项，必须经代表2/3以上表决权的股东通过。有限责任公司的股东按照出资比例行使表决权，但公司章程另有规定的除外。在本题中，张某、王某和李某表决权合计为56%，没有达到2/3以上，因此不能通过修改公司章程的决议，选项A错误。王某和李某表决权合计为51%，没有达到2/3以上，因此不能通过解散公司的决议，选项C错误。代表1/10以上表决权的股东有权提议召开股东会临时会议，选项B错误。有限责任公司首次股东会由出资最多的股东召集和主持，故选项D正确。

【例6·多选】某有限责任公司注册资本为120万元，股东人数为9人，董事会成员为5人，监事会成员为5人。股东一次缴清出资，该公司章程对股东表决权行使事项未做特别规定。根据《公司法》规定，该公司出现的下列情形，属于应召开临时股东会的

有（   ）。

A.出资20万元的某股东提议召开

B.公司未弥补的亏损达到40万元

C.2名董事提议召开

D.2名监事提议召开

【答案】AC

【解析】代表1/10以上表决权的股东（选项A大于1/10，正确）、1/3以上的董事（选项C大于1/3，正确）、监事会或者不设监事会的公司监事（选项D，设有监事会应由监事会提议，不能由监事提议，错误），有权提议召开临时股东会会议。股份有限公司未弥补的亏损达实收股本总额1/3时应当召开临时股东大会，但是有限责任公司没有该规定，故选项B错误。

【例7·单选】A有限责任公司股东甲、乙、丙、丁分别持有公司5%、20%、35%和40%的股权，该公司章程未对股东行使表决权及股东会决议方式作出规定。下列关于该公司股东会会议召开及决议作出的表述中，符合《公司法》规定的是（   ）。

A.甲可以提议召开股东会临时会议

B.只有丁可以提议召开股东会临时会议

C.只要丙和丁表示同意，股东会即可作出增加公司注册资本的决议

D.只要乙和丁表示同意，股东会即可作出变更公司形式的决议

【答案】C

【解析】有限责任公司股东会作出的下列决议必须经代表2/3以上表决权的股东通过：修改公司章程；增加或者减少注册资本；公司合并、分立、解散；变更公司形式。

★ **考点2. 董事会**

（1）组成

人数	3—13人
职工代表	国有独资公司、两个以上的国有企业及两个以上的国有企业投资设立的有限责任公司，其董事会成员中**应当**有公司职工代表
	其他有限责任公司董事会成员中也**可以**有公司职工代表
董事长	董事长1人，可以设副董事长
	董事长、副董事长的产生办法由公司章程规定
任期	每届任期≤3年，董事任期届满，连选可连任
其他	股东人数较少或规模较小的有限责任公司，可设1名执行董事，不设董事会，执行董事可兼任公司经理

(2) 职权

召集	股东会会议，并向股东会报告工作
执行	股东会的决议
决定	经营计划、投资方案
	内部管理机构的设置
	聘任或解聘公司经理及其报酬事项，并根据经理的提名决定聘任或解聘公司副经理、财务负责人及其报酬事项
制订	年度财务预算方案、决算方案
	利润分配方案、弥补亏损方案
	增加或减少注册资本及发行公司债券的方案
	合并、分立、解散或变更公司形式的方案
	基本管理制度

(3) 召开与主持

①董事长→副董事长→半数以上的董事共同推举1名董事召集和主持。
②行使表决权时实行一人一票制度。
③决议方式、表决程序由公司章程规定。
④对所议事项的决定应作成会议记录，出席会议的董事应在会议记录上签名。

(4) 董事任期届满未及时改选或董事辞职致董事会成员低于法定人数，在改选出的董事就任前，原董事继续履行职务

(5) 可以设经理，由董事会决定聘任或解聘，并列席董事会会议

★★考点3. 监事会

(1) 组成

①成员不得少于3人。
【注意】应包括股东代表、职工代表，职工代表的比例不得低于1/3。
②股东人数较少或规模较小的有限责任公司，可设1—2名监事，不设监事会。
③设主席1人，由全体监事过半数选举产生。
【注意】有限责任公司监事会不设副主席。
④董事、高级管理人员不得兼任监事。
⑤监事任期为3年，可连选连任。

(2) 职权

①检查公司财务。
②对董事、高级管理人员执行公司职务的行为进行监督，对违反法律、行政法规、公司章程或股东会决议的董事、高级管理人员提出罢免的建议。
③当董事、高级管理人员损害公司利益时，要求董事、高级管理人员予以纠正。
④提议召开临时股东会会议，在董事会不履行职责时，召集和主持股东会会议。
⑤向股东会会议提出提案。
⑥对董事、高级管理人员提起诉讼。
⑦监事可列席董事会会议，并对董事会决议事项提出质询或建议。
⑧发现公司经营情况异常，可进行调查。

(3) 会议制度

①召集与主持。监事会主席→半数以上监事共同推举 1 名监事召集、主持。

②每年度至少召开一次会议，监事可提议召开临时监事会会议。

③行使表决权时实行一人一票制度。

④董事会的决议应经半数以上监事通过。

⑤监事任期届满未及时改选或监事辞职致监事会成员低于法定人数，在改选出的监事就任前，原监事继续履行职务。

【总结】股东会：权力机构；董事会：执行机构；监事会：监督机构。

【例8·单选】王某、刘某共同出资设立了甲有限责任公司，注册资本为 10 万元。下列关于甲公司组织机构设置的表述中，不符合公司法律制度规定的是（　　）。

A. 甲公司决定不设董事会，由王某担任执行董事

B. 甲公司决定不设监事会，由刘某担任监事

C. 甲公司决定由执行董事王某兼任经理

D. 甲公司决定由执行董事王某兼任监事

【答案】D

【解析】有限责任公司股东人数较少或规模较小的，可以设 1 名执行董事，不设董事会，选项 A 正确。执行董事可以兼任公司经理，选项 C 正确。股东人数较少或者规模较小的有限责任公司，可以设 1 至 2 名监事，不设立监事会，选项 B 正确。

【例9·单选】根据《公司法》规定，下列不属于有限责任公司监事会职权的是（　　）。

A. 检查公司财务
B. 解聘公司财务负责人
C. 提议召开临时股东会会议
D. 建议罢免违反公司章程的经理

【答案】B

【解析】B 选项为董事会职权。

★★考点 4. 公司决议效力（2018 年新增）

(1) 公司决议不成立的情形

①公司未召开会议的，或章程规定可不召开股东（大）会而直接作出决定，并由全体股东在决定文件上签名、盖章的除外。

【注意】对股东会行使职权事项，股东以书面形式一致同意，可不召开股东会会议，直接作出决定，并由全体股东在决定文件上签名、盖章。

②会议未对决议事项进行表决。

③出席会议的人数（股东）所持表决权不符合公司法或章程规定。

④表决结果未达到公司法或章程规定的通过比例。

(2) 股东可自决议作出之日起 60 日内，请求人民法院撤销的情形

①会议召集程序、表决方式违反法律规定或公司章程。

②决议内容违反公司章程。

【注意】会议召集程序或表决方式仅有轻微瑕疵，且对决议未产生实质影响的，人民法院不予支持。

（3）请求撤销决议的原告，在起诉时应具有公司股东资格
（4）原告请求确认决议不成立、无效或撤销决议的，应列公司为被告
（5）决议涉及的其他利害关系人，可列为第三人
（6）一审终结前，以相同诉讼请求的其他原告，可列为共同原告
（7）决议被判决无效或撤销的，公司依据该决议与善意相对人形成的民事法律关系不受影响

三、有限责任公司的股权转让

★ 考点1. 名义股东与实际股东

（1）代持股合同
①约定由实际出资人出资并享有投资权益，以名义出资人为名义股东。
②实际出资人与名义股东对该合同效力发生争议的，如无法律规定的无效情形，应认定该合同有效。

（2）投资收益归属

情形	收益归属	备注
有约定	按约定	名义股东不得以记载、登记为由对抗
未约定（约定不明）	履行出资义务的实际出资人	

（3）股权处分

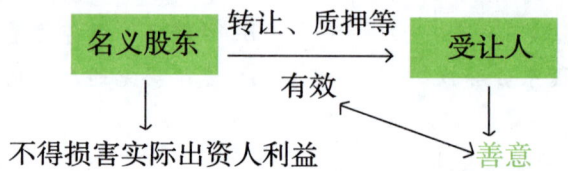

（4）未出资责任承担

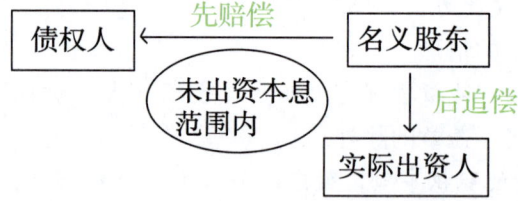

【注意】被冒名成为名义股东的，不承担补足出资责任及对公司债务不能清偿部分的赔偿责任。

（5）变更股东、签发出资证明书
实际出资人未经公司其他股东半数以上同意，请求公司变更股东、签发出资证明书，记载于股东名册，记载于公司章程并由公司登记机关办理登记的，法院不支持。

【例10·判断】公司债权人可以登记于公司登记机关的股东未履行出资义务为由，请求该股东对公司债务不能清偿的部分在未出资本息范围内承担连带赔偿责任。（　　）
【答案】×
【解析】这里承担的应该是补充赔偿责任，不是连带赔偿责任。

★ 考点 2. 股东知情权（2018 年新增）
（1）查阅公司会计账簿
①股东可要求查阅公司会计账簿，但应提出书面请求，说明目的。
【注意】股东查阅、复制公司章程、股东名册、公司债券存根、股东会会议记录、董事会会议决议、监事会会议决议、财务会计报告，无须书面请求。
②股东有下列情形之一的，公司可拒绝提供，并自股东提出请求15日内书面答复并说明理由：
　a. 股东自营或为他人经营与公司主营业务有实质性竞争关系业务的，但另有规定或约定的除外。
　b. 股东为了向他人通报有关信息查阅公司会计账簿，可能损害公司合法利益的。
　c. 股东在向公司提出查阅请求之日前的3年内，曾通过查阅公司会计账簿，向他人通报有关信息损害公司合法利益的。
③公司拒绝提供查阅的，股东可请求人民法院要求公司提供。
（2）查阅或复制公司特定文件材料
①股东可起诉请求，但在起诉时应具有公司股东资格。
【注意】股东有初步证据证明在持股期间其合法权益受到损害的除外。
②公司不得以章程、股东协议等实质性剥夺股东权利为由，拒绝股东查阅或复制。
③股东胜诉，法院应在判决中明确查阅或复制的时间、地点、特定文件材料的名录。
④股东依据判决查阅时，可由负有保密义务的中介机构执业人员辅助进行。
⑤股东或辅助股东查阅的中介机构执业人员泄露公司商业秘密导致公司合法利益受到损害，应赔偿相关损失。

★ 考点 3. 股东分红权（2018 年新增）
（1）股东请求公司分配利润案件，应列公司为被告
（2）一审终结前，基于同一分配利润方案诉讼请求的其他股东，应列为共同原告
（3）股东请求公司分配利润，应提交载明具体分配方案的有效决议
【注意】违反规定滥用股东权利导致公司不分配利润，给其他股东造成损失的除外。
（4）公司拒绝分配且其关于无法执行决议的抗辩理由不成立的，应按决议执行

★★ 考点 4. 股东滥用股东权的责任
（1）给公司或其他股东造成损失的，应依法承担赔偿责任
（2）股东滥用公司法人独立地位和股东有限责任，逃避债务，严重损害公司债权人利益的，应对公司债务承担连带责任
（3）控股股东、实际控制人、董事、监事、高级管理人员不得利用其关联关系损害公司利益，违反规定给公司造成损失的，应承担赔偿责任
【注意】高级管理人员是指：公司经理、副经理、财务负责人、上市公司董事会秘书、公司章程规定的其他人员。
【例11·判断】公司股东滥用公司法人独立地位和股东有限责任，逃避债务，严重损害公司债权人利益的，应当对公司债务承担连带责任。（　　）（2016年）

【答案】√

【解析】题目表述正确。

【例12·多选】根据《公司法》的规定，下列属于上市公司高级管理人员的有（　　）。

A. 副经理　　　　　　　　　　　　B. 监事会主席
C. 董事　　　　　　　　　　　　　D. 董事会秘书

【答案】AD

【解析】根据规定，高级管理人员，是指公司的经理、副经理、财务负责人，上市公司董事会秘书和公司章程规定的其他人员。

★★考点5. 有限责任公司股东转让股权（2018年重大调整）

（1）<u>股东之间</u>转让

①按公司<u>章程</u>规定处理。

②可<u>相互</u>转让其<u>全部</u>或<u>部分</u>股权。

【注意】不需经其他股东同意即可转让。

（2）向<u>股东以外的人</u>转让

①章程<u>有规定</u>的，<u>从其规定</u>。

②章程<u>没有规定</u>的，<u>应经其他</u>股东（人数）<u>过半数</u>同意。

③其他股东同意的情形：

a. <u>明确表示同意</u>。

b. <u>自接到书面通知之日起满30日未答复的</u>，视为同意。

【注意】转让股东应以书面或其他能够确认收悉的合理方式通知。

c. 半数以上不同意转让的其他股东，应购买该转让的股权，<u>不购买的</u>，视为同意。

④经同意转让的股权，在同等条件下，其他股东有<u>优先购买权</u>。

【注意1】2个以上股东主张行使优先购买权的，协商确定各自的购买比例；协商不成的，按照<u>转让时</u>各自的出资比例行使优先购买权。

【注意2】自然人股东因继承发生变化时，其他股东不得主张行使优先购买权。

⑤经同意转让的股权，其他股东可主张<u>转让股东</u>向其以<u>书面</u>或其他能够确认收悉的合理方式通知转让股权的<u>同等条件</u>。

【注意】同等条件指转让股权的数量、价格、支付方式及期限等。

⑥主张优先购买的股东，应在<u>收到通知后</u>：

a. 在章程规定的<u>行使期间内</u>提出购买请求。

b. 章程没有规定或规定不明确的，以<u>通知确定的期间</u>为准。

c. 通知的期间<u>短于30日</u>或未明确的，行使期间为30日。

⑦转让股东在其他股东主张优先购买后，又<u>不同意转让股权</u>的，其他股东不得主张优先购买，但<u>可主张赔偿</u>其合理损失。

⑧转让股东未就其股权转让事项征求其他股东意见，或以欺诈、恶意串通等手段，<u>损害其他股东优先购买权</u>的，其他股东可主张按同等条件购买该转让股权。

【注意1】其他股东自知道或应当知道行使优先购买权的同等条件之日起30日内没

有主张,或自股权变更登记之日起超过1年的除外。

【注意2】仅提出确认股权转让合同及股权变动效力等请求,未同时主张按同等条件购买转让股权的,人民法院不予支持;但非因自身原因导致无法行使优先购买权,请求损害赔偿的除外。

⑨股东以外的受让人,因股东行使优先购买权而不能实现合同目的的,可请求转让股东承担相应民事责任。

(3) 人民法院强制转让

①应通知公司及全体股东,其他股东在同等条件下有优先购买权。

②其他股东自人民法院通知之日起满20日不行使优先购买权的,视为放弃。

【例13·判断】张某、王某、李某三人共同出资设立了甲有限责任公司,公司章程对股权转让没有特别规定。李某拟将其拥有的股权全部转让给赵某。张某和王某均不愿意购买,则李某可以将股权转让给赵某。( )(2017年)

【答案】√

【解析】张某和王某均不愿意购买,视为同意转让,李某可将股权转让给赵某。

【例14·判断】有限责任公司的股东之间相互转让其全部或部分股权,应当以其他股东过半数同意。( )

【答案】×

【解析】有限责任公司的股东之间转让股权,公司章程没有另行规定的,可以相互转让其全部或部分股权。

★★考点6. 有限责任公司股东退出公司

(1) 法定条件

有下列情形之一的,投反对票的股东可请求公司按照合理价格收购其股权,退出公司:

①连续5年不向股东分配利润,而公司该5年连续盈利,且符合法定分配利润条件。

②公司合并、分立、转让主要财产。

③章程规定的营业期限届满或其他解散事由出现,股东会决议修改章程使公司存续。

(2) 法定程序

自决议通过之日起60日内,股东与公司不能达成股权收购协议的,股东可自决议通过之日起90日内向人民法院提起诉讼。

【例15·多选】根据《公司法》的规定,对有限责任公司股东会的有关决议投反对票的股东,可以请求公司按照合理的价格收购其股权。下列各项中,属于该有关决议的有( )。(2012年,2014年)

A. 公司合并的决议 B. 公司分立的决议
C. 公司转让主要财产的决议 D. 公司增加注册资本的决议

【答案】ABC

【解析】有下列情形之一的,对股东会该项决议投反对票的股东可请求公司按照合理的价格收购其股权:公司连续5年不向股东分配利润,而公司该5年连续盈利,并且

[31]

符合本法规定的分配利润条件的；公司合并、分立、转让主要财产的；公司章程规定的营业期限届满或章程规定的其他解散事由出现，股东会会议通过决议修改章程使公司存续的。

四、一人有限责任公司的特别规定

★★★**考点1. 一人有限责任公司的特别规定**

（1）一个自然人<u>只能</u>投资设立一个，且该一人有限责任公司<u>不能</u>再投资设立新的
（2）应在公司登记中<u>注明</u>自然人独资或法人独资，并在公司营业执照中<u>载明</u>
（3）<u>不设</u>股东会，股东作出决定时，应采用书面形式
（4）应在每一会计年度终了时编制财务<u>会计报告</u>，并经会计师事务所<u>审计</u>
（5）股东<u>不能证明</u>公司财产独立于股东自己财产的，应对公司债务承担<u>连带责任</u>

【例16·单选】下列关于一人有限责任公司的表述中，不符合公司法律制度规定的是（　　）。（2015年）
A. 股东只能是一个自然人
B. 财务会计报告应当经会计师事务所审计
C. 一个自然人只能投资设立一个一人有限责任公司
D. 股东不能证明公司财产独立于自己财产的，应当对公司债务承担连带责任
【答案】A
【解析】对于选项A，股东也可以是一个法人；对于选项B，一人有限责任公司应当在每一个会计年度结束时编制财务会计报告，并经会计师事务所审计；对于选项C，一个自然人只能投资设立一个一人有限责任公司，该一人有限责任公司不能再投资设立新的一人有限责任公司；对于选项D，一人有限责任公司的股东不能证明公司财产独立于股东自己财产的，应对公司债务承担连带责任。

【例17·判断】一人有限责任公司股东不能证明公司财产独立于股东自己的财产的，应当对公司债务承担连带责任。（　　）（2014年）
【答案】√
【解析】题目表述正确。

五、国有独资公司的特别规定

★★★**考点1. 国有独资公司的特别规定**

（1）<u>不设</u>股东会
①章程由国有资产监督管理机构制定，或董事会制订报国有资产监督管理机构批准。
②国有资产监督管理机构行使股东会职权，也可授权董事会行使股东会的部分职权，但合并、分立、解散、增减注册资本、发行公司债券，须由国有资产监督管理机构决定。
【注意】制定章程可下放；钱和生死存亡，不下放。
（2）<u>须设</u>董事会

①须有**职工董事**，但无比例要求。成员由<u>国有资产监督管理机构</u>委派，职工董事由<u>职工代表大会</u>选举产生。

②设董事长 1 人，可设副董事长，均由国有资产监督管理机构从董事会成员中<u>指定</u>。

③**董事**每届任期不得超过 3 年。

④**董事长、副董事长、董事、高管**，未经**国有资产监督管理机构**同意，<u>不得兼职</u>。

(3) <u>设</u>经理

由董事会聘任或解聘，经国有资产监督管理机构同意，董事会成员可**兼任**。

(4) <u>须设</u>监事会

①不得少于 5 人，其中职工代表的比例不得低于 1/3。

②成员由**国有资产监督管理机构**委派，但职工代表由**职工代表大会**选举产生。

③**主席**由国有资产监督管理机构从监事会成员中<u>指定</u>。

【例 18·单选】下列关于国有独资公司监事会组成的表述中，不符合公司法律制度规定的是（　　）。(2017 年)

A. 监事会主席由全体监事过半数选举产生

B. 监事会成员不得少于 5 人

C. 公司董事不得兼任监事

D. 监事会成员中职工代表的比例不得低于 1/3

【答案】A

【解析】关于选项 A，国有独资公司的监事会主席由国资委从监事会成员中"指定"。

【例 19·单选】关于国有独资公司组织机构的表述，符合公司法律制度规定的是（　　）。(2016 年)

A. 国有独资公司应当设股东会

B. 国有独资公司董事长由董事会选举产生

C. 经国有资产监督管理机构同意，国有独资公司董事可以兼任经理

D. 国有独资公司监事会主席由监事会成员选举产生

【答案】C

【解析】国有独资公司不设股东会，因此选项 A 表述错误。董事长、副董事长由国有资产监督管理机构从董事会成员中指定，因此选项 B 表述错误。监事会主席由国有资产监督管理机构从监事会成员中指定，因此选项 D 表述错误。

【例 20·单选】关于国有独资公司组织机构的表述中，符合《公司法》规定的是（　　）。

A. 经理由国有资产监督管理机构聘任

B. 董事长、副董事长由董事会选举产生

C. 经国有资产监督管理机构同意，董事会成员可以兼任经理

D. 监事会成员不得少于 3 人

【答案】C

【解析】国有独资公司设经理，由董事会聘任或者解聘；董事长、副董事长由国有

资产监督管理机构从董事会成员中"指定";经国有资产监督管理机构同意,董事会成员可以兼任经理;国有独资公司监事会成员不得少于5人,其中职工代表的比例不得低于1/3。故选项C正确。

第四节 股份有限公司

一、股份有限公司的设立

★★考点1. 股份有限公司的设立

(1) 发起人

①2人以上200人以下,半数以上在中国境内有住所。

②既可是自然人,也可是法人;既可是中国公民,也可是外国公民。

(2) 注册资本

①发起设立:全体发起人认购的股本总额。

②募集设立:实收股本总额。

【注意】发起人认购并实缴的股份不得少于公司股份总数的35%。

(3) 公司章程

①发起设立:由全体发起人共同制定公司章程。

②募集设立:发起人制定公司章程,经创立大会通过。

【易混点】

(1) 有限责任公司章程的制定者是公司设立时的所有股东。

(2) 一人有限责任公司章程由股东制定。

(3) 国有独资公司章程由国有资产监督管理机构制定,或由董事会制定报国有资产监督管理机构批准。

(4) 创立大会

①发起人应自股款缴足之日起30日内主持召开。

②应有代表股份总数过半数的发起人、认股人出席,方可举行。

③作出决议须经出席会议的认股人所持表决权过半数通过。

(5) 公司创立失败的情形及后果

①创立失败:未按期募足股份、召开创立大会;创立大会决议不设立公司。

②后果:发起人对认股人缴纳股款承担连带责任。

【例1·单选】关于股份有限公司设立的表述,不符合公司法律制度规定的是(   )。

A.股份有限公司采取募集设立方式设立的,注册资本为在公司登记机关登记的实收股本总额

B.股份有限公司可以采取发起设立或者募集设立的方式设立

C.股份有限公司采取发起设立方式设立的,发起人应当书面认足公司章程规定其认购的股份

D. 股份有限公司发起人须有半数以上为中国公民

【答案】D

【解析】关于选项D,股份有限公司的发起人,须有半数以上在中国境内有住所。

【例2·多选】下列关于以募集方式设立的股份有限公司股份募集的表述中,符合《公司法》规定的有( )。

A. 发起人向社会公开募集股份,必须报经国务院证券监督管理机构核准

B. 发起人向社会公开募集股份,应当同银行签订代收股款协议

C. 发起人向社会公开募集股份,应当由依法设立的证券公司承销,签订承销协议

D. 发起人向社会公开募集股份,必须公告招股说明书,并制作认股书

【答案】ABCD

【解析】以募集方式设立股份有限公司公开发行股票的,应当向公司登记机关报送国务院证券监督管理机构的核准文件。发起人向社会公开募集股份,必须公告招股说明书,并制作认股书。发起人向社会公开募集股份,应当由依法设立的证券公司承销,签订承销协议。发起人向社会公开募集股份,应当同银行签订代收股款协议。

考点2. 股份有限公司发起人承担的责任

(1) 外部

对设立行为所产生的债务、费用及返还认股人缴纳股款本息负连带责任。

(2) 内部

①因部分发起人的过错导致公司不能成立,其他发起人对外承担连带责任后,有过错的发起人按过错程度承担相应的责任。

②责任分担:约定的责任承担比例→约定的出资比例→均等份额。

(3) 发起人有过错,但公司仍成立,有过错的发起人应对公司承担赔偿责任

二、股份有限公司的组织机构

★★★**考点1. 股东大会**

(1) 职权

与有限责任公司股东会职权基本相同,上市公司股东大会的职权还包括下表所列职权。

作出决议	解聘会计师事务所
审议	1年内购买、出售重大资产超过公司最近一期经审计总资产30%的事项
	代表公司发行在外有表决权股份总数的5%以上股东的提案
	股权激励计划
审议批准	变更募集资金用途事项
	对外担保行为

【归纳】对外担保情形。

担保情形		指标	范围
单笔		净资产	>10%
总额	本公司	总资产	≥30%
	本公司及控股子公司	净资产	≥50%
担保对象		资产负债率	>70%

【注意】对股东、实际控制人及其关联方提供的担保，由出席股东大会的其他股东所持表决权过半数通过。

（2）临时股东大会的召开条件

①董事人数不足法定人数或公司章程规定人数的2/3时。
②未弥补的亏损达实收股本总额的1/3时。
③单独或合计持有公司10%以上股份的股东请求时。
④董事会认为必要时。
⑤监事会提议召开时。

【易混点】临时股东大会召开的情形。

股份有限公司	有限责任公司
(1) 单独或合计持有公司10%以上股份的股东请求时	(1) 代表10%以上表决权的股东提议
(2) 董事会提议	(2) 1/3以上的董事提议
(3) 监事会提议	(3) 监事会或不设监事会的监事提议
(4) 董事人数不足法定人数或章程规定人数的2/3时	×
(5) 未弥补的亏损达实收股本总额的1/3时	×

【例3·多选】甲公司是一家以募集方式设立的股份有限公司，其注册资本为人民币6 000万元。董事会有7名成员。最大股东王某持有公司12%的股份。根据《公司法》的规定，下列各项中，属于甲公司应当在2个月内召开临时股东大会的情形有（　　）。

A.董事人数减至4人
B.监事陈某提议召开
C.最大股东王某请求召开
D.公司未弥补亏损达人民币1 600万元

【答案】AC

【解析】本题中，选项A由于董事人数不足法律规定的最低人数5人，应该召开临时股东大会；选项C最大股东王某持有股份超过了10%，因此可单独提议召开临时股东大会。

【例4·多选】某有限责任公司注册资本为120万元，股东人数为9人，董事会成员为5人，监事会成员为5人。股东一次缴清出资，该公司章程对股东表决权行使事项未做特别规定。根据《公司法》规定，该公司出现的下列情形，属于应召开临时股东会的有（　　）。

A.出资20万元的某股东提议召开
B.公司未弥补的亏损达到40万元
C.2名董事提议召开

D. 2 名监事提议召开

【答案】AC

【解析】代表 1/10 以上表决权的股东（选项 A 大于 1/10，正确）、1/3 以上的董事（选项 C 大于 1/3，正确）、监事会或不设监事会的公司监事（选项 D，设有监事会应由监事会提议，不能由监事提议，错误），有权提议召开临时股东会会议。股份有限公司未弥补的亏损达实收股本总额 1/3 时，应召开临时股东大会，有限责任公司没有该规定，故选项 B 错误。

（3）股东大会决议

①普通决议：出席股东大会的股东所持表决权过半数通过。

②特别决议：出席会议的股东所持表决权2/3 以上通过。

a. 修改公司章程。

b. 增加或减少注册资本。

c. 合并、分立、解散。

d. 变更公司形式。

e. 1 年内购买、出售重大资产或担保金额超过公司资产总额 30%。

【注意】e 为上市公司股东大会增加的特别决议事项。

【例 5·多选】根据《公司法》的规定，股份有限公司股东大会所议下列事项中，必须经出席会议的股东所持表决权 2/3 以上通过的有（　　）。（2016 年）

A. 增加公司注册资本　　　　　　　B. 修改公司章程

C. 发行公司债券　　　　　　　　　D. 与其他公司合并

【答案】ABD

【解析】股东大会作出修改公司章程、增加或者减少注册资本决议，以及公司合并、分立、解散或者变更公司形式的决议，必须经出席会议的股东所持表决权的 2/3 以上通过。

【例 6·多选】根据公司法律制度的规定，下列事项中，属于上市公司股东大会决议应经出席会议的股东所持表决权 2/3 以上通过的有（　　）。

A. 增加公司注册资本

B. 修改公司章程

C. 发行公司债券

D. 公司在 1 年内担保金额超过公司资产总额 30% 的事项

【答案】ABD

【解析】股东大会作出修改公司章程、增加或者减少注册资本的决议，以及公司合并、分立、解散或者变更公司形式的决议，必须经出席会议的股东所持表决权的 2/3 以上通过。上市公司在一年内购买、出售重大资产或者担保金额超过公司资产总额 30% 的，应当由股东大会作出决议，并经出席会议的股东所持表决权的 2/3 以上通过。

★★考点 2. 董事会

（1）组成

① 5—19 人，可有公司职工代表。

②董事长、副董事长，由全体董事**过半数**选举产生。

(2) 会议

①每年度至少召开 **2** 次会议，每次会议应于会议召开 **10** 日前通知全体董事、监事。

②应有**过半数**的董事**出席**方可举行。

③无法出席会议的董事，可**书面**委托其他董事代为出席，委托书中应载明授权范围。

④所议事项的决定应作成**会议记录**，出席会议的董事应在会议记录上**签名**。

(3) 临时董事会的召开条件

①代表 10% 以上表决权的股东提议。

②1/3 以上的董事出席。

③监事会提议。

(4) 决议

须经**全体董事**的过半数通过。

①违反法律、行政法规或公司章程、股东大会决议，使公司遭受严重损失的，参与决议的董事对公司负赔偿责任。

②经证明在表决时曾**表明异议**并记载于会议记录的，该董事可**免除**责任，未参加董事会的董事也可免责。

【例7·单选】某股份有限公司共有甲、乙、丙、丁、戊、己、庚七位董事。某次董事会会议，董事甲、乙、丙、丁、戊、己参加，庚因故未能出席，也未书面委托其他董事代为出席。该次会议通过一项违反法律规定的决议，给公司造成严重损失。该次会议的会议记录记载，董事戊在该项决议表决时表明了异议。根据《公司法》的规定，应对公司负赔偿责任的董事是（ ）。

A. 董事甲、乙、丙、丁、戊、己、庚

B. 董事甲、乙、丙、丁、戊、己

C. 董事甲、乙、丙、丁、己、庚

D. 董事甲、乙、丙、丁、己

【答案】D

【解析】违反法律、行政法规或公司章程、股东大会决议，使公司遭受严重损失的，参与决议的董事对公司负赔偿责任；经证明在表决时曾表明异议并记载于会议记录的，该董事可免除责任，未参加董事会的董事也可免除责任。

【例8·单选】某上市公司董事会成员共 9 名，监事会成员共 3 名。下列关于该公司董事会召开的情形中，符合公司法律制度规定的是（ ）。(2014 年)

A. 经 2 名董事提议可召开董事会临时会议

B. 公司董事长、副董事长不能履行职务时，可由 4 名董事共同推举 1 名董事履行职务

C. 经 2 名监事提议可召开董事会临时会议

D. 董事会每年召开 2 次会议，并在会议召开 10 日前通知全体董事和监事

【答案】D

【解析】关于选项 A，1/3 以上的董事提议可召开董事会临时会议；关于选项 B，公

司董事长、副董事长不能履行职务或不履行职务的,由半数以上董事共同推举1名董事履行职务;关于选项C,监事会可提议召开董事会临时会议。故选项D正确。

★ **考点3. 监事会**

(1) 组成

①不少于3人。

②应有**职工代表**,由职工代表大会**选举**产生,比例不能低于1/3。

③任期3年,可连选连任。

④董事、高级管理人员**不得兼任**监事。

(2) 召开

①设主席1名,可设副主席。

②召集、主持:主席→副主席→半数以上监事推举1名监事。

③每6个月至少召开一次会议。

④全体监事过半数出席方可举行,决议经全体监事过半数通过。

⑤出席会议的监事应在会议记录上签名。

【例9·单选】下列有关股份有限公司监事会组成的表述中,符合公司法律制度规定的是(   )。(2013年)

A. 监事会成员必须全部由股东大会选举产生

B. 监事会中必须有职工代表

C. 未担任公司行政管理职务的公司董事可以兼任监事

D. 监事会成员任期为3年,不得连选连任

【答案】B

【解析】监事会由股东代表和职工代表组成(选项A错);董事、高级管理人员(经理、副经理、财务负责人)不得兼任监事(选项C错);监事的任期每届为3年,连选可以连任(选项D错)。

三、上市公司组织机构的特别规定

★★★ **考点1. 不得担任独立董事的人员**

现在及最近1年	在上市公司或其附属企业任职的人员及其直系亲属、主要社会关系
	直接或间接持有上市公司已发行股份1%以上或是上市公司前10名股东中的自然人股东及其直系亲属
	在直接或间接持有上市公司已发行股份5%以上的股东单位或在上市公司前5名股东单位任职的人员及其直系亲属
为上市公司或其附属企业提供财务、法律、咨询等服务的人员	
公司章程规定、中国证监会认定的其他人员	

【注意】直系亲属指配偶、父母、子女等;主要社会关系指兄弟姐妹、岳父母、儿媳女婿、兄弟姐妹的配偶、配偶的兄弟姐妹等。

【例10·多选】某上市公司拟聘请独立董事。根据公司法律制度的规定,下列人员

中，不得担任该上市公司独立董事的有（　　）。

A. 该上市公司的分公司的经理

B. 该上市公司董事会秘书配偶的弟弟

C. 持有该上市公司已发行股份2%的股东郑某的岳父

D. 持有该上市公司已发行股份10%的甲公司的某董事的配偶

【答案】ABD

【解析】选项A、选项B，属于"现在及最近1年在上市公司或其附属企业任职的人员及其直系亲属、主要社会关系"的情形；选项D，属于"直接或间接持有上市公司已发行股份1%以上或是上市公司前10名股东中的自然人股东及其直系亲属"的情形。

【例11·多选】甲上市公司拟聘请独立董事。根据公司法律制度的规定，下列候选人中，没有资格担任该公司独立董事的有（　　）。（2013年）

A. 王某，因侵占财产被判刑，3年后刑满释放

B. 张某，甲上市公司投资的某全资子公司的法律顾问

C. 赵某，个人负债100万元到期未清偿

D. 李某，甲上市公司某监事的弟弟

【答案】ABCD

【解析】选项A、选项C，属于不得担任公司董事、监事、高级管理人员的情形；选项B，属于"为上市公司或其附属企业提供财务、法律、咨询等服务的人员"；选项D，属于"现在及最近1年在上市公司或其附属企业任职的人员及其直系亲属、主要社会关系"。

★考点2. 增设关联关系董事的表决权排除制度

（1）董事与决议事项所涉及的企业有关联关系的，该董事不得对该项决议行使表决权，也不得代理其他董事行使表决权

（2）该董事会会议由过半数的无关联关系董事出席即可举行，所作决议须经无关联关系董事过半数通过

（3）出席董事会的无关联关系董事人数不足3人的，应提交上市公司股东大会审议

第五节　公司董事、监事、高级管理人员的资格和义务

一、公司董事、监事、高级管理人员的资格

★★★考点1. 不得担任董事、监事、高级管理人员的情形

（1）无民事行为能力或限制民事行为能力

（2）因贪污、贿赂、侵占财产、挪用财产或破坏社会主义市场经济秩序被判处刑罚，或因犯罪被剥夺政治权利，执行期满未逾5年

（3）担任破产清算的公司、企业的董事、厂长、经理，对该公司、企业的破产负有个人责任的，自该企业破产清算完结之日起未逾3年

(4) 担任因违法被<u>吊销营业执照</u>、<u>责令关闭</u>的公司、企业的法定代表人,并负有<u>个人责任</u>的,自该公司、企业被吊销营业执照之日起未逾<u>3 年</u>

(5) <u>个人</u>所负数额<u>较大</u>的债务到期<u>未清偿</u>

【例 1·单选】甲股份有限公司 2014 年 6 月召开股东大会,选举公司董事。根据《公司法》的规定,下列人员中,不得担任该公司董事的是( )。(2014 年)

A. 张某,因挪用财产被判处刑罚,执行期满已逾 6 年

B. 吴某,原系乙有限责任公司董事长,因个人责任导致该公司破产,清算完结已逾 5 年

C. 储某,系丙有限责任公司控股股东,该公司股东会决策失误,导致公司负有 300 万元到期不能清偿的债务

D. 杨某,原系丁有限责任公司法定代表人,因其个人责任导致该公司被吊销营业执照未逾 2 年

【答案】D

【解析】选项 D,属于"担任因违法被吊销营业执照、责令关闭的公司、企业的法定代表人,并负有个人责任的,自该公司、企业被吊销营业执照之日起未逾 3 年"的情形。

【例 2·单选】根据公司法律制度的规定,下列人员中,符合公司董事、监事、高级管理人员任职资格的是( )。(2016 年)

A. 张某,曾为甲大学教授,现已退休

B. 王某,曾为乙企业董事长,因其决策失误导致乙企业破产清算,自乙企业破产清算完结之日起未逾 3 年

C. 李某,曾为丙公司董事,因贷款炒股,个人负有到期债务 1 000 万元尚未偿还

D. 赵某,曾担任丁国有企业总会计师,因贪污罪被判有期徒刑,执行期满未逾 5 年

【答案】A

【解析】选项 B,属于"担任破产清算的公司、企业的董事、厂长、经理,对该公司、企业的破产负有个人责任的,自该企业破产清算完结之日起未逾 3 年";选项 C,属于"个人所负数额较大的债务到期未清偿";选项 D,属于"因贪污、贿赂、侵占财产、挪用财产或破坏社会主义市场经济秩序被判处刑罚,或因犯罪被剥夺政治权利,执行期满未逾 5 年"。

二、公司董事、监事、高级管理人员的义务

★★★ 考点 1. 公司董事、高级管理人员禁止行为

(1) <u>挪用</u>公司资金

(2) 将公司资金以其<u>个人名义</u>或以其他个人名义开立账户存储

(3) 未经股东会、股东大会或董事会同意,将公司资金<u>借贷</u>给他人或以公司财产为他人提供<u>担保</u>

(4) 未经股东会、股东大会同意,与本公司<u>订立合同</u>或<u>进行交易</u>

(5) 未经股东会或股东大会同意,利用职务便利为自己或他人<u>谋取</u>属于公司的**商业**

机会，自营或为他人经营与所任职公司同类的业务

(6) 接受他人与公司交易的佣金并归为己有

(7) 擅自披露公司秘密

(8) 违反对公司忠实义务的其他行为

【例3·单选】甲有限责任公司董事陈某拟出售一辆轿车给本公司，公司章程对董事、高级管理人员与本公司交易事项未作规定，根据《公司法》的规定，陈某与本公司进行交易须满足的条件是（　　）。(2013年)

A.经股东会同意　　　　　　　　B.经董事会同意

C.经监事会同意　　　　　　　　D.经经理同意

【答案】A

【解析】董事、高级管理人员不得违反公司章程的规定或者未经股东会、股东大会同意，与本公司订立合同或者进行交易。本题中，公司章程未作约定，故需要经股东会同意。

【例4·单选】甲有限责任公司董事张某拟自营与所任职公司同类的业务。根据公司法律制度的规定，张某自营该类业务须满足的条件是（　　）。(2015年)

A.经股东会同意　　　　　　　　B.经董事会同意

C.经监事会同意　　　　　　　　D.经总经理同意

【答案】A

【解析】董事、高级管理人员，不得未经股东会同意，利用职务便利为自己或者他人谋取属于公司的商业机会，自营或者为他人经营与所任职公司同类的业务。

三、股东诉讼

★★**考点1. 股东代表诉讼**（连续180日以上单独或合计持有公司1%以上股份的股东）

(1) 董事、高级管理人员侵犯公司利益

先找监事会，再以自己名义起诉。

(2) 监事侵犯公司利益

先找董事会，再以自己名义起诉。

(3) 其他人侵犯公司利益

先找董事会或监事会，再以自己名义起诉，也可直接以自己名义起诉。

①股东直接起诉的，应列公司为第三人参加诉讼。

②一审终结前，**其他股东**以相同的诉讼请求的，应列为共同原告。

③胜诉利益归属于公司，诉讼请求部分或全部得到人民法院支持的，公司应承担股东诉讼支付的合理费用。

【注意】股东不得请求被告直接向其承担民事责任。

★**考点2. 股东直接诉讼**

损害股东个人利益，股东可直接起诉。

【例5·单选】甲有限责任公司设股东会、董事会、监事会，该公司经理李某违反法

律规定，拖延向股东谢某分配利润，张某拟通过诉讼维护自己的权利。下列关于谢某诉讼权利的表述中，符合公司法律制度规定的是（　　）。(2017 年)

A. 谢某有权直接向人民法院起诉李某
B. 谢某有权书面请求监事会起诉李某
C. 谢某有权书面请求董事会起诉李某
D. 谢某有权书面请求股东会起诉李某

【答案】A

【解析】公司董事、高级管理人员违反法律、行政法规或公司章程的规定，损害股东利益的，股东可以依法直接向人民法院提起诉讼。

【例 6·多选】根据公司法律制度的规定，股份有限公司董事、高级管理人员执行公司职务时因违法给公司造成损失的，在一定情形下，连续 180 日以上单独或合计持有公司 1% 以上股份的股东可以为了公司利益，以自己的名义直接向人民法院提起诉讼。下列各项中，属于该情形的有（　　）。(2015 年)

A. 股东书面请求公司董事会向人民法院提起诉讼遭到拒绝
B. 股东书面请求公司董事会向人民法院提起诉讼，董事会自收到请求之日起 30 日内未提起诉讼
C. 股东书面请求公司监事会向人民法院提起诉讼遭到拒绝
D. 股东书面请求公司监事会向人民法院提起诉讼，监事会自收到请求之日起 30 日内未提起诉讼

【答案】CD

【解析】董事、高级管理人员侵犯公司利益，找监事会；监事侵犯公司利益，找董事会。

第六节　公司股票和公司债券

一、公司股票

★ **考点 1. 股票的种类**

（1）普通股
（2）优先股
①相同条款的优先股应具有同等权利。
②已发行的优先股不得超过公司普通股股份总数的 50%，且筹资金额不得超过发行前净资产的 50%。
【注意】已回购、转换的优先股不纳入计算。
③优先股对下列事项有表决权：
a. 修改公司章程中与优先股相关的内容。
b. 一次或累计减少公司注册资本超过 10%。

c. 公司合并、分立、解散、变更公司形式。
d. 发行优先股。
(3) 记名股票

公司向发起人、法人发行的股票，应为记名股票。

【例1·多选】根据公司法律制度的规定，上市公司的优先股股东有权出席股东大会会议，就相关事项与普通股股东分类表决。该相关事项有（　　）。（2015年）

A. 修改公司章程中与优先股相关的内容
B. 一次减少公司注册资本达5%
C. 变更公司形式
D. 发行优先股

【答案】ACD

【解析】一次或累计减少公司注册资本超过10%为相关事项，故选项B错误。

★ 考点2. 股份的发行原则

同股同价原则：同次发行的同种类股票，每股的发行条件、价格应相同。

★ 考点3. 股票的发行价格

可按票面金额，也可超过票面金额，但不得低于票面金额。

【例2·单选】关于股份有限公司股票发行的表述，不符合《公司法》规定的是（　　）。

A. 股票发行必须同股同价
B. 股票发行价格可以低于票面金额
C. 向发起人发行的股票，应当为记名股票
D. 向法人发行的股票，应当为记名股票

【答案】B

【解析】股票发行价格可以按票面金额，也可以超过票面金额，但不得低于票面金额。

★★★ 考点4. 股份转让的限制

(1) 对发起人的限制
①公司成立之日起1年内。
②公开发行股份前已发行的股份，自公司股票在证券交易所上市交易之日起1年内。

(2) 对公司董事、监事、高级管理人员的限制
①任职期间每年转让的股份不得超过所持本公司股份总数的25%。
【注意】股份不超过1 000股、继承、强制转让、依法分割，不受此限制。
②公司股票上市交易之日起1年内。
③离职后半年内。
④下列期间，上市公司董事、监事、高级管理人员不得买卖该公司股票：
a. 定期报告公告前30日内。

b. 业绩预告、业绩快报公告前10日内。
c. 重大事项发生或决策过程中至披露后2个交易日。

(3) 回购本公司股份的情形

①减少公司注册资本。

②与持有本公司股份的其他公司合并。

③将股份奖励给本公司职工。

④股东对公司合并、分立决议持异议，要求收购。

(4) 对公司股票质押的限制

不得接受以本公司的股票作为质押权的标的。

【例3·单选】某股份有限公司于2013年8月在上海证券交易所上市，公司章程对股份转让的限制未作特别规定，该公司有关人员的下列股份转让行为中，符合公司法律制度规定的是（　　）。(2016年)

A. 发起人李某于2014年4月转让了其所持本公司公开发行股份前已发行的股份总数的25%

B. 董事张某于2014年9月将其所持本公司全部股份800股一次性转让

C. 董事郑某共持有本公司股份10 000股，2014年9月通过协议转让了其中的2 600股

D. 总经理王某于2015年1月离职，2015年3月转让了其所持甲公司股份总数的25%

【答案】B

【解析】上市公司董监高所持股份不超过1 000股，不受25%限制。

【例4·单选】根据公司法律制度的规定，下列关于发起人转让其持有的本公司股份限制的表述中，正确的是（　　）。(2015年)

A. 自公司成立之日起1年内不得转让

B. 自公司成立之日起2年内不得转让

C. 自公司成立之日起3年内不得转让

D. 自公司成立之日起5年内不得转让

【答案】A

【解析】发起人持有的本公司股份，自公司成立之日起1年内不得转让。

二、公司债券

★ **考点1. 可转换公司债券**

(1) 可转换公司债券是指可以转换成公司股票的公司债券。

(2) 当条件具备时，债券持有人拥有将公司债券转换为公司股票的选择权。

【例5·多选】根据公司法律制度规定，关于可转换公司债券的表述，正确的有（　　）。

A. 可转换公司债券在发行时必须规定转换办法

B. 可转换公司债券可以转换为公司股票

C. 可转换公司债券应当在债券上标明可转换公司债券字样
D. 可转换公司债券的持有人在转换条件具备时必须行使转换权

【答案】ABC

【解析】当条件具备时，债券持有人拥有将公司债券转换为公司股票的选择权，可转可不转，看当事人自己，故选项D错误。

第七节　公司财务会计

考点 1. 利润分配顺序

（1）<u>弥补</u>以前年度<u>亏损</u>

【注意】不得超过税法规定的弥补期限。

（2）缴纳<u>所得税</u>

（3）弥补在税前利润弥补亏损之后<u>仍存在</u>的<u>亏损</u>

（4）提取<u>法定</u>公积金

（5）提取<u>任意</u>公积金

（6）向股东<u>分配利润</u>

★★★ **考点 2. 公积金**

（1）种类

①<u>盈余</u>公积金。

a. 法定公积金（10%、25%、50%）：按照公司税后利润的10%提取，当公司法定公积金累计额为公司<u>注册资本</u>的<u>50%</u>以上时可以不再提取；法定公积金转增资本时，**转增后所留存的该项公积金不得少于<u>转增前公司注册资本的25%</u>**。

b. 任意公积金：按照股东会、股东大会决议，从公司税后利润中提取。

②<u>资本</u>公积金。是直接由**资本原因**形成的公积金，股份有限公司以超过股票票面金额的发行价格发行股份所得的<u>溢价款</u>列入资本公积金。

（2）用途

①<u>弥补</u>公司<u>亏损</u>。

【注意】资本公积金不得用于弥补公司的亏损。

②<u>扩大</u>公司生产经营。

③<u>转增</u>公司<u>资本</u>。

【例1·判断】股份有限公司以超过股票票面金额的发行价格发行股份所得的溢价款，应当列为公司的盈余公积金。（　　）（2017年）

【答案】×

【解析】股份有限公司以超过股票票面金额的发行价格发行股份所得的溢价款，应当列为公司"资本公积金"。

【例2·单选】关于股份有限公司公积金的表述，不符合《公司法》规定的是（　　）。

A. 法定公积金按照公司税后利润的10%提取
B. 法定公积金累计额为公司注册资本的50%以上时，可以不再提取
C. 资本公积金可用于弥补公司的亏损
D. 公司以超过股票票面金额的发行价格发行股份所得的溢价款，应列为资本公积金

【答案】C

【解析】关于选项C，资本公积金不得用于弥补公司的亏损。

第八节　公司合并、分立、增资、减资

一、公司合并及分立

考点1. 公司合并及分立

情形	合并	分立
方式	(1) 吸收合并：A + B = A (2) 新设合并：A + B = C	(1) 派生分立：A = A + B (2) 新设分立：A = B + C
债权债务	由**合并**后存续的公司或新设的公司继承	由**分立**后的公司承担连带责任

【注意】公司在分立前与债权人就债务清偿达成的书面协议有约定，分立后的公司按照约定对债权人清偿债务。

二、公司注册资本的减少和增加

★考点1. 公司注册资本的减少和增加

情形	程序
增资	须由股东（大）会作出特别决议
减资	(1) 由董事会（执行董事）制定减资方案，提交股东（大）会决议 (2) 编制资产负债表及财产清单 (3) 通知债权人：公司应自作出决议之日起10日内通知债权人，并于30日内在报纸上公告。债权人自接到通知之日起30日内，未接到通知书的自公告之日起45日内可要求公司清偿债务或提供相应的担保 (4) 登记（减资、合并、分立：自公告之日起45日后申请工商变更登记）

【例1·单选】下列关于公司减少注册资本的表述中，不符合法律规定的是（　　）。

A. 公司需要减少注册资本时，必须编制资产负债表和财产清单

B. 公司减少注册资本时，应当自作出减少注册资本决议之日起10日内通知债权人，并于30日内在报纸上公告

C. 公司减少注册资本的，应当自作出减少注册资本决议之日起45日后申请变更登记

D. 公司未按债权人要求清偿债务或者提供相应的担保，不得减资

【答案】C

【解析】公司减少注册资本时，必须编制资产负债表及财产清单，选项A正确；公司减少注册资本时，应当自作出减少注册资本决议之日起10日内通知债权人，并于30日内在报纸上公告，选项B正确；公司减资后的注册资本不得低于法定的最低限额，选项D正确。

第九节 公司解散和清算

一、公司解散

★★★考点1. 股东起诉法院解散公司的情形

单独或合计持有公司全部股东表决权10%以上的股东提起。

公司经营管理发生严重困难	(1) 公司持续2年以上无法召开股东会或股东大会
	(2) 股东表决时无法达到法定或公司章程规定的比例，持续2年以上不能做出有效的股东会或股东大会决议
	(3) 公司董事长期冲突，且无法通过股东会或股东大会解决
	(4) 公司继续存续会使股东利益受到重大损失

【注意】下列情形人民法院不予受理：
(1) 以知情权、利润分配请求权等权益受到损害的。
(2) 公司亏损、财产不足以偿还全部债务。
(3) 公司被吊销企业法人营业执照未进行清算的。

【例1·多选】根据公司法律制度的规定，持有有限责任公司全部股东表决权10%以上的股东，在发生某些法定事由时，可以提起解散公司的诉讼，人民法院应予受理。下列各项中，属于该法定事由的有（ ）。（2015年，2017年）

A. 公司持续2年以上无法召开股东会，公司经营管理发生严重困难的

B. 股东表决时无法达到法定比例，持续2年以上不能作出有效股东会决议，公司经营管理发生严重困难的

C. 公司严重侵害股东利润分配请求权，股东利益遭受重大损失的

D. 公司严重侵害股东知情权，股东会无法解决的

【答案】AB

【解析】根据规定，单独或者合计持有公司全部股东表决权10%以上的股东，以下列事由之一提起解散公司诉讼，人民法院应予受理：公司持续2年以上无法召开股东会或者股东大会，公司经营管理发生严重困难的；股东表决时无法达到法定或者公司章程规定的比例，持续2年以上不能作出有效的股东会或者股东大会决议，公司经营管理发生严重困难的；公司董事长期冲突，且无法通过股东会或者股东大会解决，公司经营管

理发生严重困难的；经营管理发生其他严重困难，公司继续存续会使股东利益受到重大损失的情形。故选项 AB 正确。

【例 2 · 判断】甲持有某有限责任公司全部股东表决权的 9%，因公司管理人员拒绝向其提供公司账本，甲以其知情权受到损害为由，提起解散公司的诉讼。为此，人民法院不予受理。（　　）。（2014 年）

【答案】√

【解析】股东以知情权、利润分配请求权等权益受到损害，或者公司亏损、财产不足以偿还全部债务，以及公司被吊销企业法人营业执照未进行清算等为由，提起解散公司诉讼的，人民法院不予受理。

二、公司清算

★ 考点 1. 成立清算组

（1）<u>自行</u>成立

①公司应在解散事由出现之日起 15 日内成立清算组。

②有限责任公司的清算组由股东组成，股份有限公司的清算组由董事或股东大会确定的人员组成。

a. 有限责任公司的股东、股份有限公司的董事和控股股东<u>未在法定期限内</u>成立清算组，导致公司财产贬值、流失、毁损或灭失，在造成损失的范围内对公司债务承担赔偿责任。实际控制人有过错的，应承担相应的民事责任。

b. 有限责任公司的股东、股份有限公司的董事和控股股东因<u>怠于履行义务</u>，导致公司主要财产、账册、重要文件等灭失，无法进行清算，应对公司债务承担连带责任。实际控制人有过错的，应承担相应的民事责任。

（2）<u>法院</u>成立

①债权人或公司股东（债权人未提起清算时），申请指定清算组的情形：

a. 公司解散<u>逾期不成立</u>清算组进行清算的。

b. 虽然成立清算组但<u>故意拖延</u>清算的。

c. 违法清算可能<u>严重损害</u>债权人或者股东利益的。

②人民法院受理公司清算案件，清算组成员可从下列人员或机构中产生：

a. <u>公司股东</u>、<u>董事</u>、<u>监事</u>、<u>高级管理人员</u>。

b. 依法设立的会计师事务所、律师事务所、破产清算事务所等<u>社会中介机构</u>。

c. 依法设立的会计师事务所、律师事务所、破产清算事务所等社会中介机构中具备相关专业知识并取得<u>执业资格的人员</u>。

【例 3 · 单选】公司解散逾期不成立清算组进行清算，且债权人未提起清算申请的，根据《公司法》的规定，相关人员可以申请人民法院指定清算组对公司进行清算。下列各项中，属于该相关人员的是（　　）。

A. 公司股东　　　B. 公司董事　　　C. 公司监事　　　D. 公司经理

【答案】A

【解析】公司解散时，逾期不成立清算组进行清算，且债权人未提起清算申请的，公司股东申请法院指定清算组对公司进行清算的，法院应予支持。

第十节　违反公司法的法律责任

考点1. 公司的法律责任

（1）在法定的会计账簿以外<u>另立会计账簿</u>的，由县级以上人民政府财政部门责令改正，处以5—50万的罚款，构成犯罪的，依法追究刑事责任

（2）公司在财务会计报告上<u>作虚假记载或隐瞒重要事实</u>的，由有关主管部门对直接负责的主管人员和其他直接责任人员处以3万—30万元的罚款

（3）公司违反法律规定，应承担民事赔偿责任和缴纳罚款、罚金的，其财产不足以支付时，先承担民事赔偿责任

【例1·综合】2015年6月，甲公司、乙公司、丙公司和陈某共同投资设立丁有限责任公司（下称丁公司）。丁公司章程规定：

（1）公司注册资本500万元。

（2）甲公司以房屋作价120万元出资；乙公司以机器设备作价100万元出资；陈某以货币100万元出资；丙公司出资180万元，首期以原材料作价100万元出资，余额以知识产权出资，2015年12月前缴足。

（3）公司设股东会，1名执行董事和1名监事。

（4）股东按1∶1∶1∶1行使表决权，公司章程对出资及表决权事项未作其他特殊规定。

公司设立后，甲公司、乙公司和陈某按照公司公司章程的规定实际缴纳了出资，并办理了相关手续，丙公司按公司章程规定缴纳首期出资后，于2015年11月以特许经营权作价80万元缴足出资。

2017年6月，因股东之间经营理念存在诸多冲突且无法达成一致，陈某提议解散丁公司。丁公司召开股东会就该事项进行表决。甲公司、乙公司和陈某赞成，丙公司反对。于是股东会作出了解散丁公司的决议。丁公司进入清算程序。

清算期间，清算组发现如下情况：

（1）由于市场行情变化，甲公司出资的房屋贬值10万元。

（2）乙公司出资时机器设备的实际价额为70万元，明显低于公司章程所定价额100万元。

清算组要求甲公司补足房屋贬值10万元，甲公司拒绝；要求乙公司和其他股东对乙公司实际出资价额的不足承担相应的民事责任。

根据上述资料和公司法律制度的规定，回答下列问题。（2017年）

要求：

（1）指出丁公司股东出资方式中的不合法之处。

（2）丁公司设1名执行董事和1名监事是否合法？

(3) 丁公司股东会作出解散公司的决议是否合法？说明理由。

(4) 甲公司拒绝补足房屋贬值10万元是否合法？说明理由。

(5) 对乙公司的实际出资价额的不足，乙公司和其他股东应分别承担什么民事责任？

【答案】

(1) 丙公司以特许经营权作价出资不合法。根据规定，股东不得以劳务、信用、自然人姓名、商誉、特许经营权或者设定担保的财产等作价出资。

(2) 丁公司设1名执行董事和1名监事合法。根据规定，股东人数较少或者规模较小的有限责任公司，可以设1名执行董事、1—2名监事，不设立董事会、监事会。

(3) 丁公司股东会作出解散公司的决议合法。根据规定，公司解散属于股东会的特别决议，必须经代表（全体）2/3以上表决权的股东通过。本题中，股东按照1∶1∶1∶1行使表决权，甲公司、乙公司和陈某赞成解散公司，超过全部表决权的2/3，故作出解散公司的决议合法。

(4) 甲公司拒绝补足房屋贬值10万元合法。根据规定，出资人以符合法定条件的非货币财产出资后，因市场变化或者其他客观因素导致出资财产贬值，公司、其他股东或者公司债权人请求该出资人承担补足出资责任的，人民法院不予支持。本题中，由于市场行情变化，甲公司出资的房屋贬值10万元，故甲公司有权拒绝补足房屋贬值部分。

(5) ①乙公司应依法全面履行出资义务，向丁公司足额缴纳出资不足部分的本息。

②丁公司其他发起人股东应与乙公司承担连带责任。

阶段1测评

经济法

第二阶段学习方案

学习方案一（90模块过单科）

阶段—模块	学习、复习内容	检测	完成日期	定制调整内容
承第一阶段学习方案一
2-22	学习第三章第一节	-		
2-23	学习第三章第二节	-		
2-24	学习第三章第二节	-		
2-25	学习第三章第二节	-		
2-26	学习第三章第二节 复习第三章	检测2		
2-27	学习第四章第一节	-		
2-28	学习第四章第一节	-		
2-29	学习第四章第一节	-		
2-30	学习第四章第一节	-		
2-31	学习第四章第二节	-		
2-32	学习第四章第二节	-		
2-33	学习第四章第二节	-		
2-34	学习第四章第二节	-		
2-35	学习第四章第三节	-		
2-36	学习第四章第三节	-		
2-37	学习第四章第三节	-		
2-38	学习第四章第三节	-		
2-39	学习第四章第三节 复习第一至第四章	阶段2测评		

学习方案二（60模块过单科）

阶段—模块	学习、复习内容	检测	完成日期	定制调整内容
承第一阶段学习方案二
2-14	学习第三章第一节	-		
2-15	学习第三章第二节	-		
2-16	学习第三章第二节	-		
2-17	学习第三章第二节 复习第三章	检测2-1		
2-18	学习第四章第一节	-		
2-19	学习第四章第一节	-		
2-20	学习第四章第一节	-		

续表

阶段—模块	学习、复习内容	检测	完成日期	定制调整内容
承第一阶段学习方案二				
2-21	学习第四章第一节 复习第三章 复习第四章第一、第二节	检测2-2		
2-22	学习第四章第二节	—		
2-23	学习第四章第二节	—		
2-24	学习第四章第二节	—		
2-25	学习第四章第三节	—		
2-26	学习第四章第三节	—		
2-27	学习第四章第三节	—		
2-28	学习第四章第三节 复习第一至第四章	阶段2测评		

学习方案三（30模块过单科）

阶段—模块	学习、复习内容	检测	完成日期	定制调整内容
承第一阶段学习方案三				
2-7	学习第三章第一、二节	—		
2-8	学习第三章第二节	—		
2-9	学习第三章第二节 复习第三章	检测2-1		
2-10	学习第四章第一节	—		
2-11	学习第四章第一节 复习第三章 第四章第一节	检测2-2		
2-12	学习第四章第二节	—		
2-13	学习第四章第三节 复习第一至第四章	阶段2测评		

第二阶段通关宝典

第三章 其他主体法律制度

本章考情分析

思维导图

本章由《个人独资企业法》和《合伙企业法》两部分组成。本章考点较多,大多数考点需要准确理解,重点关注合伙企业法律制度,并将有限合伙企业与普通合伙企业的相同考点、不同考点对比记忆。

年份 题型	2014年		2015年		2016年		2017年卷一		2017年卷二	
	题量	分值	题量	分值	题量	分值	题量	分值	题量	分值
单选题	2	2	3	3	2	2	4	4	2	2
多选题	1	2	1	2	1	2	1	2	4	8
判断题	2	2	1	1	2	2	2	2	1	1
简答题	1	6	—	—	1	6	—	—	—	—
综合题	—	—	—	—	—	—	—	—	—	—
合计	—	12	—	6	—	12	—	8	—	11

第一节 个人独资企业法律制度

一、个人独资企业法律制度概述

考点1. 个人独资企业概念

个人独资企业是指在中国境内设立,由<u>一个自然人</u>投资,财产为投资人个人所有,投资人以其个人财产对企业债务承担无限责任的经营实体。

二、个人独资企业的设立

★★★ 考点1. 设立条件

(1)由<u>一个中国自然人</u>投资设立

下列自然人不得作为投资人:

①港、澳、台、外国人。

②国家公务员、党政机关领导干部、法官、检察官、警官、商业银行工作人员。

(2) 有<u>合法</u>的企业名称

可以叫"厂、店、部、中心",不得出现"有限""有限责任"或"公司"等字样。

(3) 有投资人申报的出资

①可以<u>货币</u>、<u>实物</u>、<u>土地使用权</u>、<u>知识产权</u>或其他财产权利出资。

②可以<u>个人</u>财产出资,也可以<u>家庭共有</u>财产出资。

【注意】以个人财产出资的,以个人财产对企业债务承担无限责任;以家庭财产出资的,以家庭财产承担无限责任。

(4) 有<u>固定的</u>、<u>必要的生产经营条件</u>

(5) 有必要的从业人员

【例1·单选】下列中国公民中,依法可以投资设立个人独资企业的是( )。

A. 某市中级法院法官王某

B. 某县政府办公室主任金某

C. 某大学在校本科生袁某

D. 某商业银行支行部门经理张某

【答案】C

【解析】国家公务员、党政机关领导干部、警官、法官、检察官、商业银行工作人员等,不得作为投资人申请设立个人独资企业。

【例2·多选】根据个人独资企业法律制度的规定,下列各项中,可以用作个人独资企业名称的有( )。

A. 云滇针织品有限公司

B. 昆海化妆品经销公司

C. 霞光婚纱摄影工作室

D. 樱园服装设计中心

【答案】CD

【解析】个人独资企业名称可叫"厂、店、部、中心",不得出现"有限""有限责任"或"公司"等字样。

【例3·判断】某个人独资企业投资人在申请企业设立登记时明确以其家庭共有财产作为个人出资,为维持其他家庭成员的基本生活条件,该投资人应以其个人财产对企业债务承担无限责任。( )

【答案】×

【解析】未注明出资方式的,视为以"个人财产"出资;明确以"家庭共有财产"作为个人出资的,应当以"家庭共有财产"(而非"个人财产")对企业债务承担无限责任。

三、个人独资企业的事务管理

★考点1. 事务管理

(1) <u>自己</u>管理

(2) <u>委托</u>或<u>聘用</u>完全民事行为能力人负责管理

①应与受托人签订委托或聘用合同，明确委托权限。
②投资人对受托人或被聘用的人员职权的限制，不得对抗善意第三人。

【例4·单选】王某投资设立甲个人独资企业（下称甲企业），委托宋某管理企业事务。授权委托书中明确宋某可以决定20万元以下的交易。宋某未经王某同意，以甲企业的名义向乙企业购买30万元原材料，乙企业不知甲企业对宋某权利的限制。下列关于合同效力及甲企业权利义务的表述中，符合个人独资企业法律制度规定的是（　　）。

A. 合同无效，甲企业有权拒绝支付30万元货款
B. 合同部分无效，甲企业向乙企业出示授权委托书后，有义务支付20万元货款
C. 合同有效，甲企业有义务支付30万元货款
D. 合同效力待定，甲企业追认后方有义务支付30万元货款

【答案】C
【解析】个人独资企业的投资人对受托人或者被聘用的人员职权的限制，不得对抗善意第三人。在本题中，乙企业不知甲企业对宋某权利的限制，属于善意第三人，合同是有效的，甲企业有义务向乙企业支付30万元货款。

四、个人独资企业的解散

考点1. 解散原因
（1）投资人决定解散
（2）投资人死亡或宣告死亡，无继承人或继承人决定放弃继承
（3）被依法吊销营业执照
（4）法律、法规规定的其他情形

★★★考点2. 清算
（1）清算人通知、公告债权人（15日、30日、60日）
投资人自行清算的，应在清算前15日内书面通知债权人，无法通知的，应发布公告。债权人应当在接到通知之日起30日内，未接到通知的自公告之日起60日内，向投资人申报债权。
（2）清算顺序（有先后顺序，无清算费用）
①所欠职工工资和社会保险费。
②所欠税款。
③其他债务。
（3）财产不足清偿时，投资人应当以个人或家庭的其他财产清偿，但债权人在5年内未向债务人提出偿债请求的，该责任消灭

【例5·判断】个人独资企业财产不足以清偿债务的，投资人应当以其个人的其他财产予以清偿。（　　）。（2017年）
【答案】√
【解析】题目表述正确。

【例6·判断】个人独资企业解散后,原投资人对企业存续期间的债务仍应承担偿还责任。但债权人在5年内未向债务人提出偿债请求的,该责任消灭。(　　)(2017年)

【答案】√

【解析】题目表述正确。

【例7·单选】下列关于个人独资企业解散后原投资人责任的表述中,符合《个人独资企业法》规定的是(　　)。

A. 原投资人对个人独资企业存续期间的债务不再承担责任

B. 原投资人对个人独资企业存续期间的债务承担责任,但债权人在1年内未向债务人提出偿债请求的,该责任消灭

C. 原投资人对个人独资企业存续期间的债务承担责任,但债权人在2年内未向债务人提出偿债请求的,该责任消灭

D. 原投资人对个人独资企业存续期间的债务承担责任,但债权人在5年内未向债务人提出偿债请求的,该责任消灭

【答案】D

【解析】个人独资企业解散后,原投资人对个人独资企业存续期间的债务仍应承担偿还责任,但债权人在5年内未内债务人提出偿债请求的,该责任消灭。

第二节　合伙企业法律制度

一、普通合伙企业

考点1. 概念

普通合伙企业是指由<u>2名以上</u>的普通合伙人组成,合伙人对合伙企业债务承担<u>无限连带责任</u>的一种合伙企业。

考点2. 设立

(1) 2个以上合伙人

①可以是<u>自然人</u>、<u>法人</u>或<u>其他组织</u>。

②自然人应当<u>具有完全民事行为能力</u>。

③国有独资公司、国有企业、上市公司以及公益性事业单位、社会团体不得成为普通合伙人。

(2) 有书面合伙协议

由全体合伙人协商一致,以<u>书面</u>形式订立。

(3) 有合伙人<u>认缴</u>或<u>实缴</u>的出资。

【注意】可以用劳务出资

(4) 企业名称应标明"<u>普通合伙</u>"字样,不得出现"有限""有限责任""公司"等字样

★★考点3. 合伙企业财产

（1）构成

①合伙人的出资。

②以合伙企业名义取得的收益。

③依法取得的其他财产。

（2）合伙人在合伙企业清算前私自转移或处分合伙企业财产的，合伙企业不得以此对抗善意（不知情）第三人

（3）合伙人财产份额的转让

①对内转让：通知其他合伙人。

②对外转让：

a. 除合伙协议另有约定外，合伙人向合伙人以外的人转让其在合伙企业中的全部或部分份额时，须经其他合伙人一致同意。

b. 其他合伙人在同等条件有优先购买权，但是合伙协议另有约定除外。

③普通合伙人未经其他合伙人一致同意将在合伙企业中的份额出质的，出质无效，给善意第三人造成损失的，由行为人承担赔偿责任。

【例1·单选】下列关于普通合伙企业合伙人转让其在合伙企业中的财产份额的表述中，不符合合伙企业法律制度规定的是（　　）。（2017年）

A. 合伙人向合伙人以外的人转让其在合伙企业中的财产份额，其他合伙人既不同意转让也不行使优先购买权的，视为同意

B. 合伙人之间转让其在合伙企业中的财产份额的，应当通知其他合伙人

C. 合伙人向合伙人以外的人转让其在合伙企业中的财产份额的，除非合伙协议另有约定，同等条件下，其他合伙人有优先购买权

D. 合伙人向合伙人以外的人转让其在合伙企业中的财产份额的，除非合伙协议另有约定，须经其他合伙人一致同意

【答案】A

【解析】除合伙协议另有约定外，普通合伙人向合伙人以外的人转让其在合伙企业中的全部或者部分财产份额时，须经其他合伙人一致同意。在同等条件下，其他合伙人有优先购买权；但是，合伙协议另有约定的除外。选项A，其他合伙人既不同意转让也不行使优先购买权的，合伙人不得转让其财产份额。选项B，普通合伙人之间转让在合伙企业中的全部或者部分财产份额时，应当通知其他合伙人。

【例2·单选】根据合伙企业法律制度的规定，下列各项中，不属于合伙企业财产的是（　　）。（2015年）

A. 合伙企业取得的专利权　　　　B. 合伙人的出资

C. 合伙企业接受的捐赠　　　　　D. 合伙企业承租的设备

【答案】D

【解析】合伙企业财产的构成：合伙人的出资（选项A）；以合伙企业名义取得的收益，主要包括合伙企业的公共积累资金、未分配的盈余、合伙企业债权、合伙企业取得的工业产权和非专利技术等财产权利（选项B）；依法取得的其他财产，合伙企业根据法

律、行政法规的规定合法取得的其他财产，如合法接受的赠与财产等（选项C）。选项D中合伙企业承租的设备因未取得所有权，不属于合伙企业财产。

★★★考点4. 合伙事务执行

（1）合伙事务执行的形式

①全体合伙人<u>共同</u>执行合伙事务。

②委托一个或者数个合伙人执行合伙事务时，下列事项须经全体合伙人一致同意：

  a. <u>改变</u>合伙企业的**名称**。

  b. <u>改变</u>合伙企业经营范围、主要经营场所的**地点**。

  c. <u>处分</u>合伙企业的**不动产**。

  d. <u>转让</u>或者**处分**合伙企业的知识产权和其他财产权。

  e. 以合伙企业名义为他人<u>提供担保</u>。

  f. 聘任合伙人以外的人担任合伙企业的经营管理人。

【例3·多选】根据合伙企业法律制度的规定，除合伙协议另有约定外，普通合伙企业的下列事务中，应当经全体合伙人一致同意的有（　　）。（2017年）

A. 改变合伙企业的名称

B. 以合伙企业的名义为他人提供担保

C. 聘任合伙人以外的人担任合伙企业的经营管理人员

D. 合伙人之间转让在合伙企业中的部分财产份额

【答案】ABC

【解析】选项D，普通合伙人之间转让在合伙企业中的全部或者部分财产份额时，应当"通知"其他合伙人（通知即可，不须同意）。

（2）合伙人在执行合伙事务中的权利和义务

①权利。

  a. 合伙人对执行合伙事务享有<u>同等权利</u>，各合伙人无论其出资多少，都有权平等享有执行合伙企业事务的权利。

  b. 执行合伙事务的合伙人<u>对外</u>代表合伙企业。

  c. 不执行合伙事务的合伙人<u>有监督权利</u>。

  d. 合伙人有<u>查阅</u>合伙企业会计账簿等财务资料的权利。

  e. 合伙人有<u>提出异议</u>和<u>撤销委托</u>的权利：受委托执行合伙事务的合伙人不按照合伙协议或者全体合伙人的决定执行事务的，其他合伙人可以决定撤销该委托。

②义务。

  a. 合伙事务执行人向不参加执行事务的合伙人<u>报告</u>企业经营状况和财务状况。

  b. 合伙人<u>不得自营</u>或同他人合作经营与本合伙企业相竞争的业务。

  c. 除合伙协议另有约定或者经全体合伙人一致同意外，合伙人<u>不得</u>同本合伙企业进行<u>交易</u>。

  d. 合伙人不得从事<u>损害</u>本合伙企业利益的活动。

(3) 合伙事务执行的决议办法

实行<u>一人一票</u>并经全体合伙人<u>过半数通过</u>，特别事项须经全体合伙人一致同意。

(4) 合伙企业的损益分配原则

①合伙企业的利润分配、亏损分担，按照<u>合伙协议的约定</u>办理。

②合伙协议未约定或者约定不明确的，由合伙人<u>协商决定</u>。

③协商不成的，由合伙人按照<u>实缴出资比例</u>分配、分担。

④无法确定出资比例的，由合伙人<u>平均</u>分配、分担。

⑤普通合伙企业不得约定将全部利润分配给部分合伙人，也不得约定由部分合伙人承担全部亏损。

(5) 非合伙人参与经营管理

①除合伙协议另有约定外，经全体合伙人<u>一致同意</u>，可以聘任合伙人以外的人担任合伙企业的经营管理人员。

②被聘任的经营管理人员属于"<u>非合伙人</u>"，无需对企业债务承担无限连带责任。

③合伙企业对合伙人执行合伙企业事务及对外代表合伙企业权利的限制，<u>不得对抗善意第三人</u>。

【例4·多选】根据合伙企业法律制度的规定，下列关于普通合伙企业合伙人权利的表述中，正确的有（　　）。(2017年)

A. 不执行合伙企业事务的合伙人有权自营与本合伙企业相竞争的业务

B. 合伙人对执行合伙人事务享有同等的权利

C. 合伙人有权查阅合伙企业会计账簿

D. 不执行合伙事务的合伙人有权监督执行事务合伙人执行合伙事务的情况

【答案】BCD

【解析】关于选项A，普通合伙人（无论是否为执行事务合伙人）不得自营或者同他人合作经营与本合伙企业相竞争的业务。

【例5·判断】普通合伙企业的合伙人在合伙协议中未对该合伙企业的利润分配、亏损分担进行约定的，应由合伙人平均分配、分担。（　　）(2013年)

【答案】×

【解析】合伙企业的利润分配、亏损分担，按照合伙协议的约定办理。合伙协议未约定或者约定不明确的，由合伙人协商决定。协商不成的，由合伙人按照实缴出资比例分配、分担。无法确定出资比例的，由合伙人平均分配、分担。

★★★ 考点5. 普通合伙企业的债务清偿

(1) 与企业<u>有关</u>的

①<u>先企业，后个人</u>：应先以合伙企业的全部财产进行清偿。

②对外连带：普通合伙企业不能清偿到期债务的，普通合伙人承担<u>无限连带</u>责任。

③对内按份：

a. 普通合伙人承担无限连带责任后，清偿数额<u>超过</u>规定的亏损分担比例的，有权向其他普通合伙人追偿。

b. 合伙企业的亏损分担，按照合伙协议的约定办理。

c. 合伙协议未约定或约定不明的，由合伙人协商确定。

d. 协商不成的，由合伙人按照实缴出资比例分担。

e. 无法确定出资比例的，由合伙人平均分担。

(2) 与合伙企业无关的

①不得代位，不得抵销。普通合伙人发生与合伙企业无关的债务，相关债权人不得以其债权抵销其对合伙企业的债务，也不得代位行使合伙人在合伙企业中的权利。

②可收益，可强制执行。普通合伙人的自有财产不足清偿其与合伙企业无关的债务的，该合伙人可以其从合伙企业分取的收益用于清偿，债权人也可请求法院强制执行该合伙人在合伙企业中的财产份额用于清偿。

【注意】法院强制执行合伙人的财产份额时，应通知其他合伙人，其他合伙人在同等条件下有优先购买权。

【例6·单选】赵某、刘某、郑某设立甲普通合伙企业（下称甲企业），后赵某因个人原因对张某负债100万元，且其自有资产不足以清偿，张某欠甲企业50万元。下列关于张某对赵某债权实施方式的表述中，不符合合伙企业法律制度规定的是（　　）。

A. 张某可请求将赵某从甲企业分取的收益用于清偿

B. 张某可申请法院强制执行赵某在甲企业中的财产份额用于清偿

C. 张某可以其对赵某的债权抵销其对甲企业的债务

D. 张某不可代位行使赵某在甲企业中的权利

【答案】C

【解析】关于选项AB，合伙人的自有财产不足清偿其与合伙企业无关的债务的，该合伙人可以其从合伙企业中分取的"收益"用于清偿；债权人也可以依法"请求人民法院强制执行"该合伙人在合伙企业中的财产份额用于清偿。关于选项CD，合伙人发生与合伙企业无关的债务，相关债权人不得以其债权"抵销"其对合伙企业的债务，也不得"代位"行使合伙人在合伙企业中的权利。

【例7·判断】普通合伙企业的合伙人发生的与合伙企业无关的债务，相关债权人可以其债权抵销其对合伙企业的债务。（　　）（2016年）

【答案】×

【解析】本题考核合伙人的债务清偿。合伙人发生与合伙企业无关的债务，相关债权人不得以其债权抵销其对合伙企业的债务，也不得代位行使合伙人在合伙企业中的权利。

【例8·单选】甲普通合伙企业的合伙人赵某欠个体工商户王某10万元债务，王某欠甲合伙企业5万元债务已到期。赵某的债务到期后一直未清偿。王某的下列做法中，符合《合伙企业法》规定的是（　　）。

A. 主张以其债权抵销其对甲合伙企业的债务

B. 自行接管赵某在甲合伙企业中的财产份额

C. 请求人民法院强制执行赵某在甲合伙企业中的财产份额用于清偿

D. 代位行使赵某在甲合伙企业中的权利

【答案】C

【解析】本题考核合伙人债务清偿。合伙人发生与合伙企业无关的债务，相关债权人不得以其债权抵销其对合伙企业的债务，也不得代位行使合伙人在合伙企业中的权利。合伙人的自有财产不足清偿其与合伙企业无关的债务的，该合伙人可以其从合伙企业中分取的收益用于清偿；债权人也可以依法请求人民法院强制执行该合伙人在合伙企业中的财产份额用于清偿。

★★★考点6. 入伙与退伙

（1）入伙

①新的合伙人入伙，除合伙协议另有约定外，应当经全体合伙人一致同意，并依法订立书面入伙协议。

②新入伙的普通合伙人与原合伙人享有同等权利，承担同等责任，入伙协议另有约定的，从其约定。

③新入伙的普通合伙人对入伙前及入伙后合伙企业的债务承担无限连带责任。

【例9·判断】普通合伙企业入伙的合伙人，可以通过入伙约定比原合伙人享有较大的权利，承担较少的责任。（ ）（2017年）

【答案】√

【解析】普通合伙企业入伙的新合伙人与原合伙人享有同等权利，承担同等责任。入伙协议另有约定的，从其约定。

（2）退伙

①自愿退伙。

a. 协议退伙：合伙协议约定的退伙事由出现；经全体合伙人一致同意；发生合伙人难以继续参加合伙的事由；其他合伙人严重违反合伙协议约定的义务。

b. 通知退伙：未约定合伙期限，提前30日通知。

②法定退伙。

a. 当然退伙：作为合伙人的自然人死亡或者被依法宣告死亡；个人丧失偿债能力；作为合伙人的法人或其他组织依法被吊销营业执照、责令关闭、撤销，或者被宣告破产；法律规定或者合伙协议约定合伙人必须具有相关资格而丧失该资格；合伙人在合伙企业中的全部财产份额被人民法院强制执行；普通合伙人被依法认定为无民事行为能力人或者限制民事行为能力人的，经其他合伙人一致同意，可以依法转为有限合伙人，普通合伙企业依法转为有限合伙企业，其他合伙人未能一致同意的，该无民事行为能力或者限制民事行为能力的合伙人退伙。

b. 除名：未履行出资义务；因故意或者重大过失给合伙企业造成损失；执行合伙事务时有不正当行为；发生合伙协议约定的事由。

【例10·单选】根据合伙企业法律制度的规定，下列情形中，经普通合伙企业其他合伙人一致同意，可以决议将合伙人除名的是（ ）。（2017年）

A. 合伙人未履行出资义务

B. 合伙人死亡

C. 合伙人个人丧失偿债能力
D. 合伙人在合伙企业中的全部财产份额被人民法院强制执行

【答案】A

【解析】选项 BCD，属于普通合伙人当然退伙的事由。

【例 11·单选】根据规定，下列属于普通合伙企业合伙人当然退伙的情形是（　　）。
A. 合伙人执行合伙事务时有不当行为
B. 合伙人个人丧失偿债能力
C. 合伙人因故意或重大过失给合伙企业造成损失
D. 合伙人未履行出资义务

【答案】B

【解析】普通合伙人有下列情形之一的，当然退伙：作为合伙人的自然人死亡或者被依法宣告死亡；个人丧失偿债能力；作为合伙人的法人或其他组织依法被吊销营业执照、责令关闭、撤销，或被宣告破产；法律规定或者合伙协议约定合伙人必须具有相关资格而丧失该资格；合伙人在合伙企业中的全部财产份额被人民法院强制执行。

★★★考点 7. 特殊的普通合伙企业

（1）企业名称中应当标明"**特殊普通合伙**"字样

（2）债务的承担（先看债务再找人，先企业再个人）

①特定债务：（执业＋故意或重大过失）

a. 对外（责任者无限连带，其他有限）：一个或数个合伙人在执业活动中因<u>故意</u>或<u>重大过失</u>造成合伙企业债务的，应当承担<u>无限连带</u>责任，其他合伙人以其在合伙企业中的财产份额为限承担有限责任。

b. 对内（追偿）：合伙企业对外承担责任后，有故意或重大过错的合伙人应按照合伙协议约定，赔偿合伙企业的损失。

②普通债务：合伙人在执业活动中，<u>非因故意</u>或重大过失产生的债务及其他债务，由全体合伙人承担**无限连带**责任。

【例 12·多选】根据合伙企业法律制度的规定，下列关于特殊的普通合伙企业中的某个合伙人在执业活动中因故意造成合伙企业债务时合伙人承担责任的表述中，正确的有（　　）。（2015 年）
A. 该合伙人承担无限责任
B. 其他合伙人不承担责任
C. 其他合伙人承担无限连带责任
D. 其他合伙人以其在合伙企业中的财产份额为限承担责任

【答案】AD

【解析】一个或数个合伙人在执业活动中，因故意或重大过失造成合伙企业债务的，应当承担无限连带责任，其他合伙人以其在合伙企业中的财产份额为限承担有限责任。

【例 13·判断】特殊的普通合伙企业合伙人在执业行为中非因故意或重大过失造成的合伙企业的债务，全体合伙人可以以其在合伙企业中的财产份额为限承担责任。（　　）

【答案】×

【解析】合伙人在执业活动中非因故意或者重大过失造成的合伙企业债务以及合伙企业的其他债务，由全体合伙人承担无限连带责任。

【例14·多选】甲、乙、丙三人成立一特殊普通合伙制会计师事务所。甲在为一客户提供审计业务服务过程中，因重大过失给客户造成损失300万元。下列关于对该损失承担责任的表述中，符合《合伙企业法》规定的有（　　）。

A. 乙、丙对此损失不承担责任
B. 甲对此损失承担无限责任
C. 甲、乙、丙对此损失承担无限连带责任
D. 乙、丙以其在会计师事务所中的财产份额为限承担责任

【答案】BD

【解析】特殊的普通合伙企业中，一个合伙人或者数个合伙人在执业活动中因故意或者重大过失造成合伙企业债务的，应当承担无限责任或者无限连带责任，其他合伙人以其在合伙企业中的财产份额为限承担责任。

二、有限合伙企业

★★★考点1. 有限合伙企业设立的特殊规定

（1）人数

①2个以上50个以下合伙人。

②至少应有1个普通合伙人，1个有限合伙人。

【注意】有限合伙企业仅剩有限合伙人的，应解散；有限合伙企业仅剩普通合伙人的，应转为普通合伙企业。

③不得成为有限合伙企业的普通合伙人的有：<u>国有独资公司</u>、<u>国有企业</u>、<u>上市公司</u>、<u>公益性事业单位</u>、<u>社会团体</u>。

（2）名称

应当标明"<u>有限合伙</u>"字样。

（3）出资形式

可以	货币、实物、知识产权、土地使用权、其他财产权利
不可以	劳务

【例15·多选】根据合伙企业法律制度的规定，下列关于有限合伙企业设立的表述中，正确的有（　　）。（2016年）

A. 有限合伙企业至少有一个普通合伙人
B. 有限合伙企业名称中应当标明"有限合伙"字样
C. 有限合伙人可以劳务出资
D. 国有企业可以成为有限合伙人

【答案】ABD

【解析】有限合伙人不能以劳务出资。国有独资公司、国有企业、上市公司以及公

益性的事业单位、社会团体不得成为普通合伙人，但可以成为有限合伙人。

【例16·多选】根据《合伙企业法》的规定，下列关于合伙企业合伙人出资形式的表述中，正确的有（　　）。

A. 有限合伙人可以实物出资
B. 普通合伙人可以知识产权出资
C. 普通合伙人可以土地使用权出资
D. 有限合伙人可以劳务出资

【答案】ABC
【解析】有限合伙人不能以劳务出资。

【例17·多选】某社会团体与某公司共同出资设立一合伙企业，经营文具用品。两年后，因经营亏损，该合伙企业财产不足以清偿全部债务。下列关于各合伙人承担责任的表述中，符合《合伙企业法》规定的有（　　）。

A. 该社会团体以其认缴的出资额为限对合伙企业债务承担责任
B. 该社会团体对合伙企业债务承担无限责任
C. 该公司以其认缴的出资额为限对合伙企业债务承担责任
D. 该公司对合伙企业债务承担无限责任

【答案】AD
【解析】"该社会团体"只能作为有限合伙人，且以其认缴的出资额为限对合伙企业债务承担责任。该合伙企业只能为有限合伙企业。有限合伙企业至少应当有1个普通合伙人和1个有限合伙人，"该公司"只能作为普通合伙人，且对合伙企业债务承担无限责任。

★★考点2. 有限合伙企业事务执行的特殊规定

（1）有限合伙企业事务由普通合伙人执行，禁止有限合伙人执行合伙事务
（2）有限合伙人的下列行为，不视为执行合伙事务
①参与决定普通合伙人入伙、退伙。
②对企业的经营管理提出建议。
③参与选择承办有限合伙企业审计业务的会计师事务所。
④获取经审计的有限合伙企业财务会计报告。
⑤对涉及自身利益的情况，查阅有限合伙企业财务会计账簿等财务资料。
⑥在有限合伙企业中的利益受到侵害时，向有责任的合伙人主张权利或者提起诉讼。
⑦执行事务合伙人怠于行使权利时，督促其行使权利或者为了本企业的利益以自己的名义提起诉讼。
⑧依法为本企业提供担保。

（3）有限合伙企业利润分配
不得将全部利润分配给部分有限合伙人，合伙协议另有约定的除外。

（4）有限合伙人权利
①可同本有限合伙企业进行交易；但是，合伙协议另有约定的除外。

②可自营或同他人合作经营与本有限合伙企业相竞争的业务；但是，合伙协议另有约定的除外。

【例18·多选】根据合伙企业法律制度的规定，除合伙协议另有约定外，有限合伙人可以从事的行为有（ ）。(2017年)
A.同本企业进行交易　　　　　　B.将其在合伙企业中的财产份额出质
C.执行合伙企业事务　　　　　　D.经营与本企业相竞争的业务
【答案】ABD
【解析】选项C，有限合伙企业由"普通合伙人"执行合伙事务，"有限合伙人"不执行合伙事务，不得对外代表有限合伙企业。

【例19·多选】根据《合伙企业法》的规定，有限合伙人的下列行为，不视为执行合伙事务的有（ ）。(2014年)
A.参与决定普通合伙人入伙事宜
B.参与选择承办有限合伙企业审计业务的会计师事务所
C.就有限合伙企业中的特定事项对外代表本合伙企业
D.对合伙企业的经营管理提出建议
【答案】ABD
【解析】有限合伙人的下列行为，不视为执行合伙事务：参与决定普通合伙人入伙、退伙（选项A）；对企业的经营管理提出建议（选项D）；参与选择承办有限合伙企业审计业务的会计师事务所（选项B）；获取经审计的有限合伙企业财务会计报告；对涉及自身利益的情况，查阅有限合伙企业财务会计账簿等财务资料；在有限合伙企业中的利益受到侵害时，向有责任的合伙人主张权利或者提起诉讼；执行事务合伙人怠于行使权利时，督促其行使权利或者为了本企业的利益以自己的名义提起诉讼；依法为本企业提供担保。对于选项C，有限合伙企业由"普通合伙人"执行合伙事务，"有限合伙人"不执行合伙事务，不得对外代表有限合伙企业。

★★考点3. 有限合伙企业财产出质与转让的特殊规定
（1）出质
有限合伙人可将其财产份额出质，但合伙协议另有约定的除外。
（2）转让
有限合伙人向合伙人以外的人转让其财产份额，应提前30日通知其他合伙人，其他合伙人有优先购买权。

【例20·多选】下列有关有限合伙人财产份额转让及出质的表述中，符合《合伙企业法》规定的有（ ）。(2013年)
A.有限合伙人可以将其在合伙企业中的财产份额出质，合伙协议另有约定的除外
B.有限合伙人按照合伙协议的约定向合伙人以外的人转让其在合伙企业中的财产份额，但应当提前30日通知其他合伙人
C.有限合伙人可以向合伙人以外的转让其在合伙企业中的财产份额，但必须取得其他合伙人的一致同意

D. 有限合伙人对外转让其在合伙企业中的财产份额时，合伙企业的其他合伙人有优先购买权

【答案】ABD

【解析】关于选项 C，有限合伙人可以按照合伙协议的约定向合伙人以外的人转让其财产份额，但应提前 30 日通知其他合伙人，其他合伙人有优先购买权。

【例 21·判断】有限合伙人可以按照合伙协议的约定向合伙人以外的人转让其在有限合伙企业中的财产份额，但应当提前 30 日通知其他合伙人。（　　）

【答案】√

【解析】题目表述正确。

★★★ 考点 4. 有限合伙企业入伙与退伙的特殊规定

（1）入伙

有限合伙人对入伙前的企业债务，以其认缴的出资额为限承担责任。

（2）退伙

①当然退伙：

a. 作为合伙人的自然人死亡或被依法宣告死亡。

b. 作为合伙人的法人或其他组织依法被吊销营业执照、责令关闭、撤销，或被宣告破产。

c. 法律规定或合伙协议约定合伙人必须具有相关资格而丧失该资格。

d. 合伙人在合伙企业中的全部财产份额被人民法院强制执行。

【注意】有限合伙人丧失民事行为能力，不退伙。

②继承人可依法取得有限合伙人资格的情形：

a. 作为有限合伙人的自然人死亡、被依法宣告死亡。

b. 作为有限合伙人的法人及其他组织终止。

③退伙后的责任承担：有限合伙人退伙，对退伙前发生的企业债务，以其退伙时从企业中取回的财产为限承担责任。

【例 22·多选】下列关于有限合伙企业有限合伙人入伙和退伙责任的表述中，符合合伙企业法律制度规定的有（　　）。（2017 年）

A. 有限合伙人对基于其退伙前的原因发生的有限合伙企业的债务，以其退伙时从有限合伙企业中取回的财产承担责任

B. 有限合伙人对基于其退伙前的原因发生的有限合伙企业的债务，以其实缴的出资额为限承担责任

C. 新入伙的有限合伙人对入伙前有限合伙企业债务，以其认缴的出资额为限承担责任

D. 新入伙的有限合伙人对入伙前合伙企业的债务承担无限连带责任

【答案】AC

【解析】选项 AB，有限合伙人退伙后，对基于其退伙前的原因发生的有限合伙企业

债务，以其退伙时从有限合伙企业中取回的财产承担责任；选项CD，新入伙的有限合伙人对入伙前有限合伙企业的债务，以其"认缴的出资额"（而非实缴）为限承担责任。

【例23·判断】新入伙的有限合伙人对入伙前有限合伙企业的债务，以其实缴的出资额为限承担责任。（ ）（2015年，2016年）

【答案】×

【解析】新入伙的有限合伙人对入伙前有限合伙企业的债务，以其"认缴的出资额"（而非实缴）为限承担责任。

★★★考点5. 有限合伙企业合伙人性质转变的特殊规定

合伙人性质转变	债务发生期间	责任承担
有限合伙人→普通合伙人	有限合伙人期间	无限连带责任
普通合伙人→有限合伙人	普通合伙人期间	

【注意】普通合伙人变为有限合伙人、有限合伙人变为普通合伙人，应经全体合伙人一致同意，另有约定除外。

【例24·多选】2011年5月，赵某、钱某、孙某共同出资设立甲有限合伙企业（下称甲企业），赵某为普通合伙人，出资20万元，钱某、孙某为有限合伙人，各出资15万元。2012年，甲企业向银行借款50万元，该借款于2015年到期。2014年，经全体合伙人同意赵某转变为有限合伙人，孙某转变为普通合伙人。2015年，甲企业无力偿还50万元到期借款，合伙人就如何偿还该借款发生争议。下列关于赵某、钱某、孙某承担偿还50万元借款责任的表述中，符合合伙企业法律制度规定的有（ ）。（2017年）

A. 赵某、孙某应承担无限连带责任
B. 孙某以15万元为限承担有限责任
C. 赵某以15万元为限承担有限责任
D. 钱某以15万元为限承担有限责任

【答案】AD

【解析】关于选项ABC，普通合伙人与有限合伙人的身份性质转变后，对其作为普通（有限）合伙人期间合伙企业发生的债务承担无限连带责任；关于选项D，有限合伙人以其认缴的出资额15万元为限对合伙企业债务承担责任。

【例25·单选】甲为有限合伙企业的有限合伙人，经全体合伙人一致同意，甲转为普通合伙人。下列关于甲对其作为有限合伙人期间有限合伙企业发生的债务责任的表述中，符合合伙企业法律制度规定的是（ ）。（2015年）

A. 以其实缴的出资额为限承担责任　　B. 以其认缴的出资额为限承担责任
C. 承担无限连带责任　　D. 不承担责任

【答案】C

【解析】有限合伙人转变为普通合伙人的，对其作为有限合伙人期间有限合伙企业发生的债务承担无限连带责任。

【例26·单选】2011年3月，甲、乙、丙、丁成立一有限合伙企业，甲为普通合伙人，乙、丙、丁为有限合伙人。2011年3月丙转为普通合伙人，2010年8月该合伙企业欠银行 30 万元，直至 2012 年 3 月合伙企业被宣告破产仍未偿还。下列关于甲、乙、丙、丁对 30 万元银行债务承担责任的表述中，符合《合伙企业法》规定的是（　　）。

A. 乙、丁应以其认缴的出资额为限对 30 万元债务承担清偿责任，甲、丙承担无限连带责任

B. 乙、丙、丁应以其认缴的出资额为限对 30 万元债务承担清偿责任，甲承担无限责任

C. 乙、丁应以其实缴的出资额为限对 30 万元债务承担清偿责任，甲、丙承担无限连带责任

D. 乙、丙、丁应以实缴的出资额为限对 30 万元债务承担清偿责任，甲承担无限责任

【答案】A

【解析】普通合伙人与有限合伙人的身份性质转变后，对其作为普通（有限）合伙人期间合伙企业发生的债务承担无限连带责任。

【易混点】普通合伙企业与有限合伙企业的区别。

项目	普通合伙企业（普通合伙人）	有限合伙企业（有限合伙人）
合伙人	(1) 2 个以上 (2) 应具有<u>完全民事行为能力</u> (3) 国有独资公司、国有企业、上市公司以及公益性的事业单位、社会团体不得成为合伙人	(1) 2 个以上 50 个以下的 (2) 无民事行为能力人或限制民事行为能力人可成为合伙人 (3) 至少有 1 个普通合伙人、1 个有限合伙人
以劳务出资	可以（协商作价）	不可以
事务执行	**共同执行或委托执行**	**由普通合伙人执行**
转让份额	对内：通知其他合伙人 对外：约定→一致同意→×，优先购买权	对外：提前 30 日通知，其他合伙人有优先购买权
企业债务	无限连带责任	以其<u>认缴的出资额为限</u>
个人债务	不得代位，不得抵销；可以收益，可以强制执行	
竞业限制	绝对禁止	可以，但有约定按约定
交易	不可以，合伙协议另有约定或经全体合伙人一致同意除外	可以，合伙协议另有约定的除外
利润分配	不得约定将全部利润分配给部分合伙人或由部分合伙人承担全部亏损	不得将全部利润分配给部分合伙人，但合伙协议另有约定的除外
份额出质	须经其他合伙人一致同意	可以，但合伙协议另有约定的除外
新入伙人对入伙前债务的责任	承担无限连带责任	以其认缴的出资为限承担有限责任
退伙人对退伙前企业债务的责任	承担无限连带责任	以其退伙时从企业中取回的财产承担责任
死亡、全部份额被执行、吊销资格证	退伙	退伙
丧失偿债能力	退伙	不退伙
丧失行为能力	经其他合伙人一致同意，可转为有限合伙人，未能一致同意的只能退伙	无须退伙

三、合伙企业的清算

考点1. 合伙企业清算顺序

清算费用
↓
职工工资、社会保险费用、法定补偿金
↓
缴纳所欠税款
↓
清偿债务
↓
分配剩余财产（约定→协商→实缴→平均）

★**考点2. 注销登记**

（1）清算结束，清算人应当编制清算报告，经全体合伙人签名、盖章后，在<u>15日</u>内向企业登记机关报送清算报告，申请办理合伙企业注销登记

（2）经企业登记机关<u>注销登记</u>，合伙企业**终止**

（3）合伙企业注销后，原普通合伙人对企业存续期间的债务仍应承担<u>无限连带</u>责任

【例27·单选】张某、李某、刘某共同出资设立的甲普通合伙企业（下称甲企业），经全体合伙人一致同意决定解散。清算过程中，甲企业的财产及其合伙人的财产不足以偿清合伙企业的债务。清算结束后，下列关于甲企业可否注销及其剩余债务解决方法的表述中，符合合伙企业法律制度规定的是（　　）。（2017年）

A. 可以注销甲企业，剩余债务由张某、李某、刘某承担无限连带责任

B. 不能注销甲企业，债权人在清算结束后连续5年内，享有继续请求清偿的权利

C. 不能注销甲企业，剩余债务由张某、李某、刘某承担无限连带责任

D. 可以注销甲企业，剩余债务不再清偿

【答案】A

【解析】清算结束，清算人应当编制清算报告，经全体合伙人签名、盖章后，在15日内向企业登记机关报送清算报告，申请办理合伙企业注销登记。合伙企业注销后，原普通合伙人对合伙企业存续期间的债务仍应承担无限连带责任。

考点3. 合伙企业不能清偿到期债务的处理

（1）债权人可依法向法院<u>申请破产</u>，也可要求普通合伙人清偿

（2）即使企业被<u>宣告破产</u>，普通合伙人仍应承担无限连带责任

检测2-1

第四章 金融法律制度

本章考情分析

思维导图

本章涉及内容较多，其中证券法律制度和票据法律制度有一定的难度，考生应重点关注。同时要注意与公司法律制度及合同法律制度结合学习，达到事半功倍的效果。

年份 题型	2014年		2015年		2016年		2017年卷一		2017年卷二	
	题量	分值	题量	分值	题量	分值	题量	分值	题量	分值
单选题	5	5	1	1	4	4	6	6	5	5
多选题	2	4	2	4	1	2	4	8	1	2
判断题	-	-	1	1	2	2	1	1	2	2
简答题	1	6	1	6	-	-	-	-	1	6
综合题	-	-	-	-	-	-	-	-	-	-
合计	-	15	-	12	-	8	-	15	-	15

第一节 证券法律制度

一、证券发行

★**考点 1. 分类**

（1）根据发行<u>对象</u>不同

分为公开发行和非公开发行。

①公开发行：

a. 向不特定对象发行证券（无人数限制）。

b. 向累计超过200人的特定对象发行证券。

②非公开发行：不得采用广告、公开劝诱、变相公开方式。

（2）根据发行<u>目的</u>不同

分为设立发行和增资发行。

（3）根据发行<u>方式</u>不同

分为直接发行和间接发行。

（4）根据发行价格与证券票面金额之间的关系

分为<u>平价发行</u>、<u>溢价发行</u>和折价发行。

【例1·多选】根据证券法律制度的规定，下列属于证券公开发行情形的有（　　）。

A. 向不特定对象发行证券的

B. 向累计不超过 200 人的不特定对象发行证券的
C. 向累计不超过 200 人的特定对象发行证券的
D. 采取电视广告方式发行证券的

【答案】ABD

【解析】有下列情形之一的，为公开发行：向不特定对象发行证券（无论是否超过 200 人）（选项 AB 正确）；向累计超过 200 人的特定对象发行证券（选项 C 错误）；法律、行政法规规定的其他发行行为。非公开发行证券，不得采用广告、公开劝诱和变相公开方式（选项 D 正确）。

★★考点 2. 股票的发行

(1) 首次公开发行股票的条件

① 发行人应当是依法设立且合法存续 3 年以上的股份有限公司。

② 发行人已经依法建立健全组织机构（包括股东大会、董事会、监事会、独立董事、董事会秘书制度）并能依法履行职责。

③ 发行人资产质量良好，资产负债结构合理，盈利能力较强，现金流量正常。

(2) 上市公司公开发行新股的条件

① 一般条件（6 点，适用于配股和公开增发，但不适用于非公开增发）：

a. 组织机构健全、运行良好。

b. 盈利能力具有可持续性。

c. 财务状况良好。

d. 最近 36 个月内财务会计文件无虚假记载，且不存在重大违法行为。

e. 上市公司募集资金的数额和使用应当符合法律的规定。

f. 不存在不得公开发行证券的情形。

② 上市公司配股（向原股东配售股份）的条件（6+3）：

a. 拟配售股份数量不超过本次配售股份前股本总额的 30%。

b. 控股股东应当在股东大会召开前公开承诺认配股份的数量。

c. 采用证券法规定的代销方式发行。

③ 上市公司增发的条件（6+3）：

a. 最近 3 个会计年度加权平均净资产收益率平均不低于 6%。

b. 除金融类企业外，最近一期末不存在持有金额较大的交易性金融资产和可供出售的金融资产、借予他人款项、委托理财等财务性投资的情形。

c. 发行价格应不低于公告招股意向书前 20 个交易日公司股票均价或前 1 个交易日的均价。

(3) 上市公司非公开发行股票的条件

① 发行对象不超过 10 名，且符合股东大会决议规定条件。

② 发行对象为境外战略投资者的，应当经国务院相关部门事先批准。

③ 发行价格不低于定价基准日前 20 个交易日公司股票均价的 90%。

④ 本次发行的股份自发行结束之日起，12 个月内不得转让；控股股东、实际控制人

及其控制的企业认购的股份，36 个月内不得转让。

⑤募集资金使用符合法律规定。

⑥本次发行将导致上市公司控制权发生变化的，还应当符合中国证监会的其他规定。

【例 2·单选】 下列关于上市公司非公开发行股票的条件和方式的表述中，符合证券法律制度规定的是（　　）。(2014 年)

A. 发行对象不得超过 200 人

B. 发行价格不得低于定价基准日前一个交易日公司股票的均价

C. 自本次股份发行结束之日起，控股股东认购的股份 36 个月内不得转让

D. 可采用广告方式发行

【答案】C

【解析】关于选项 A，上市公司非公开发行中，发行对象不得超过 10 名。关于选项 B，发行价格不低于定价基准日前 20 个交易日公司股票均价的"90%"。关于选项 C，本次发行的股份自发行结束之日起，12 个月内不得转让；控股股东、实际控制人及其控制的企业认购的股份，36 个月内不得转让。关于选项 D，非公开发行证券，不得采用广告、公开劝诱和变相公开方式。

(4) 上市公司<u>不得非公开</u>发行股票的条件

①本次发行申请文件有<u>虚假记载</u>、<u>误导性陈述</u>或<u>重大遗漏</u>。

②上市公司的<u>权益</u>被控股股东或实际控制人严重损害且尚未消除。

③上市公司及其附属公司<u>违规</u>对外提供担保且尚未解除。

④现任董事、高级管理人员最近 36 个月内受到过中国证监会的<u>行政处罚</u>，或最近 12 个月内受到过证券交易所**公开谴责**。

⑤上市公司或其现任董事、高级管理人员因涉嫌犯罪正被司法机关立案侦查或涉嫌违法违规正被中国证监会<u>立案调查</u>。

⑥最近 1 年及 1 期财务报表被注册会计师出具保留意见、否定意见或无法表示意见的审计报告。

⑦<u>严重损害</u>投资者合法权益和社会公共利益的其他情形。

【例 3·多选】 根据证券法律制度的规定，下列情形中，属于上市公司不得非公开发行股票的有（　　）。

A. 上市公司及其附属公司曾违规对外提供担保，但已消除

B. 现任董事最近 36 个月内受到过中国证监会的行政处罚

C. 最近 1 年及 1 期财务报表被注册会计师出具保留意见的审计报告，但保留意见所涉及事项的重大影响已消除

D. 上市公司的权益被控股股东或实际控制人严重损害且尚未消除

【答案】BD

【解析】上市公司及其附属公司违规对外提供担保"且尚未消除"的，不得非公开发行股票；上市公司最近 1 年及 1 期财务报表被注册会计师出具保留意见、否定意见或无法表示意见的审计报告的，不得非公开发行股票；但保留意见、否定意见或无法表示意见所涉及事项的重大影响已经消除或者本次发行涉及重大重组的除外。

★★★ **考点3. 公司债券的发行**

(1) 合格投资者

①经有关金融监管部门批准设立的金融机构。
②上述金融机构面向投资者发行的理财产品。
③净资产不低于1 000万元的企事业单位法人、合伙企业。
④合格境外机构投资者、人民币合格境外机构投资者。
⑤社会保障基金、企业年金等养老基金，慈善基金等社会公益基金。
⑥名下金融资产不低于人民币300万元的个人投资者。
⑦经中国证监会认可的其他合格投资者。

【例4·多选】根据《公司债券发行与交易管理办法》的规定，合格投资者应当具备相应的风险识别和承担能力，能够自行承担公司债券的投资风险，并符合一定资质条件。下列投资者符合该资质条件的有（   ）。(2015年)

A. 净资产达到1 100万元的合伙企业
B. 名下金融资产达到280万元的自然人
C. 企业年金
D. 社会保障基金

【答案】ACD

【解析】关于选项B，名下金融资产不低于人民币300万元的个人投资者。

(2) 公开发行的条件

①公开发行公司债券的条件：

a. 股份有限公司净资产不低于3 000万元，有限责任公司的净资产不低于6 000万元。
b. 累计债券余额不超过最近一期期末公司净资产的40%。
c. 募集资金投向符合国家产业政策。
d. 最近3年平均可分配利润足以支付公司债券1年的利息。
e. 债券的利率不超过国务院限定的利率水平。
f. 国务院规定的其他条件。

【例5·单选】某股份有限公司申请面向合格投资者公开发行公司债券。下列关于该公司公开发行公司债券条件的表述中，不符合《证券法》规定的是（   ）。

A. 最近3年平均可分配利润足以支付公司债券1年的利息
B. 累计债券余额是公司净资产的50%
C. 净资产为人民币5 000万元
D. 筹集的资金投向符合国家产业政策

【答案】B

【解析】根据规定，公开发行公司债券，累计债券余额不超过公司净资产的40%。本题中，B选项累计债券余额是公司净资产的50%，不符合规定。

②符合以下条件既可以向公众投资者发行，也可以向合格投资者公开发行：

a. 发行人最近3年无债务违约或者迟延支付本息的事实。

b. 发行人最近 3 个会计年度实现的年均可分配利润不少于债券 1 年利息的 1.5 倍。
　　c. 债券信用评级达到 AAA 级。
　　d. 中国证券会根据投资者的需要规定的其他条件。
③不得公开发行：
　　a. 最近 36 个月内公司财务会计文件存在虚假记载，或公司存在其他重大违法行为。
　　b. 本次发行申请文件存在虚假记载、误导性陈述或重大遗漏。
　　c. 有违约或迟延支付本息的事实，仍处于继续状态。
　　d. 严重损害投资者合法权益和社会公共利益的其他情形。
　　e. 前一次公开发行的公司债券尚未募足。
　（3）非公开发行
　①应向合格投资者发行，不得采用公告、公开劝诱、变相公开方式，每次发行对象不得超过 200 人。
　②只能向合格投资者转让，转让后，持有同次发行债券的合格投资者合计不超 200 人。
　③发行人的董事、监事、高级管理人员及持股比例超过5%的股东，可参与本公司非公开发行公司债券的认购与转让，不受合格投资者条件的限制。

【例 6·多选】根据证券法律制度的规定，下列关于公司债券非公开发行及转让的表述中，正确的有（　　）。(2016 年)
A. 每次发行对象不得超过 200 人
B. 非公开发行公司债券应当向合格投资者发行
C. 发行人的董事不得参与本公司非公开发行公司债券的认购
D. 非公开发行的公司债券可以公开转让
【答案】AB
【解析】发行人的董事、监事、高级管理人员及持股比例超过 5%的股东，可以参与本公司非公开发行公司债券的认购与转让，不受合格投资者资质条件的限制。因此选项 C 表述错误。非公开发行的公司债券仅限于合格投资者范围内转让；转让后，持有同次发行债券的合格投资者合计不得超过 200 人。因此选项 D 表述错误。

★ 考点 4. 证券销售
（1）方式：包销、代销
【注意】非公开发行股票未采用自行销售方式或配股的，应采用代销。
（2）向不特定对象公开发行的证券票面总值超过人民币 5 000 万元，应由承销团承销
（3）证券的代销、包销期限最长不得超过 90 日
（4）证券公司在代销、包销期内，对所代销、包销的证券应保证先行出售给认购人，证券公司不得为本公司预留所代销的证券和预先购入并留存所包销的证券
（5）代销期限届满，向投资者出售的股票数量未达到拟公开发行股票数量 70%的，为发行失败，发行人应按照发行价并加算银行同期存款利息返还股票认购人

【例7·单选】下列关于证券发行承销团承销证券的表述中，不符合证券法律制度规定的是（   ）。
A. 承销团承销适用于向不特定对象公开发行的证券
B. 发行证券的票面总值必须超过人民币1亿元
C. 承销团由主承销和参与承销的证券公司组成
D. 承销团代销、包销期最长不得超过90日
【答案】B
【解析】发行人向不特定对象发行的证券，法律、行政法规规定应当由证券公司承销的，发行人应当同证券公司签订承销协议，选项A正确；承销团应当由主承销和参与承销的证券公司组成，选项C正确；证券的代销、包销期限最长不得超过90日，选项D正确。

二、证券交易

★★★ 考点1. 证券上市
（1）股票上市
①条件：
a. 经核准已公开发行。
b. 股本总额不少于人民币3 000万元。
c. 公开发行的股份达到股份总数的25%以上；股本总额超过人民币4亿元的，该比例为10%以上。
d. 最近3年无重大违法行为，财务会计报告无虚假记载。
②暂停上市的情形：
a. 股本总额、股权分布等发生变化不再具备上市条件。
b. 不按照规定公开其财务状况，或对财务会计报告作虚假记载，可能误导投资者。
c. 有重大违法行为。
d. 最近3年连续亏损。
③终止上市的情形：
a. 股本总额、股权分布等发生变化不再具备上市条件，规定期限内仍不能达到条件。
b. 不按规定公开其财务状况，或作虚假记载，且拒绝纠正。
c. 最近3年连续亏损，在其后1个年度内未能恢复盈利。
【注意】3年连续亏损暂停，4年连续亏损终止。
d. 公司解散或被宣告破产。
【例8·多选】根据证券法律制度的规定，上市公司发生的下列情形中，证券交易所可以决定暂停其股票上市的有（   ）。（2016年）
A. 公司的股票被收购人收购达到该公司股本总额的70%
B. 公司最近3年连续亏损
C. 公司董事长辞职

D. 公司对财务会计报告作虚假记载，可能误导投资者

【答案】BD

【解析】上市公司有下列情形之一的，由证券交易所决定暂停其股票上市交易：公司股本总额、股权分布等发生变化不再具备上市条件；公司不按规定公开财务状况，或对财务会计报告作虚假记载，可能误导投资者；公司有重大违法行为；公司最近3年连续亏损；证券交易所上市规则规定的其他情形。

【例9·判断】上市公司最近3年连续亏损，在其后1个年度内未能恢复盈利的，由证券交易所决定终止其股票上市交易。（　　）

【答案】√

【解析】题目表述正确。

(2) 证券投资基金上市

①条件：

a. 基金的募集符合规定。

b. 基金合同期限为5年以上。

c. 基金募集金额不低于2亿元人民币。

d. 基金份额持有人不少于1 000人。

②终止上市的情形：

a. 不再具备法定的上市交易条件。

b. 基金合同期限届满。

c. 基金份额持有人大会决定提前终止上市交易。

d. 基金合同约定的或者基金份额上市交易规则规定的终止上市交易的其他情形。

【例10·多选】根据《证券投资基金法》的规定，申请上市的封闭式基金应具备的条件有（　　）。

A. 基金合同期限为5年以上

B. 基金份额持有人不少于1 000人

C. 基金募集金额不低于2亿元

D. 基金募集期限届满，募集的基金份额总额达到核准规模的80%以上

【答案】ABCD

【解析】以上选项均正确。

(3) 持续信息公开

①定期报告：年度报告、中期报告和季度报告。

②临时报告（21项重大事件）：

a. 公司的经营方针和经营范围的重大变化。

b. 公司的重大投资行为和重大购置财产的决定。

c. 公司订立重要合同，可能对公司的资产、负债、权益和经营成果产生重要影响。

d. 公司发生重大债务和未能清偿到期重大债务的违约情况，或发生大额赔偿责任。

e. 公司发生重大亏损或重大损失。

f. 公司生产经营的外部条件发生重大变化。

g. 公司的董事、1/3 以上监事或经理发生变动，董事长或经理无法履行职责。

h. 持有公司5% 以上股份的股东或实际控制人，其持有股份或控制公司的情况发生较大变化。

i. 公司决定减资、合并、分立、解散及申请破产，或进入破产程序、被责令关闭。

j. 涉及公司的重大诉讼、仲裁，股东大会、董事会决议被依法撤销或宣告无效。

k. 公司涉嫌违法违规被有权机关调查，或受到刑事处罚、重大行政处罚，公司董事、监事、高级管理人员涉嫌违法违纪被有权机关调查或采取强制措施。

l. 新公布的法律、法规、规章、行业政策可能对公司产生重大影响。

m. 董事会就发行新股或其他再融资方案、股权激励方案形成相关决议。

n. 法院裁决禁止控股股东转让其所持股份，任一股东所持公司5% 以上股份被质押、冻结、司法拍卖、托管、设定信托或被依法限制表决权。

o. 主要资产被查封、扣押、冻结或被抵押、质押。

p. 主要或全部业务陷入停顿。

q. 对外提供重大担保。

r. 获得大额政府补贴等可能对公司资产、负债、权益或经营成果产生重大影响的额外收益。

s. 变更会计政策、会计估计。

t. 因前期已披露的信息存在差错、未按规定披露或虚假记载，被有关机关责令改正或经董事会决定进行更正。

u. 中国证券会规定的其他情形。

【例11·多选】根据证券法律制度的规定，凡发生或可能对上市公司证券及其衍生品种交易价格产生较大影响的重大事件，投资者尚未得知时，上市公司应当立即提出临时报告。下列各项中，属于重大事件的有（　　）。（2013 年）

A. 甲上市公司董事会就股权激励方案形成相关决议
B. 乙上市公司的股东王某持有公司 10% 的股份被司法冻结
C. 丙上市公司因国家产业政策调整致使该公司主要业务陷入停顿
D. 丁上市公司变更会计政策

【答案】ABCD

【解析】以上选项均属于重大事件。

【例12·单选】某上市公司监事会有 5 名监事，其中监事赵某、张某为职工代表。监事任期届满，该公司职工代表大会在选举监事时，认为赵某、张某未能认真履行职责，故一致决议改选陈某、王某为监事会成员。根据证券法律制度的规定，该上市公司应通过一定的方式将该信息予以披露，该信息披露的方式是（　　）。

A. 中期报告　　　　　　　　B. 季度报告
C. 年度报告　　　　　　　　D. 临时报告

【答案】D

【解析】公司董事、1/3 以上监事或者经理发生变动属于重大事件，应提交临时报告。

(4) 禁止的交易行为

①内幕交易行为。

a. 内幕信息的知情人：发行人的<u>董事</u>、<u>监事</u>、<u>高级管理人员</u>；持有公司<u>5%</u>以上股份的股东及其董事、监事、高级管理人员，公司的实际控制人及其董事、监事、高级管理人员；发行人<u>控股</u>的公司及其董事、监事、高级管理人员；由于所任公司职务可以获取公司有关内幕信息的人员；证券监督管理机构工作人员及由于法定职责对证券发行、交易进行管理的其他人；<u>保荐人</u>、承销的证券公司、<u>证券交易所</u>、<u>证券登记结算机构</u>、<u>证券服务机构人员</u>。

b. 内幕信息（21+6）：应发布<u>临时报告</u>的重大事件（21项）；公司<u>分配股利</u>或<u>增资</u>的计划；公司<u>股权结构</u>的重大变化；公司<u>债务担保</u>的重大变更；公司营业用主要资产的<u>抵押</u>、<u>出售</u>或<u>报废</u>一次超过该资产的<u>30%</u>；公司的<u>董事</u>、<u>监事</u>、<u>高级管理人员</u>的行为可能依法承担重大损害赔偿责任；上市公司<u>收购</u>的有关方案。

【例13·多选】根据证券法律制度的规定，凡发生可能对上市公司证券交易价格产生较大影响的重大事件，投资者尚未得知时，上市公司应立即报送临时报告，并予公告。下列情形中，属于重大事件的有（   ）。(2017年)

A. 公司注册资本减少的决定　　B. 公司涉嫌违法受到刑事处罚
C. 公司分配股利的计划　　　　D. 公司变更会计政策

【答案】ABD

【解析】选项C，属于内幕信息，而非重大事件。

【例14·单选】下列不属于《证券法》规定的证券交易内幕信息的知情人员的是（   ）。

A. 上市公司的总会计师　　　　B. 持有上市公司3%股份的股东
C. 上市公司控股的公司的董事　D. 上市公司的监事

【答案】B

【解析】B选项持股比例未达到5%，不属于内幕信息的知情人。

【例15·单选】根据证券法律制度的规定，某上市公司的下列事项中，不属于证券交易内幕信息的是（   ）。

A. 股权结构的重大变化　　　　B. 增加注册资本的计划
C. 财务总监发生变动　　　　　D. 监事会共5名监事，其中2名发生变动

【答案】C

【解析】选项CD，公司的董事、1/3以上监事或者经理（不包括副经理、财务负责人）发生变动，属于重大事件（内幕信息）。

②操纵证券市场行为。

<u>操纵</u>交易价格或交易量	单独或合谋，集中资金、持股优势或利用信息优势联合或连续买卖证券
<u>影响</u>交易价格或交易量	与他人串通，以事先约定的时间、价格、方式相互进行证券交易
	在自己实际控制的账户之间进行证券交易

【例16·单选】某证券公司利用资金优势，在3个交易日内连续对某一上市公司的股票进行买卖，使该股票从每股10元上升至13元，然后在此价位大量卖出获利。根据

证券法律制度的规定，下列关于该证券公司行为效力的表述中，正确的是（　　）。

A. 合法，因该行为不违反平等自愿、等价有偿的原则
B. 不合法，因该行为属于欺诈客户的行为
C. 不合法，因该行为属于操纵市场的行为
D. 合法，因该行为不违反交易自由、风险自担的原则

【答案】C

【解析】属于操纵证券市场行为中的"单独或合谋，集中资金、持股优势或利用信息优势联合或连续买卖证券，操纵交易价格或者证券交易量"的情形。

③虚假陈述行为：包括<u>虚假记载</u>、<u>误导性陈述</u>、<u>重大遗漏</u>及<u>不正当披露</u>。

④欺诈客户行为：

a. <u>违背</u>客户的委托为客户买卖证券。
b. <u>不在规定时间内</u>向客户提供交易的书面确认文件。
c. <u>挪用</u>客户所委托买卖的证券或客户账户上的**资金**。
d. 未经客户的委托，<u>擅自</u>为客户买卖证券，或**假借**客户的名义买卖证券。
e. 为牟取佣金收入，<u>诱使</u>客户进行不必要的证券买卖。
f. 利用传播媒介或通过其他方式提供、<u>传播虚假</u>或者<u>误导投资者</u>的信息。
g. <u>其他</u>违背客户真实意思表示，损害客户利益的行为。

【例17·多选】根据证券法律制度的规定，下列属于禁止的证券交易行为的有（　　）。

A. 甲证券公司在证券交易活动中编造并传播虚假信息，严重影响证券交易
B. 乙证券公司不在规定的时间内向客户提供交易的书面确认文件
C. 丙证券公司利用资金优势，连续买卖某上市公司股票，操纵该股票交易价格
D. 上市公司董事王某知悉该公司近期未能清偿到期重大债务，在该信息公开前将自己所持有的股份全部转让给他人

【答案】ABCD

【解析】选项A属于虚假陈述；选项B属于欺诈客户；选项C属于操纵市场；选项D属于内幕交易。

三、上市公司收购

★★★考点1. 概述

（1）实际控制权

①投资者为上市公司<u>持股50%以上</u>的控股股东。
②投资者可实际支配上市公司股份<u>表决权超过30%</u>。
③投资者通过实际支配上市公司股份表决权能够决定公司董事会<u>半数以上</u>成员选任。
④投资者可实际支配的上市公司股份表决权足以对公司股东大会决议<u>产生重大影响</u>。

【例18·多选】根据上市公司收购法律制度的规定，下列情形中，属于表明投资者获得或拥有上市公司控制权的有（　　）。

A. 投资者为上市公司持股50%以上的控股股东

B. 投资者可实际支配上市公司股份表决权超过30%

C. 投资者通过实际支配上市公司股份表决权能够决定公司董事会1/3成员选任

D. 投资者依其可实际支配的上市公司股份表决权足以对公司股东大会的决议产生重大影响

【答案】ABD

【解析】选项C，投资者通过实际支配上市公司股份表决权能够决定公司"董事会半数以上"成员选任。

（2）一致行动人

①投资者之间有股权控制关系。

②投资者受同一主体控制。

③投资者的董事、监事或高级管理人员中的主要成员，同时在另一个投资者担任董事、监事或高级管理人员。

④投资者参股另一投资者，可对参股公司的重大决策产生重大影响。

⑤银行以外的其他法人、其他组织和自然人为投资者取得相关股份提供融资安排。

⑥投资者之间存在合伙、合作、联营等其他经济利益关系。

⑦持有投资者30%以上股份的自然人，与投资者持有同一上市公司股份。

⑧在投资者任职的董事、监事及高级管理人员，与投资者持有同一上市公司股份。

⑨持有投资者30%以上股份的自然人和在投资者任职的董事、监事及高级管理人员，其父母、配偶、子女及其配偶、配偶的父母、兄弟姐妹及其配偶、配偶的兄弟姐妹及其配偶等亲属，与投资者持有同一上市公司股份。

⑩在上市公司任职的董事、监事、高级管理人员及其前项所述亲属同时持有本公司股份的，或与其自己或其前项所述亲属直接或间接控制的企业同时持有本公司股份。

⑪上市公司董事、监事、高级管理人员和员工与其所控制或委托的法人或其他组织持有本公司股份。

【例19·多选】甲公司收购乙上市公司时，下列投资者同时也在购买乙上市公司的股票。根据规定，如无相反证据，与甲公司为一致行动人的投资者有（　　）。（2014年）

A. 甲公司董事王某

B. 甲公司董事长李某多年未联系的同学

C. 甲公司某监事的母亲

D. 甲公司总经理的配偶

【答案】ACD

【解析】在投资者任职的董事、监事及高级管理人员，其父母、配偶、子女及其配偶、配偶的父母、兄弟姐妹及其配偶、配偶的兄弟姐妹及其配偶等亲属，与投资者持有同一上市公司股份，与投资者属于一致行动人。

【例20·多选】根据证券法律制度的规定，在特定情形下，如无相反证据，投资者将会被视为一致行动人。下列各项中，属于该特定情形的有（　　）。

A. 投资者之间存在合伙关系

B. 投资者之间为同学、战友关系

C. 投资者之间存在股权控制关系
D. 投资者之间存在联营关系
【答案】ACD
【解析】投资者之间有股权控制关系，投资者之间存在合伙、合作、联营等其他经济利益关系的，除非有相反证据，否则均可视为一致行动人。本题 B 选项投资者之间为同学、战友，并不存在经济利益关系，不构成一致行动人。

（3）收购人有下列情形之一的，不得收购上市公司
①负有数额较大债务，到期未清偿，且处于持续状态。
②最近3年有重大违法行为或涉嫌有重大违法行为。
③最近3年有严重的证券市场失信行为。
④是自然人，且存在法律规定不得担任公司董事、监事、高级管理人员的五种情形。
⑤其他情形。

【例 21·多选】根据证券法律制度的规定，下列各项中，属于不得收购上市公司的情形有（ ）。
A. 收购人负有数额较大债务，到期未清偿，且处于持续状态
B. 收购人最近 3 年涉嫌有重大违法行为
C. 收购人最近 3 年有严重的证券市场失信行为
D. 收购人为限制民事行为能力人
【答案】ABCD
【解析】以上选项均属于不得收购上市公司的情形。

★★考点2. 要约收购

（1）适用条件
①持股比例达到30%。
②继续增持股份。
（2）期限
不得少于30日，并不得超过 60 日，但出现竞争要约的除外。
（3）撤销
在收购要约确定的承诺期限内，收购人不得撤销其收购要约。
（4）变更
①收购人需变更收购要约的，须及时公告，载明具体变更事项，并通知被收购公司。
②收购要约期限届满前 15 日内，收购人不得变更收购要约，但出现竞争要约的除外。
③在要约收购期间，被收购公司董事不得辞职。

【例 22·单选】下列关于上市公司收购人权利义务的表述中，不符合上市公司收购法律制度规定的是（ ）。（2013 年）
A. 收购人在要约收购期内，可以卖出被收购公司的股票

B.收购人在收购要约期限届满前15日内,不得变更其收购要约,除非出现竞争要约
C.收购人持有的被收购上市公司的股票,在收购行为完成后的12个月内不得转让
D.收购人在收购要约确定的承诺期限内容,不得撤销其收购要约

【答案】A

【解析】选项A,收购人在要约收购期内,不得卖出被收购公司的股票。

【例23·多选】甲投资者收购一家股本总额为4.5亿元人民币的上市公司。下列关于该上市公司收购的法律后果的表述中,符合证券法律制度规定的有(   )。

A.收购期限届满,该上市公司公开发行的股份占公司股份总数的8%,该上市公司的股票应由证券交易所终止上市交易

B.收购期限届满,该上市公司的股票被证券交易所终止上市交易后,持有该上市公司股份2%的股东,要求以收购要约的同等条件向甲投资者出售其股票的,甲投资者可拒绝收购

C.甲投资者持有该上市公司股票,在收购完成后的36个月内不得转让

D.收购行为完成后,甲投资者应当在15日内将收购情况报告中国证监会和证券交易所,并予公告

【答案】AD

【解析】关于选项B,收购期限届满,上市公司的股票被证券交易所终止上市交易,其余仍持有被收购公司股票的股东,有权向收购人以收购要约的同等条件出售其股票,收购人应当收购;关于选项C,收购人持有的被收购上市公司的股票,在收购行为完成后的12个月内不得转让。

检测2-2

第二节　保险法律制度

一、保险法律制度概述

★★★**考点1. 保险法的基本原则**

(1)最大诚信原则

①告知:投保人订立保险合同时应将与保险标的有关的重要事实如实向保险人陈述。

②保证:投保人在保险合同中向保险人作出的履行某种特定义务的承诺。

③弃权与禁止反言:

a. 投保人故意不如实告知,保险人在解除合同前发生的保险事故,不承担赔付责任。

b. 投保人因重大过失未如实告知,对保险事故的发生有严重影响,保险人对于合同解除前发生的保险事故,不承担赔付责任,但应退还保险费。

【注意】保险人的解除合同权,自保险人知道有解除事由之日起,超过30日不行使

而消灭；自合同成立之日起**超过2年**，保险人不得解除合同，发生保险事故的保险人应当赔付保险金。

【例1·单选】根据保险法律制度的规定投保人在订立保险合同时故意或因重大过失未履行如实告知义务，足以影响保险人决定是否同意承保或提高保险费率的，保险人有权解除合同，保险人解除合同的权利，自保险人知道解除事由之日起超过一定期限不行使而消灭，该期限为（　　）。（2017年）

A.1年　　　　　　　　　　B.30日
C.3个月　　　　　　　　　D.2年

【答案】B

【解析】保险人的解除合同权，自保险人知道有解除事由之日起，超过30日不行使而消灭。

(2) <u>保险利益</u>原则

在人身保险中，投保人对下列人员具有保险利益：

①<u>本人</u>。
②配偶、子女、父母。
③上述人员以外的与投保人有<u>抚养</u>、<u>赡养</u>或扶养关系的家庭其他成员、近亲属。
④与投保人<u>有劳动关系</u>的劳动者。
⑤被保险人同意投保人为其订立合同的，视为投保人对被保险人具有保险利益。

【注意1】财产保险的被保险人，在保险事故发生时，对保险标的应当具有保险利益。

【注意2】人身保险的投保人，在保险合同订立时，对被保险人应当具有保险利益。

【注意3】人身保险合同订立后，投保人丧失对被保险人的保险利益，保险合同的效力不受影响。

【例2·判断】人身保险合同订立后，因投保人丧失对被保险人的保险利益，当事人主张保险合同无效的，人民法院应予支持。（　　）（2017年）

【答案】×

【解析】人身保险合同订立后，投保人丧失对被保险人的保险利益，保险合同的效力不受影响。

【例3·多选】根据保险法律制度的规定，人身保险的投保人在订立保险合同时，对某些人员具有保险利益。该人员包括（　　）。（2014年）

A.投保人的父亲　　　　　　B.投保人抚养的外甥女
C.投保人的孩子　　　　　　D.投保人赡养的伯父

【答案】ABCD

【解析】以上选项均正确。

(3) <u>损失补偿</u>原则

保险人的赔付以投保时约定的保险金额为限，且保险金额**不得超过保险标的的实际价值**；超过部分，保险人不予赔偿。

(4) <u>近因</u>原则

保险事故与损害后果之间应具有直接**因果关系**。

二、保险合同

考点1. 分类

（1）根据保险价值是否先予确定分为<u>定值</u>保险合同和<u>不定值</u>保险合同

（2）根据保险价值与保险金额的关系分为<u>足额</u>保险合同、<u>不足额</u>保险合同和<u>超额</u>保险合同

【注意】保险金额<u>低于</u>保险价值的，除合同另有约定外，保险人按照保险金额与保险价值的<u>比例</u>承担赔偿保险金的责任。

（3）根据保险标的不同分为<u>人身</u>保险合同和<u>财产</u>保险合同

★**考点2. 保险合同当事人及关系人**

（1）当事人

包括<u>投保人</u>和<u>保险人</u>。

（2）关系人

①被保险人：

a. 投保人不得为<u>无民事行为能力人</u>投保以死亡为给付保险金条件的人身保险，保险人也不得承保。

【注意】父母为其未成年子女投保的人身保险，不受此限。

b. 以死亡为给付保险金条件的合同，未经被保险人同意并认可保险金额的，保险合同无效。

c. 按照以<u>死亡</u>为给付保险金条件的合同所签发的保险单，未经被保险人<u>书面</u>同意，不得转让或质押。

②受益人：

a. <u>自然人</u>、<u>法人</u>、<u>投保人</u>、<u>被保险人</u>均可为受益人。

b. 投保人指定受益人，须经被保险人同意。

c. 受益人<u>故意</u>造成被保险人死亡、伤残、疾病的，或<u>故意杀害</u>被保险人未遂的，该受益人丧失受益权。

【例4·单选】李某为其母亲赵某投保人寿险，在确定具体受益人时李某与赵某发生了分歧。下列关于如何确定受益人的表述中，符合保险法律制度规定的是（　　）。

A. 受益人只能是李某

B. 受益人只能是赵某

C. 受益人可以由李某指定，但必须经赵某同意

D. 受益人只能由赵某指定

【答案】C

【解析】人身保险的受益人由被保险人或者投保人指定（可以不是投保人或者被保险人），投保人指定受益人时必须经"被保险人"同意，投保人变更受益人时也必须经"被保险人"同意。

★★ 考点 3. 保险合同的订立

投保人提出保险要求，经保险人<u>同意承保</u>，保险合同成立。

投保人或其代理人订立保险合同时<u>没有亲自签字或盖章</u>，而由保险人或保险人的代理人代为签字或盖章的，对投保人不生效。但投保人已经交纳保险费的，视为其对代签字或盖章行为的追认。

【例 5·判断】某保险公司的代理人王某向刘某推介一款保险产品，刘某认为不错，于是双方约定了签订合同的时间。订立保险合同时，刘某无法亲自到场签字，就由王某代为签字。后刘某缴纳了保险费。此时，应视为刘某对王某代签字行为的追认。（　　）

【答案】√

【解析】题目表述正确。

【例 6·单选】根据《保险法》规定，下列关于保险合同成立时间的表述中，正确的是（　　）。（2013 年）

A. 保险代理人签发暂保单时，保险合同成立
B. 保险人签发保险单时，保险合同成立
C. 投保人支付保险费时，保险合同成立
D. 投保人提出保险要求，保险人同意承保时，保险合同成立

【答案】D

【解析】投保人提出保险要求，经保险人同意承保，保险合同成立。

★ 考点 4. 保险合同条款

（1）免责条款

①对保险人的免责条款，保险人在订立合同时应以<u>书面</u>或<u>口头</u>形式向投保人说明，未作提示或未明确说明的，该条款不产生效力。

②保险人将法律、行政法规中的<u>禁止性规定</u>情形作为保险合同免责条款的<u>免责事由</u>，保险人对该条款作出提示后，投保人、被保险人或受益人<u>不得</u>以保险人未履行明确说明义务为由主张该条款不生效。

【例 7·单选】根据保险法律制度的规定，保险人对保险合同中的免责条款未作提示或者未明确说明的，该免责条款（　　）。（2014 年）

A. 不产生效力　　　B. 效力待定　　　C. 可撤销　　　D. 可变更

【答案】A

【解析】对保险人的免责条款，保险人在订立合同时应以书面或口头形式向投保人说明，未作提示或未明确说明的，该条款不产生效力。

（2）保险金额

①概念：是指保险人承担赔偿或给付保险金责任的<u>最高限额</u>，也是保险人计算保险费的依据之一。

②财产保险合同的保险金额可以<u>等于或少于</u>保险价值，但**不得超过保险价值**，超过的部分无效。

【例 8·判断】财产保险合同中，保险金额可以超过保险价值。（　　）（2017 年）

【答案】×
【解析】保险金额不得超过保险价值，超过的部分无效。

★★ 考点5. 保险合同的履行
（1）投保人的义务
①支付保险费：合同约定分期支付保险费，投保人支付首期保险费后，除合同另有约定外，投保人自保险人催告之日起超过30日未支付当期保险费，或超过约定的期限60日未支付当期保险费的，合同效力中止，或由保险人按照合同约定的条件减少保险金额。
②通知危险增加：
a. 在合同有限期内，保险标的的危险显著增加的，被保险人应按照合同约定及时通知保险人，保险人可按照合同约定增加保险费或解除合同。
b. 保险人解除合同的，应将已收取的保险费，按照合同约定扣除自保险责任开始之日起至合同解除之日止应收的部分后，退还投保人。
c. 被保险人未履行危险增加的通知义务，因保险标的危险显著增加而发生的保险事故，保险人不承担赔偿保险金的责任。
③通知发生保险事故。
④接受保险人检查，维护保险标的安全。
⑤积极施救。
（2）保险人的义务
①给付保险赔偿金或保险金。
②支付其他合理、必要费用：
a. 减损费用：为防止或减少保险标的的损失所支付的，如施救费用。
b. 调查费用：为查明和确定保险事故的性质、原因和保险标的的损失程度所支付的。
c. 诉讼费用：责任保险中被保险人被提起诉讼或仲裁的费用。
（3）诉讼时效期间
自其知道或应当知道保险事故发生之日起：
①人寿：5年。
②其他：2年。

【例9·单选】根据法律规定，人寿保险的被保险人或者受益人自其知道或应当知道保险事故发生之日起计算，向保险人请求给付保险金的诉讼时效期间为（　　）年。
A. 5年　　　　B. 4年　　　　C. 3年　　　　D. 2年
【答案】A
【解析】人寿保险的的诉讼时效期间为5年，自其知道或者应当知道保险事故发生之日起计算。

【例10·单选】甲公司购进一台价值120万元的机器设备，向保险公司投保。保险合同约定保险金额为60万元，但未约定保险金的计算方法，后保险期间发生了保险事故，造成该设备实际损失80万元；甲公司为防止损失的扩大，花费了6万元施救费。根据

保险法律制度的规定，保险公司应当支付给甲公司的保险金的数额是（　　）。(2015年)

A. 46万元　　　　B. 60万元　　　　C. 80万元　　　　D. 86万元

【答案】A

【解析】保险事故发生后，被保险人为防止或者减少保险标的的损失所支付的必要的、合理的费用，由"保险人"承担；保险人所承担的费用数额在保险标的损失赔偿金额以外另行计算，最高不超过保险金额的数额；保险金额低于保险价值的，除合同另有约定外，保险人按照保险金额与保险价值的比例承担赔偿保险金的责任。保险公司按照50%（保险金额÷保险价值即60÷120＝50%）的比例承担赔偿保险金的责任[80×50%＝40（万元）]，除非合同另有约定。本题中，保险公司应赔偿40＋6＝46（万元）。

★ 考点6. 保险合同内容的变更

（1）投保人或被保险人变更受益人，当事人主张变更行为自变更意思表示<u>发出时生效</u>的，人民法院应予支持

（2）投保人或被保险人变更受益人<u>未通知保险人</u>，保险人主张变更对其<u>不发生效力</u>的，人民法院应予支持

（3）投保人变更受益人<u>未经被保险人同意</u>，人民法院应认定变更行为无效

（4）投保人或被保险人在保险事故发生后变更受益人，变更后的受益人请求保险人<u>给付保险金</u>的，人民法院不予支持

（5）投保人或被保险人变更受益人应<u>书面通知</u>保险人，否则该变更对保险人不发生效力

【例11·判断】投保人或者被保险人变更受益人未通知保险人，保险人主张变更对其不发生效力的，人民法院应予支持。（　　）（2016年）

【答案】√

【解析】题目表述正确。

★ 考点7. 保险合同的解除

（1）<u>投保人</u>单方解除

①保险合同成立后，投保人可解除合同，保险人不得解除合同。

②在人身保险合同中投保人解除合同的，保险人应自收到解除通知之日起<u>30日</u>内，按照合同约定退还保险单的现金价值。

③在财产保险合同中，保险责任开始前，投保人要求解除合同的，应按照合同约定向保险人<u>支付手续费</u>，保险人应退还保险费。

【注意】保险责任开始后，投保人要求解除合同的，保险人应将已收取的保险费，按照合同约定扣除自保险责任开始之日起至合同解除之日止应收的部分后，退还投保人。

（2）<u>保险人</u>单方解除

①投保人<u>故意</u>或因<u>重大过失</u>未履行如实告知义务，足以影响保险人决定是否同意承保或提高保险费率的。

②投保人、被保险人<u>未按照合同约定履行其对保险标的的安全应尽责任的</u>。

③在合同有效期内，保险标的的<u>危险程度</u>显著增加，被保险人未按合同约定及时通

知保险人或保险人要求增加保险费被拒绝的。

④投保人申报的被保险人<u>年龄不真实</u>，且其真实年龄不符合合同约定的年龄限制的。

⑤人身保险合同效力中止后<u>2年</u>保险合同双方当事人未达成协议恢复合同效力的。

⑥被保险人或受益人未发生保险事故，<u>谎称</u>发生了保险事故，向保险人提出赔偿或给付保险金请求的，保险人有权拒绝赔偿、解除合同，并不退还保险费。

⑦投保人、被保险人<u>故意制造</u>保险事故的，保险人有权解除合同，不承担赔偿或给付保险金的责任。

【例12·多选】根据保险法律制度的规定，下列属于保险人可以单方解除合同的情形有（　　）。(2015年)

A. 投保人谎称发生保险事故的

B. 投保人故意隐瞒与保险标的有关的重要事实，未履行如实告知义务的

C. 投保人在保险标的的危险程度显著增加时未按照合同约定及时通知保险人的

D. 投保人对保险事故的发生有重大过失的

【答案】ABC

【解析】选项D，投保人故意或因重大过失未履行如实告知义务，足以影响保险人决定是否同意承保或提高保险费率的，保险人可单方解除合同。

★★★考点8. 财产保险合同中的代位求偿制度

(1) 概述

①保险人向被保险人赔偿损失后，取得被保险人享有的依法向负有民事赔偿责任的<u>第三人</u>追偿的权利。

②被保险人<u>放弃</u>对第三者请求赔偿的权利的，保险人<u>不承担赔偿保险金的责任</u>。

③保险人向被保险人赔偿保险金后，被保险人<u>未经保险人同意</u>放弃对第三者请求赔偿权利的，该放弃行为<u>无效</u>。

④因被保险人<u>故意</u>或重大过失致使保险人不能行使代位请求赔偿的权利，保险人可扣减或要求返还相应的保险金。

(2) 成立要件

①保险事故的发生是由<u>第三者</u>的行为引起的。

②被保险人<u>未放弃</u>向第三者的<u>赔偿请求权</u>。

③代位权的产生须在保险人<u>支付保险金</u>之后。

(3) 代位求偿权的行使

①被保险人未从负有赔偿责任的<u>第三者</u>处获得<u>赔偿</u>或先向保险人<u>索赔</u>时，经保险人进行赔付后，才将索赔权转移给保险人。

【注意】代位求偿的诉讼时效期间应自其取得代位求偿权之日起算。

②被保险人<u>家庭成员</u>或其组成人员造成保险事故，保险人<u>不得</u>行使代位请求赔偿权。

【注意】家庭成员或其组成人员故意造成保险事故，可代位求偿。

【例13·多选】关于保险代位求偿制度的表述，符合保险法律制度规定的有（　　）。

A. 保险人向被保险人赔偿保险金后，被保险人未经保险人同意放弃对第三者请求赔偿权利的，该行为无效

B. 保险人在赔偿金额范围内代位行使被保险人对第三者请求赔偿的权利

C. 保险人应以被保险人的名义行使代位求偿权

D. 被保险人因故意致使保险人不能行使代位请求赔偿权利的，保险人可以扣减或者要求返还相应的保险金

【答案】ABD

【解析】选项C，保险人应以"自己的名义"行使保险代位求偿权。

【例14·判断】因第三者对保险标的的损害而造成的保险事故发生后，保险人未赔偿保险金之前，即使被保险人放弃对第三者请求赔偿的权利，保险人仍应承担赔偿保险金的责任。（　　）（2015年）

【答案】×

【解析】因第三者对保险标的的损害而造成的保险事故发生后，保险人未赔偿保险金之前，被保险人放弃对第三者请求赔偿的权利的，保险人"不承担"赔偿保险金的责任。

【例15·多选】下列关于保险代位求偿权的表述中，符合规定的有（　　）。

A. 保险人未赔偿保险金之前，被保险人放弃对第三人请求赔偿的权利的，保险人不承担赔偿保险金的责任

B. 保险人向被保险人赔偿保险金后，被保险人未经保险人同意放弃对第三人请求赔偿的权利的，该放弃行为无效

C. 因被保险人故意致使保险人不能行使代为请求赔偿的权利的，保险人可以扣减或者要求返还相应的保险金

D. 即使被保险人的家庭成员故意损害保险标的而造成保险事故，保险人也不得对被保险人的家庭成员行使代位求偿权

【答案】ABC

【解析】选项D，被保险人的家庭成员或其组成人员故意对保险标的的损害而造成保险事故，保险人可对被保险人的家庭成员或其组成人员行使代位请求赔偿权。

★★★ 考点9. 人身保险合同的特殊条款

（1）投保人申报的被保险人年龄不真实，并且其真实年龄不符合合同约定的年龄限制的，保险人可解除合同，并按照合同约定退还保险单的现金价值

（2）投保人故意造成被保险人死亡、伤残或疾病的，保险人虽不承担给付保险金的责任，但若投保人已交足2年以上保险费的，保险人应按照合同约定向其他权利人退还保险单的现金价值

（3）投保人故意犯罪或抗拒依法采取的刑事强制措施导致其伤残或死亡的，保险人不承担给付保险金的责任。投保人已交足2年以上保险费的，保险人应按照合同约定退还保险单的现金价值

（4）以被保险人死亡为给付保险金条件的合同，自合同成立或合同效力恢复之日起

2 年内，被保险人<u>自杀</u>的，保险人<u>不承担</u>给付保险金的责任，但被保险人自杀时为无民事行为能力人的除外

【例 16·单选】投保人申报的被保险人年龄不真实，并且其真实年龄不符合合同约定的年龄限制的，关于保险人可否解除合同的表述中，符合保险法律制度规定的是（　　）。

A. 可以解除合同，并退还保险费

B. 可以解除合同，并要求投保人承担违约责任

C. 可以解除合同，并按照合同约定退还保险单的现金价值

D. 不可以解除合同，但可要求投保人按照真实年龄调整保险费

【答案】C

【解析】投保人申报的被保险人年龄不真实，并且其真实年龄不符合合同约定的年龄限制，保险人可以解除合同，并按照合同约定退还保险单的现金价值。

【例 17·单选】2014 年 10 月，向某为自己 18 岁的儿子投保了一份以死亡为给付保险金条件的保险合同。2017 年向某的儿子因抑郁自杀身亡，向某要求保险公司给付保险金。下列关于保险公司承担责任的表述中，符合保险法律制度规定的是（　　）。

A. 保险公司不承担给付保险金的责任，也不退还保险单的现金价值

B. 保险公司应承担给付保险金的责任

C. 保险公司不承担给付保险金的责任，但应退还保险单的现金价值

D. 保险公司不承担给付保险金的责任，也不退还保险费

【答案】B

【解析】以被保险人死亡为给付保险金条件的合同，自合同成立或者合同效力恢复之日起 2 年内，被保险人自杀的，保险人不承担给付保险金的责任，但被保险人自杀时为无民事行为能力人的除外。本题中，2017 年向某的儿子自杀时已经超过了 2 年，故保险公司应承担给付保险金的责任。

【例 18·单选】2013 年刘某为自己投保人寿保险，并指定其妻宋某为受益人。2015 年刘某实施抢劫时被他人捅死。事后，宋某请求保险公司支付保险金遭到拒绝。经查，刘某已缴纳 3 年保险费。下列关于保险公司是否承担支付保险金责任的表述中，符合保险法律制度规定的是（　　）。（2016 年）

A. 保险公司应承担支付保险金的责任

B. 保险公司不承担支付保险金的责任，也不退还保险单的现金价值

C. 保险公司不承担支付保险金的责任，但应退还保险单的现金价值

D. 保险公司不承担支付保险金的责任，但应退还保险费

【答案】C

【解析】投保人故意犯罪或者抗拒依法采取的刑事强制措施导致其伤残或者死亡的，保险人不承担给付保险金的责任。投保人已交足 2 年以上保险费的，保险人应当按照合同约定退还保险单的现金价值。

第三节　票据法律制度

一、票据权利与抗辩

★考点1. 票据权利

（1）票据权利的取得

①必须给付对价。

②因税收、继承、赠与依法无偿取得的，不受给付对价的限制。

③因欺诈、偷盗、胁迫、恶意或重大过失取得票据，不得享有票据权利。

（2）票据权利的补救

①挂失止付。

②公示催告。

③普通诉讼。

（3）票据权利的消灭

情形	期限
远期商业汇票	到期日起2年
汇票（即付）、本票	出票日起2年
支票	出票日起6个月
首次追索权	被拒绝承兑或被拒绝付款之日起6个月
再追索权	自清偿日或被提起诉讼之日起3个月

【例1·单选】根据法律制度的规定，持票人对支票出票人的追索权，应当在一定期限内行使。该期间是（　　）。（2017年）

A. 自出票日起3个月　　　　　　B. 出票日起6个月

C. 自出票日起2年　　　　　　　D. 自到期日起2年

【答案】B

【解析】持票人对"支票出票人"的追索权，消灭时效期间为6个月，自出票日起算。

★★考点2. 票据抗辩

（1）对物抗辩的情形

①票据行为不成立。

②依票据记载不能提出请求。

③票据载明的权利已消灭或已失效。

④票据权利的保全手续欠缺。

⑤票据上有伪造、变造情形。

(2) 对人抗辩

票据债务人可对不履行约定义务的与自己有直接债权债务关系的<u>持票人</u>进行抗辩。

(3) 票据抗辩的限制

①票据债务人不得以自己与<u>出票人</u>之间的抗辩事由对抗持票人。

②票据债务人不得以自己与持票人的<u>前手</u>之间的抗辩事由对抗持票人。

③凡是<u>善意的</u>、<u>已付对价</u>的正当持票人可向票据上的一切债务人请求付款，不受前手权利瑕疵和前手相互间抗辩的影响。

【注意】持票人<u>明知</u>存在抗辩事由而取得票据的除外。

④持票人取得的票据是<u>无对价</u>或<u>不相当对价</u>的，由于其享有的权利不能优于其前手，故票据债务人可以对抗持票人前手的抗辩事由对抗该持票人。

【例2·单选】甲公司与乙公司签订一份买卖合同，约定采用见票即付的商业汇票支付货款，后乙公司以自己为付款人签发汇票并交付给甲公司，因甲公司欠丙公司货款，故甲公司将该汇票背书让给丙公司。丙公司持票向乙公司行使付款请求权时，乙公司以甲公司未供货为由拒付，经查，丙公司对甲公司未供货不知情。下列关于乙公司的拒付主张是否成立的表述中，符合票据法律制度规定的是（　　）。(2017年)

A. 不成立，因丙公司为善意持票人，乙公司不得以对抗甲公司的抗辩事由对抗丙公司

B. 成立，因甲公司未供货，乙公司当然可拒绝付款

C. 不成立，因甲公司已转让该汇票并已退出票据关系

D. 成立，因丙公司与乙公司并无合同关系

【答案】A

【解析】票据债务人不得以自己与持票人的前手之间的抗辩事由对抗持票人，持票人明知存在抗辩事由而取得票据的除外。

【例3·多选】根据票据法律制度的规定，票据债务人基于票据本身存在的一定事由发生的抗辩，可以对抗任何持票人。该类事由有（　　）。(2016年)

A. 票据债务人为无行为能力人

B. 票据背书不连续

C. 票据债务人的签章被他人假冒

D. 票据上未记载出票地

【答案】ABC

【解析】选项D，相对应记载事项（出票地）未记载的，并不影响票据的效力，不能进行抗辩。

★★考点3. 票据的伪造和变造

(1) <u>伪造</u>

①<u>被伪造人</u>未从事票据行为，不承担票据责任。

②<u>伪造人</u>没有以自己的名义签章，不承担票据责任。

【注意】伪造人的行为给他人造成损失的，必须承担民事责任；构成犯罪的，还应

承担刑事责任。

③票据上有伪造签章的，不影响票据上其他真实签章的效力。

(2) 变造

依照签章是在变造之前或之后来承担责任。

①当事人的签章在变造之前，应按照原记载的内容负责。

②当事人的签章在变造之后，则应按照变造后的记载内容负责。

③无法辨别签章发生在变造之前还是之后，视同在变造之前签章。

④变造人是票据上签章的行为人，依照变造后的记载事项负责。

【例4·单选】关于票据伪造及责任承担的表述，符合票据法律制度规定的是（　　）。

A.持票人行使追索权时，在票据上的真实签章人可以票据伪造为由进行抗辩

B.票据被伪造人应向持票人承担票据责任

C.出票人假冒他人名义签发票据的行为属于票据伪造

D.票据伪造人应向持票人承担票据责任

【答案】C

【解析】选项A，票据上有伪造签章的，不影响票据上其他真实签章的效力。持票人依法提示承兑、提示付款或行使追索权时，在票据上真实签章的人不能以票据伪造为由进行抗辩。选项BD，票据伪造的，被伪造人不承担票据责任。伪造人没有以自己的名义在票据上签章，因此不承担票据责任。但是，如果伪造人的行为给他人造成损失的，应承担民事责任；构成犯罪的，还应承担刑事责任。选项C，票据的伪造包括票据的伪造和票据上签章的伪造。前者是指假冒他人或者虚构人的名义进行出票行为，如在空白票据上伪造出票人的签章或者盗盖出票人的印章而进行出票；后者是指假冒他人名义进行出票行为之外的其他票据行为，如伪造背书签章、承兑签章、保证签章等。

【例5·单选】根据相关法律制度规定，下列关于票据伪造的表述中，正确的是（　　）。

A.票据伪造是指无权更改票据的人变更票据金额的行为

B.被伪造人应向善意且支付了对价的持票人承担票据责任

C.票据上有伪造签章的，不影响票据上其他真实签章的效力

D.伪造人因未在票据上以自己的名义签章，故不承担票据责任之外的民事责任

【答案】C

【解析】选项A，票据的变造，是指"无权"更改票据内容的人，对票据上"签章"以外的记载事项加以变更的行为。选项B，持票人即使是善意取得，对"被伪造人"也不能行使票据权利。选项D，由于"伪造人"没有以自己的名义"在票据上"签章，因此不承担"票据责任"。但是，如果伪造人的行为给他人造成损失的，应承担"民事责任"；构成犯罪的，还应承担"刑事责任"。

二、汇票

考点1. 汇票的分类

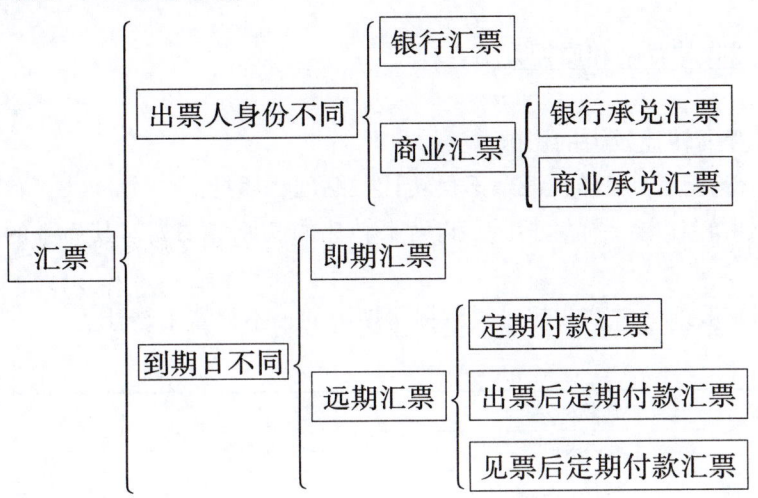

★★考点2. 汇票的出票

（1）**绝对记载事项** （未记载，汇票无效）	①表明"汇票"的字样 ②无条件支付的委托 ③确定的金额 ④付款人名称 ⑤收款人名称 ⑥出票日期 ⑦出票人签章
（2）**相对记载事项**	①付款日期未记载的，视为见票即付 ②付款地未记载的，以付款人的营业场所、住所或经常居住地为付款地 ③出票地未记载的，以出票人的营业场所、住所或经常居住地为出票地

【注意1】票据金额必须是确定固定金额，大小写同时记载且一致，否则，汇票无效。

【注意2】出票人的签章必须符合规定，否则票据无效。

【注意3】票据金额、收款人名称、出票日期不得更改，更改的票据无效。

【例6·单选】根据票据法律制度的规定，在票据上更改特定记载事项的，将导致票据无效。下列各项中，属于该记载事项的是（　　）。(2016年，2017年)

A. 付款地　　　　　　　　　　B. 收款人名称

C. 付款人名称　　　　　　　　D. 出票地

【答案】B

【解析】票据金额、日期、收款人名称不得更改，更改的票据无效。

★★★ 考点3. 汇票的背书

（1）背书形式

包括转让背书、委托收款背书和质押背书。

（2）转让背书

① "不得转让"对背书转让效力的影响。

a. 出票人记载"不得转让"字样，汇票不得转让、贴现、质押。

b. 背书人记载"不得转让"字样，其后手再背书转让的，原背书人对其后手的被背书人不承担保证责任。

c. 汇票被拒绝承兑、被拒绝付款或超过付款提示期限的，不得背书转让。

② 记载事项。

绝对记载事项	背书人签章
相对记载事项	背书未记载日期的，视为在汇票到期日前背书
授权补记事项	被背书人
记载使背书无效事项	部分背书、多头背书

③ 背书连续。

a. 概念：是指在票据转让中，汇票的背书人与被背书人的签章依次前后衔接。

b. 主要指背书形式上连续，如果背书实质上不连续，付款人仍应对持票人付款。

【注意】付款人明知持票人不是真正票据权利人，不得付款。

c. 因税收、继承、赠与等取得汇票的，不受背书连续的限制，但持票人应依法举证。

（3）委托收款背书和质押背书

①委托收款背书	记载"委托收款"字样并签章
	被背书人取得付款请求权、追索权等
	不得再背书转让
②质押背书	记载"质押"字样并签章
	质权人取得付款请求权、收款权、委托收款权、追索权等
	不得再背书转让或质押

【例7·多选】根据票据法律制度的规定，下列情形中，汇票不得背书转让的有（　　）。

A. 汇票上未记载付款日期的　　B. 汇票被拒绝付款的

C. 汇票被拒绝承兑的　　D. 汇票超过付款提示期限的

【答案】BCD

【解析】禁止背书转让的情形有：汇票已被拒绝承兑（选项C正确）；汇票已被拒绝付款（选项B正确）；超过付款提示期限（选项D正确）。未记载付款日期的，视为见票即付（选项A错误）。

【例8·多选】根据票据法律制度的规定，下列情形中，不构成票据质押的有（　　）。

A. 出质人未在票据上记载"质押"字样，另行书面签订质押合同后，将票据背书交付给被背书人

B. 出质人在票据上背书记载"质押"字样并签章后，将票据交付给被背书人
C. 出质人在票据上只记载了"质押"字样，但未签章便将票据背书交付给被背书人
D. 出质人未在票据上记载"质押"字样，口头约定质押后，将票据背书交付被背书人

【答案】ACD

【解析】以票据设定质押时，出质人应当在票据上记载"质押"字样并签章，才构成票据质押。

【例9·判断】甲公司签发一张由自己承兑的商业承兑汇票交付给乙公司，乙公司在票据背面记载"不得转让"字样并签章后背书转让给丙公司，丙公司又背书转让给丁公司，丁公司在该票据到期日后5天内向甲公司请求付款时遭到拒绝。此时，丁公司只能向丙公司行使追索权。（ ）（2017年）

【答案】×

【解析】汇票的出票人、背书人、承兑人和保证人对持票人承担"连带责任"，故丁公司可向甲公司追索；背书人在汇票上记载"不得转让"字样，其后手再背书转让的，原背书人对其直接被背书人以后通过背书转让方式取得汇票的一切当事人，不负保证责任。故丁公司向丙公司行使追索权，不能向乙公司行使追索权。

★ 考点4. 汇票的承兑

（1）汇票承兑的程序
①提示承兑的期限。

定日付款	到期日前
出票后定期付款	到期日前
见票后定期付款	出票日起1个月
见票即付	无须承兑

【注意】汇票未按照规定期限提示承兑的，持票人丧失对其前手的追索权。
②承兑成立。
a. 承兑时间：收到提示承兑的汇票之日起3日内承兑或拒绝承兑。
【注意】如果付款人不作表示，应视为拒绝。
b. 承兑的记载事项。

绝对记载事项	承兑人在汇票上记载 "承兑" 字样及签章
相对记载事项	未记载承兑日期，以持票人提示承兑之日起的第3日为承兑日期

（2）承兑的效力
①承兑人于汇票到期日必须向持票人无条件地支付汇票上的金额。
②承兑人必须对汇票上的一切权利人承担责任，包括付款请求权人、追索人。
③承兑人不得以其与出票人之间的资金关系来对抗持票人，拒绝支付汇票金额。
④承兑人的票据责任不因持票人未在法定期限提示付款而解除。

考点 5. 汇票的保证

（1）保证的记载事项

①绝对记载事项	保证字样、保证人签章	
②相对记载事项	未记载被保证人	已承兑的，承兑人为被保证人 未承兑的，出票人为被保证人
	未记载保证日期	出票日期为保证日期

（2）保证的效力
①保证人的责任：保证人与被保证人对合法持票人承担连带责任。
②保证人为两人以上的，保证人之间承担连带责任。
③保证人承担保证责任后，可对被保证人及前手行使追索权。

考点 6. 汇票的追索权

（1）追索权发生的原因
①实质条件。

种类	适用情形
到期后追索	到期被拒绝付款
到期前追索	a. 被拒绝承兑 b. 承兑人（付款人）死亡、逃匿 c. 承兑人（付款人）被依法宣告破产等

【注意】上述情形限于付款人、承兑人，出票人、背书人出现上述事由，不是追索理由。

②形式要件：
a. 拒绝证书。
b. 退票理由书。
c. 汇票上记载提示日期、拒绝事由、拒绝日期并签章的。
d. 承兑人或付款人的死亡证明、失踪证明书。
e. 人民法院的有关司法文件。
f. 有关行政主管部门的处罚决定。

（2）追索对象
①包括出票人、背书人、承兑人、保证人。
②可对其中任何一人、数人或全体行使追索权。
③持票人对其中一人或数人已追索的，对其他人仍可追索。

【注意】持票人为出票人的，对其前手无追索权；持票人为背书人的，对其后手无追索权。

（3）追索权的金额

首次追索	①汇票金额
	②到期日或付款日至清偿日的利息
	③取得拒绝证明、发出通知书的费用

续表

再次追索	①已清偿的全部金额
	②自清偿日至再追索日的利息
	③发出通知书的费用

【总结】附条件法律效力。

出票附条件	票据无效
背书附条件	所附条件无效，背书有效
保证附条件	所附条件无效，保证有效
承兑附条件	视为拒绝承兑

【总结】未记载日期效力。

日期	情形		效力
出票日期	绝对事项		票据无效
付款日期	相对事项	未记载的	视为见票即付
背书日期			视为汇票到期日前背书
承兑日期			以承兑人收到提示承兑的汇票之日起的第3日为承兑日期
保证日期			以出票日期为保证日期

三、本票

考点1. 银行本票的出票

(1) 绝对记载事项	①表明"本票"字样 ②无条件支付的承诺 ③确定的金额 ④收款人名称 ⑤出票日期 ⑥出票人签章
(2) 相对记载事项	付款地、出票地：未记载的，以出票人营业场所为付款地、出票地

考点2. 银行本票的付款

(1) 自出票日起，付款期限最长不得超过2个月

(2) 持票人未按规定期限提示付款的，丧失对出票人以外的前手及保证人的追索权

四、支票

★★考点1. 支票的记载事项

(1) **绝对记载事项**	①表明"支票"的字样 ②无条件支付的**委托** ③确定的**金额** ④**付款人**名称 ⑤出票**日期** ⑥出票人**签章** 【注意1】**金额**和**收款人**名称，可授权补记。 【注意2】**金额**未补记前，不得背书转让和提示付款。
(2) **相对记载事项**	付款地：未记载的，付款人的营业场所为付款地 出票地：未记载的，出票人的营业场所、住所或经常居住地为出票地

【例10·单选】根据《票据法》的规定，支票的下列记载事项中，出票人可以授权补记的是（　　）。(2014年，2017年)

A. 出票日期　　　　　　　　B. 出票人签章

C. 付款人名称　　　　　　　D. 收款人名称

【答案】D

【解析】支票的金额、收款人名称可以由出票人授权补记。

【总结】各种票据出票记载事项。

事项	汇票	本票	支票
表明"××"的字样	绝对	绝对	绝对
无条件支付的**委托**（承诺）	绝对	绝对	绝对
确定的**金额**	绝对	绝对	绝对（可授权补记）
付款人名称	绝对	×	绝对
收款人名称	绝对	绝对	×（可授权补记）
出票日期	绝对	绝对	绝对
出票人签章	绝对	绝对	绝对
付款日期	相对	×	×
出票地点	相对	相对	相对
付款地点	相对	相对	相对

【例11·简答】甲股份有限公司（下称甲公司）于2009年1月成立，专门从事药品生产。张某为其发起人之一，持有甲公司股票1 000 000股，系公司第十大股东。王某担任总经理，未持有甲公司股票。2013年11月，甲公司公开发行股票并上市。

2015年5月，甲公司股东刘某在查阅公司2014年年度报告时发现：

(1) 2014年9月，王某买入甲公司股票20 000股；2014年12月，王某将其中的5 000股卖出。

(2) 2014年10月，张某转让了其持有的甲公司股票200 000股。

2015年6月，刘某向甲公司董事会提出：王某无权取得转让股票的收益；张某转让其持有的甲公司股票不合法。董事会未予理睬。

2015年8月，刘某向法院提起诉讼。经查：该公司章程对股份转让未作特别规定；王某12月转让股票取得收益3万元归其个人所有；张某因急需资金不得已转让其持有的甲公司股票200 000股。

根据上述资料和公司、证券法律制度的规定，回答下列问题。(2017年)

要求：

(1) 王某是否有权将3万元收益归其个人所有？简要说明理由。

(2) 张某转让股票的行为是否合法？简要说明理由。

【答案】

(1) 王某无权将3万元收益归其个人所有。根据规定，上市公司董事、监事、高级管理人员以及持有上市公司股份5%以上的股东，将其持有的该公司的股票在买入后6个月内卖出，或者在卖出后6个月内又买入，由此所得收益归上市公司所有，上市公司董事会应当收回其所得收益。本题中，王某属于甲公司总经理，为高级管理人员，受到上述短线交易限制，所以无权将3万元收益归其个人所有。

(2) 张某转让股票的行为不合法。根据规定，公司公开发行股份前已发行的股份，自公司股票在证券交易所上市交易之日起1年内不得转让。本题中，甲公司2013年11月上市，张某在2014年10月转让时，尚未超过1年，故其转让股票的行为不合法。

阶段2测评

第三阶段学习方案

学习方案一（90模块过单科）

阶段—模块	学习、复习内容	检测	完成日期	定制调整内容
承第二阶段学习方案一				
3-40	学习第五章第一、第二节	—		
3-41	学习第五章第二节	—		
3-42	学习第五章第三、第四节	—		
3-43	学习第五章第四节	—		
3-44	学习第五章第五节	—		
3-45	学习第五章第五节	—		
3-46	学习第五章第五节	—		
3-47	学习第五章第六节	—		
3-48	学习第五章第七节	—		
3-49	学习第五章第八节 复习第五章第一至第八节	检测3		
3-50	学习第五章第九节	—		
3-51	学习第五章第九节	—		
3-52	学习第五章第九节	—		
3-53	学习第五章第九节 复习第一至第五章	阶段3测评		

学习方案二（60模块过单科）

阶段—模块	学习、复习内容	检测	完成日期	定制调整内容
承第二阶段学习方案二				
3-29	学习第五章第一、第二节	—		
3-30	学习第五章第三、第四节	—		
3-31	学习第五章第五节	—		
3-32	学习第五章第五节	—		
3-33	学习第五章第六、第七、第八节 复习第五章第一至第八节	检测3		
3-34	学习第五章第九节	—		
3-35	学习第五章第九节	—		
3-36	学习第五章第九节	—		
3-37	学习第五章第九节 复习第一至第五章	阶段3测评		

学习方案三（30 模块过单科）

阶段—模块	承第二阶段学习方案三			
	学习、复习内容	检测	完成日期	定制调整内容
3－14	学习第五章第一至第四节	－		
3－15	学习第五章第五节	－		
3－16	学习第五章第六、第七、第八节 复习第五章第一至第八节	检测 3		
3－17	学习第五章第九节	－		
3－18	学习第五章第九节 复习第一至第五章	阶段 3 测评		

第三阶段通关宝典

第五章 合同法律制度

本章考情分析

思维导图

本章概念较多，难度较大，是考试中非常重要的一章。同时，本章主观题考点较多，大多数考点要求考生准确理解，复习难度较大，考生应重点关注简答题和综合题。

年份 题型	2014年		2015年		2016年		2017年卷一		2017年卷二	
	题量	分值	题量	分值	题量	分值	题量	分值	题量	分值
单选题	4	4	3	3	2	2	6	6	5	5
多选题	1	2	2	4	2	4	2	4	3	6
判断题	2	2	2	2	1	1	2	2	1	1
简答题	1	6	1	6	–	–	1	6	1	6
综合题	–	–	–	–	–	8	–	–	–	–
合计	–	14	–	15	–	15	–	18	–	18

第一节 合同法律制度概述

考点1. 合同的概念及调整对象

概念	是平等主体的自然人、法人、其他组织之间设立、变更、终止民事权利义务关系的协议
适用	(1) 政府以<u>平等主体</u>身份订立的 (2) 外商投资企业以<u>平等主体</u>身份订立的
不适用	(1) <u>婚姻</u>、<u>收养</u>、<u>监护</u>等有关身份关系的协议 (2) 用人单位与劳动者之间建立的劳动合同关系，适用《劳动合同法》

第二节　合同的订立

一、合同订立的形式

★**考点1. 合同订立的形式**

（1）书面形式

包括合同书、电传、传真、电子数据交换和电子邮件。

【注意】法律、行政法规规定或当事人约定采用书面形式的，应当采用书面形式。

（2）口头形式

口头形式是指当事人面对面或以通讯设备交谈达成的协议。

（3）其他形式

包括推定形式和默示形式。

【例1·判断】王某与吴某通过电子邮件签订的化妆品买卖合同属于书面形式的合同。（　　）（2014年）

【答案】√

【解析】书面形式是指合同书、信件和数据电文（包括电报、电传、传真、电子数据交换和电子邮件）等可以有形地表现所载内容的形式。

二、合同订立的方式

★★★**考点1. 合同订立的方式**

（1）要约与要约邀请

要约	要约邀请
①须由要约人向特定相对人作出意思表示 ②内容须具有足以使合同成立的主要条件 ③表明经受要约人承诺，要约人即受该意思表示约束	①希望他人向自己发出要约的意思表示 ②他人发出要约，要约邀请人则处于一种可选择是否接受对方要约的承诺人地位 ③没有法律约束力

【注意1】寄送的价目表、拍卖公告、招标公告、招股说明书等属于要约邀请。

【注意2】商业广告的内容符合要约规定的，视为要约。

【例2·单选】甲公司以招标方式采购一套设备，向包括乙公司在内的十余家厂商发出招标书，招标书中包含设备性能、规格、品质、交货日期等内容。乙公司向甲公司发出了投标书。甲公司在接到乙公司及其他公司的投标书后，通过决标，最后决定乙公司中标，并向乙公司发出了中标通知书。根据《公司法》的规定，下列各项中，属于发出要约的行为是（　　）。（2013年）

A. 甲公司向乙公司发出中标通知书

B. 乙公司向甲公司发出投标书

C. 甲公司对所有标书进行决标
D. 甲公司发出招标书

【答案】B

【解析】招标公告属于要约邀请；投标人投标属于要约；招标人定标属于承诺；中标人在接到中标通知后，在指定的期间、地点与招标人签订书面合同，买卖合同正式成立。

（2）要约生效时间

到达受要约人时生效。

（3）要约的撤回

①在发出后、生效前可撤回。

②撤回要约的通知应在要约到达受要约人之前或与要约同时到达受要约人。

（4）要约的撤销

①要约到达后，受要约人作出承诺前，一般可撤销。

②不得撤销的情形：

a. 要约人确定了承诺期限。

b. 以其他形式明示要约不可撤销。

c. 受要约人已作出了承诺。

d. 受要约人有理由认为要约是不可撤销的，并已经为履行合同做了准备工作。

（5）要约的失效

①拒绝要约的通知到达要约人。

②要约人依法撤销要约。

③承诺期限届满，受要约人未作出承诺。

④受要约人对要约的内容作出实质性变更。

【注意】实质性变更包括标的、数量、质量、价款或报酬、履行期限、履行地点和方式、违约责任和解决争议方式等内容的变更。

【例3·单选】甲公司因生产需要，准备购入一套大型生产设备。4月1日，甲公司向乙设备厂发出了一份详细的书面要约，并在要约中注明：请贵公司于4月20日前答复，否则该要约将失效。该要约到达乙设备厂后，甲公司拟撤销要约。根据合同法律制度的规定，下列关于该要约能否撤销的表述中，正确的是（　　）。（2014年，2016年）

A. 该要约可以撤销，只要乙设备厂尚未为履行合同做准备工作

B. 该要约可以撤销，只要乙设备厂的承诺尚未达到甲公司

C. 该要约可以撤销，只要乙设备厂尚未发出承诺

D. 该要约不得撤销，因为要约人在要约中确定了承诺期限

【答案】D

【解析】有下列情形之一的，要约不得撤销：要约人确定了承诺期限或者有其他形式明示要约不可撤销；受要约人有理由认为要约是不可撤销的，并已经为履行合同做了准备工作。

(6) 承诺

①期限：

a. 要约以信件作出的，承诺期限自信件载明的日期开始计算；信件未载明日期的，自投寄该信件的邮戳日期开始计算。

b. 要约以电话、传真等方式作出的，承诺期限自要约到达受要约人时开始计算。

c. 受要约人超过承诺的期限发出的承诺，为新要约。

【注意】要约人明确表示同意接受的除外。

d. 受要约人在承诺的期限内作出的承诺，由于非承诺人原因致承诺迟到，承诺有效。

【注意】要约人明确表示拒绝的除外。

②生效：

a. 承诺通知到达要约人时生效。

b. 承诺可撤回，但应在承诺通知到达要约人之前或与承诺通知同时到达要约人。

【注意】承诺不存在撤销问题，因为承诺到达合同即成立。

c. 受要约人对要约内容作出实质性变更的，为新要约。

d. 对要约内容进行非实质性变更：一般为承诺，合同的内容以承诺的内容为准；要约人及时表示反对为新要约；要约表明承诺不得进行任何变更为新要约。

【例4·单选】陈某在8月1日向李某发出一份传真，出售房屋一套，面积90平方米，价款260万元，合同订立7日内一次性付款，如欲购买请在3日内回复。李某当日传真回复，表示同意购买，但要求分期付款，陈某未回复。8月3日李某再次给陈某发传真，表示同意按照陈某传真的条件购买，陈某仍未回复。下列关于陈某、李某之间合同成立与否的表述中，符合合同法律制度的规定是（　　）。(2017年)

A. 李某的第二次传真回复为新要约，陈某未表示反对，合同成立

B. 李某的两次传真回复，均为新要约，合同不成立

C. 李某的第二次传真回复为承诺，合同成立

D. 李某的第一次传真回复为承诺，合同成立

【答案】B

【解析】受要约人对要约的内容作出"实质性变更"的，视为"新要约"。本题中，李某当日传真回复，表示同意购买，但要求分期付款。付款方式变更，属于对原要约内容作了实质性变更，李某的第一次回复属于"新要约"。受要约人对要约的内容作出"实质性变更"的，"原要约失效"。本题中，8月3日李某再次给陈某发传真，表示同意按照陈某传真的条件购买，属于"新要约"，而非对原要约的承诺，原要约已经失效。承诺应当以通知的方式作出，陈某未表示反对不产生承诺的效力，合同不成立。

三、合同格式条款

考点1. 概念
合同格式条款是指当事人为重复使用而<u>预先拟定</u>，并在订立合同时未与对方协商的条款。

★★★考点2. 《合同法》对格式条款适用的限制
（1）提供格式条款一方的<u>义务</u>
①对格式条款中免除或限制其责任的内容，在合同订立时采用足以引起对方注意的<u>文字</u>、<u>符号</u>、<u>字体</u>等特别标识，并按照对方的要求对该格式条款予以说明。
②对已尽合理提示及说明义务承担<u>举证责任</u>。
（2）格式条款<u>无效</u>的情形
①提供格式条款的一方免除其责任，加重对方责任，排除对方主要权利的。
②一方以<u>欺诈</u>、<u>胁迫</u>的手段订立合同，损害国家利益。
③<u>恶意串通</u>，<u>损害</u>国家、集体或第三人的<u>利益</u>。
④以合法形式<u>掩盖</u><u>非法</u>目的。
⑤<u>损害</u>社会公共利益。
⑥<u>违反法律</u>、行政法规的强制性规定。
⑦造成对方<u>人身伤害</u>免责的。
⑧因故意或重大过失造成对方<u>财产损失</u>免责的。
（3）对格式条款的解释
①有两种以上解释的，应作出<u>不利于</u>提供格式条款一方的解释。
②格式条款和非格式条款不一致的，应采用<u>非格式条款</u>。

【例5·多选】根据合同法律制度的规定，下列属于合同中无效格式条款的有（　　）。
A. 有两种以上解释的格式条款
B. 因重大过失造成对方财产损失免责的格式条款
C. 就内容理解存在争议的格式条款
D. 造成对方人身伤害免责的格式条款
【答案】BD
【解析】选项A，对格式条款有两种以上解释的，应作出不利于提供格式条款一方的解释。选项BD，合同中的下列免责条款无效：①造成对方人身伤害免责；②因故意或重大过失造成对方财产损失免责。选项C，对格式条款的理解发生争议的，应当按照通常理解予以解释。

【例6·多选】根据《合同法》的规定，提供格式条款一方拟订的下列格式条款中，属于无效的有（　　）。
A. 内容理解发生争议的格式条款
B. 排除对方主要权利的格式条款
C. 以合法形式掩盖非法目的的格式条款

D. 造成对方人身伤害得以免责的格式条款

【答案】BCD

【解析】格式条款具有"合同无效情形与免责条款无效情形"的，或者提供格式条款一方免除其责任、加重对方责任、排除对方主要权利的，该条款无效。合同中的下列免责条款无效：造成对方人身伤害的；因故意或者重大过失造成对方财产损失的。

四、合同成立的时间和地点

★考点1. 合同成立的时间

（1）一般情况

<u>承诺生效</u>时合同成立。

（2）采用合同书形式

自<u>双方当事人</u>签字或盖章时合同成立。

（3）签订确认书

<u>最后一方</u>签订确认书时合同成立。

（4）实际履行原则

当事人约定采用书面形式，采用书面形式前一方已履行主要义务，<u>对方接受</u>的，合同在**接受时**成立。

【例7·单选】甲、乙两公司拟签订一份书面买卖合同，甲公司签字盖章后尚未将书面合同邮寄给乙公司时，即接到乙公司按照合同约定发来的货物，甲公司经清点后将该批货物入库，次日将签字盖章后的书面合同发给乙公司。乙公司收到后，即在合同上签字盖章。根据合同法律制度的规定，该买卖合同的成立时间是（　　）。

A. 甲公司签字盖章时

B. 甲公司将签字盖章后的合同发给乙公司时

C. 甲公司接受乙公司发来的货物时

D. 乙公司签字盖章时

【答案】C

【解析】在签字或盖章之前，当事人一方已履行主要义务且对方接受的，该合同成立。

★考点2. 合同成立的地点

采用书面形式的，合同约定与实际或盖章地点不符，应认定<u>约定地点</u>为合同成立地点。

五、缔约过失责任

★考点1. 缔约过失责任

（1）信赖利益损失，一般以<u>实际损失</u>为限，包括所受损害与所失利益

（2）信赖利益的赔偿<u>不得超过</u>合同有效时相对人所可能得到的履行利益

第三节　合同的效力

★★考点 1. 效力待定合同
（1）种类
①限制民事行为能力人超出自己的行为能力范围与他人订立的合同。
②无权代理情况下订立的合同。
（2）合同各方享有的权利
①经权利人追认后，合同有效，拒绝追认则无效。
②善意、恶意相对人可催告权利人在 1 个月内追认；权利人未表示，视为拒绝追认。
③合同被追认之前，善意相对人有撤销的权利。

【例 1·单选】吴某与考上重点中学的 12 岁外甥孙某约定，将其收藏的一幅名画赠与孙某，下列关于吴某与孙某之间赠与合同效力的表述中，符合合同法律制度规定的是（　　）。（2017 年）
A. 合同效力待定，因为吴某可以随时撤销赠与
B. 合同无效，因为孙某为限制民事行为能力人
C. 合同有效，因为限制民事行为能力人孙某可以签订纯获利益的合同
D. 合同效力待定，孙某的法定代理人有权在一个月内追认
【答案】C
【解析】12 岁的孙某属于限制民事行为能力人，其订立的纯获利益的合同直接有效，不必经法定代理人追认。

【例 2·单选】15 岁的小李参加中学生科技创意大赛，其作品"厨房定时器"获得组委会奖励。张某对此非常感兴趣，现场支付给小李 5 万元，买下该作品的制作方法。下列关于该合同效力的表述，合法的是（　　）。（2014 年）
A. 该合同可撤销，因小李是限制民事行为能力人
B. 该合同无效，因小李是限制民事行为能力人
C. 该合同有效，因该合同对小李而言是纯获利益的
D. 该合同效力待定，因需要由小李的法定代理人决定是否追认
【答案】D
【解析】限制民事行为能力人订立的合同，经法定代理人追认后，该合同有效；但纯获利益的合同或者是与其年龄、智力、精神健康状况相适应而订立的合同，不必经法定代理人追认，合同当然有效。在本题中，小李是限制民事行为能力人且订立的并不是纯获利益的合同，所以是效力待定的。

第四节 合同的履行

一、合同履行的规则

★★考点1. 约定不明的处理

（1）协议补充
（2）不能达成补充协议的，按合同有关条款或交易习惯确定
（3）仍不能确定的，适用下列规定

质量要求	按国家标准、行业标准履行；没有国家标准、行业标准的，按照通常标准或符合合同目的的特定标准履行
价款或报酬	按照订立合同时履行地的市场价格履行
地点	给付货币的，在接受货币一方所在地履行 交付不动产的，在不动产所在地履行 其他标的，在履行义务一方所在地履行
期限	债务人可随时履行，债权人也可随时要求履行，但应给对方必要的准备时间
方式	按照有利于实现合同目的的方式履行
费用负担	由履行义务一方负担

【例1·单选】地处江南甲地的陈某向地处江北乙地的王某购买五吨苹果，约定江边交货，后双方就交货地点应在甲地的江边还是乙地的江边发生了争议，无法达成一致意见，且按合同有关条款或者交易习惯无法确定。根据合同法律制度的规定，苹果的交付地点应是（　　）。(2017年)

A. 乙地的江边
B. 由陈某选择甲地或者乙地的江边
C. 由王某选择甲地或者乙地的江边
D. 甲地的江边

【答案】A

【解析】合同履行地点不明确，给付货币的，在接受货币一方所在地履行；交付不动产的，在不动产所在地履行；其他标的在履行义务一方所在地履行。本题是交付苹果，为其他标的物，在履行义务一方（王某）所在地（乙地）履行。

【例2·单选】根据合同法律制度的规定，当事人在合同中对履行方式没有约定或约定不明确，不能达成补充协议，且无法按照合同有关条款或者交易习惯确定的，应按照法律规定的方式履行。该方式是（　　）。(2017年)

A. 有利于实现合同目的的方式
B. 有利于债权人的方式
C. 有利于债务人的方式
D. 有利于总体经济效益的方式

【答案】A

【解析】当事人在合同中对履行方式没有约定或约定不明确，不能达成补充协议，且无法按照合同有关条款或者交易习惯确定的，按照有利于实现合同目的的方式履行。

经济法

★ **考点 2. 涉及第三人的合同履行**

向第三人履行	由第三人履行
（1）第三人可向债务人**请求履行**，第三人请求权的取得以其明确向债务人表示接受该权利时发生 （2）债务人**未**向第三人履行债务或履行债务不符合约定，应向债权人**承担违约责任** （3）债务人对于合同债权人可行使的一切**抗辩权**，对该第三人均可行使 （4）因向第三人履行债务增加的费用，由**债权人**承担，双方当事人另有约定除外	（1）第三人不履行债务或履行债务不符合约定，债务人应向债权人承担违约责任 （2）债权人请求第三人履行债务时，债务人对于债权人的**一切抗辩**，第三人均可行使 （3）第三人向债权人履行债务所增加的费用，一般由**债务人**承担，合同另有约定除外

【例3·判断】甲公司与乙公司签订买卖合同时，经丙公司同意，约定由丙公司向买受人甲公司交付货物，后丙公司交付的货物质量不符合约定，甲公司可以请求丙公司承担违约责任。（ ）（2017年）

【答案】×

【解析】当事人约定由第三人向债权人履行债务的，第三人不履行债务或者履行债务有瑕疵的，应当由债务人向债权人承担违约责任。在本题中，应由债务人乙公司向债权人甲公司承担违约责任。经丙公司同意，是乙、丙之间达成的协议，乙承担完责任后可以向丙追偿。甲、乙之间是一个合同，乙、丙之间是另一个合同。

二、抗辩权的行使

考点 1. 同时履行抗辩权

（1）当事人互负债务，没有先后履行顺序，**应同时**履行

（2）一方在对方**履行之前**有权拒绝其履行要求

（3）一方在对方履行债务**不符合约定**时，有权拒绝其相应的履行要求

★ **考点 2. 后履行抗辩权**

（1）当事人互负债务，有**先后履行顺序**

（2）**先履行一方未履行的**，后履行一方有权拒绝其履行要求

（3）**先履行一方**履行债务**不符合约定**的，后履行一方有权拒绝其相应的履行要求

★ **考点 3. 不安抗辩权**

（1）概念

①当事人互负债务，有先后履行顺序。

②先履行一方有确切证据证明另一方**丧失履行债务能力**时，在对方没有履行或没有提供担保之前，有拒绝自己履行的权利。

（2）先履行债务的当事人，对方有下列情形之一的，可中止履行

①**经营状况严重恶化**。

②有**转移财产**、**抽逃资金**，以**逃避债务**的情形。

③丧失商业信誉。
④有丧失或可能丧失履行债务能力的其他情形。
(3) 效力
①中止履行。
②解除合同。

【例4·单选】 甲与乙签订一份买卖合同，双方约定，甲提供一批货物给乙，货到后一个月内付款。合同签订后甲迟迟没有发货，乙催问甲，甲称由于资金紧张，暂无法购买生产该批货物的原材料，要求乙先付货款，乙拒绝了甲的要求。乙拒绝先付货款的行为在法律上称为（　　）。

A. 行使先履行抗辩权　　　　　　　B. 行使后履行抗辩权
C. 行使同时履行抗辩权　　　　　　D. 行使撤销权

【答案】 B

【解析】 后履行抗辩权是指合同当事人互负债务，有先后履行顺序，先履行一方（本题中的甲）未履行的，后履行一方（本题中的乙）有权拒绝其履行要求。

三、保全措施

★★**考点1. 代位权**
(1) 概念
因债务人怠于行使其到期债权，对债权人造成损害的，债权人可向人民法院请求以自己的名义代位行使债务人的债权，但该债权专属于债务人自身的除外。
(2) 行使条件
①债务人对第三人享有合法债权。
②债务人怠于行使其债权。
【注意】怠于行使是指不以诉讼方式或仲裁方式向其债务人主张。
③因债务人怠于行使权利已害及债权人的债权。
④债务人的债务已到期。
⑤债务人的债权不是专属于债务人自身的债权。
【注意】专属于债务人自身的债权是指，基于扶养关系、抚养关系、赡养关系、继承关系产生的给付请求权和劳动报酬、退休金、养老金、抚恤金、安置费、人寿保险、人身伤害赔偿请求权等权利。

【例5·多选】 甲对乙享有50 000元债权，已到清偿期限，但乙一直宣称无能力清偿欠款。甲调查发现，乙对丁享有3个月后到期的7 000元债权，戊因赌博欠乙8 000元；另外，乙在半年前发生交通事故，因事故中的人身伤害对丙享有10 000元债权，因事故中的财产损失对丙享有5 000元债权。乙无其他可供执行的财产，乙对其享有的债权都怠于行使。根据《合同法》的规定，下列各项中，甲不可以代位行使的债权（　　）。

A. 乙对丁的7 000元债权　　　　　B. 乙对戊的8 000元债权
C. 乙对丙的10 000元债权　　　　　D. 乙对丙的5 000元债权

【答案】ABC
【解析】选项A，债务人对第三人的债权未到期的，债权人不得行使代位权；选项B，债务人对第三人享有合法债权时，债权人才能行使代位权，赌债不属于合法债权；选项C，专属于债务人自身债权（如人身伤害赔偿请求权），债权人不得行使代位权。

（3）代位权诉讼
①行使范围以<u>债权人的债权</u>为限，对超出部分人民法院不予支持。
②债权人胜诉的，诉讼费用由<u>次债务人</u>负担。
③债权人行使代位权的必要费用，由债务人负担。

【例6·单选】2012年，甲公司向乙银行借款20万元，借款期限为2年。借款期满后，甲公司无力偿还借款本息，此时甲公司对丙公司享有到期债权10万元，却不积极主张，乙银行拟行使代位。下列关于乙银行行使代位权的表述中，符合合同法律制度规定的是（　　）。(2017年)
A. 乙银行可以直接以甲公司的名义行使对丙公司的债权
B. 乙银行行使代位权应取得甲公司的同意
C. 乙银行应自行承担行使代位权所支出的必要费用
D. 乙银行必须通过诉讼方式行使代位权
【答案】D
【解析】选项A，债权人应当以自己的名义行使代位权；选项B，代位权的行使不需要债务人同意；选项C，在代位权诉讼中，债权人胜诉的，诉讼费用由次债务人负担；债权人行使代位权的其他必要费用，由债务人负担。

★ 考点2. 撤销权
（1）概念
因债务人<u>放弃其到期债权</u>、<u>无偿转让财产</u>、以明显不合理的<u>低价转让财产</u>（受让人知道该情形），对债权人造成损害，债权人可请求人民法院撤销债务人的行为。
（2）可撤销的行为
①无偿行为：不论第三人<u>善意</u>、<u>恶意</u>取得，均可撤销。
a. 放弃到期债权。
b. 无偿转让财产。
②有偿行为：第三人恶意取得，可撤销。
a. 以明显不合理的<u>低价</u>（低于市场交易价70%）转让财产。
b. 以明显不合理的<u>高价</u>（高于市场交易价30%）收购他人财产。
（3）撤销权的消灭
①自债权人知道或应知道撤销事由之日起<u>1年内</u>行使。
②自债务人的行为发生之日起<u>5年内</u>没有行使撤销权的，该撤销权消灭。
③债务人、第三人的行为被撤销的，其行为自始无效。
④第三人应向债务人返还财产或折价补偿。

第五节　合同的担保

一、保证

★★考点1. 保证人

（1）人民法院不予支持情形

<u>不具有完全代偿能力</u>的法人、其他组织或自然人，以保证人身份订立保证合同后，又以自己没有代偿能力要求免除保证责任。

（2）不得作为保证人的情形

①<u>国家机关</u>、<u>学校</u>、<u>幼儿园</u>、<u>医院</u>等以<u>公益为目的</u>的<u>事业单位</u>、<u>社会团体</u>。

【注意】除经国务院批准为使用外国政府或国际经济组织贷款进行转贷的情况下，国家机关不得作保证人。

②<u>企业法人的分支机构</u>、<u>职能部门</u>。

【注意】企业法人的分支机构有法人书面授权的，可在授权范围内提供保证。

【例1·多选】根据担保法律制度的规定，下列属于无效保证合同的有（　　）。

A. 甲公立大学与乙银行签订保证合同，为丙企业的贷款提供保证

B. 陈某与债权人李某签订的未约定保证担保范围的保证合同

C. 甲行政机关与乙银行签订保证合同，为丙公司的贷款提供保证

D. 甲公司的部门经理以该部门的名义与债权人签订的保证合同

【答案】ACD

【解析】选项A，学校、幼儿园、医院等以公益为目的的事业单位、社会团体不得为保证人，违反规定提供担保的，保证合同无效。选项B，当事人对保证担保的范围没有约定或者约定不明确的，保证人应当对"全部债务"（主债权及利息、违约金、损害赔偿金和实现债权的费用）承担责任，并不导致保证合同无效。选项C，除经国务院批准为使用外国政府或者国际经济组织贷款进行转贷的情况下，国家机关不得作保证人。违反规定提供担保的，保证合同无效。选项D，企业法人的职能部门提供保证的，保证合同无效。

★★考点2. 保证合同和保证方式

（1）保证合同成立的特殊情形

①第三人单方以书面形式向债权人<u>出具担保书</u>，债权人接受且未提出异议的。

②主合同中虽然没有保证条款，但保证人在主合同上<u>以保证人的身份</u>签字或盖章的。

（2）保证方式

①一般保证：当事人约定在债务人不能履行债务时，由保证人承担保证责任。

a. 先诉抗辩权：在主合同纠纷未经审判或仲裁，并就债务人财产依法强制执行仍不能履行债务前，对债权人可拒绝承担保证责任。

b. 不得行使先诉抗辩权的情形：债务人<u>住所变更</u>，致使债权人要求其履行债务发生

重大困难的；人民法院受理债务人破产案件，中止执行程序的；保证人以书面形式放弃先诉抗辩权的。

②连带责任保证：

a. 当事人约定保证人与债务人对债务承担连带责任。

b. 债务人在主合同规定的履行期限届满没有履行债务的，债权人可要求债务人履行债务，也可要求保证人在其保证范围内承担保证责任。

c. 当事人在保证合同中对保证方式没有约定或约定不明确的，承担连带保证责任。

【易混点】连带责任保证与连带保证的区别。

连带责任保证	①是保证的一种方式 ②是保证人与债务人之间的连带
连带保证	①是共同保证的一种形式 ②是保证人之间的连带 ③共同保证人可能承担一般保证或连带责任保证

【例2·多选】王某向李某借款10万元，并签订了借款合同。张某向李某单方面提交了签名的保证书，其中仅载明"若王某不清偿到期借款本息，张某将代为履行"。借款到期后，王某未清偿借款本息。经查，张某并不具有代偿能力。根据担保法律制度的规定，下列关于保证合同效力及张某承担保证责任的表述中，不正确的有（　　）。

A. 张某可以自己不具有代偿能力为由主张保证合同无效

B. 张某可以自己未与李某签订保证合同为由主张保证合同不成立

C. 张某须向李某承担一般保证责任

D. 张某须向李某承担连带保证责任

【答案】ABC

【解析】关于选项A，不具有完全代偿能力的法人、其他组织或者自然人，以保证人身份订立保证合同后，又以自己没有代偿能力要求免除保证责任的，人民法院不予支持。关于选项B，第三人单方以书面形式向债权人出具担保书，债权人接受且未提出异议的，保证合同成立。关于选项CD，当事人对保证方式没有约定或约定不明确的，按照连带责任保证承担保证责任。

★ 考点3. 保证责任

(1) 保证责任的范围

当事人对担保的范围没有约定或约定不明确的，保证人应对全部债务承担责任。

(2) 主合同变更与保证责任承担

①债权转让：债权人依法将主债权转让给第三人的，保证债权同时转让。

【注意】保证人与债权人事先约定仅对特定的债权人承担保证责任或禁止债权转让的，保证人不再承担保证责任。

②债务转移：债权人许可债务人转让债务的，应取得保证人书面同意，保证人对未经同意转让的债务，不再承担保证责任。

③内容变更：

a. 减轻债务人债务的,保证人仍应对变更后的合同承担保证责任。
b. 加重债务人债务的,保证人对加重的部分不承担保证责任。
c. 债权人与债务人对主合同履行期限做了变动,未经保证人书面同意的,保证期间为原合同约定的期间。
d. 债权人与债务人协议变更主合同内容,但未实际履行,保证人仍应承担保证责任。
e. 主合同当事人双方协议以新贷偿还旧贷,除保证人知道或应当知道外,保证人不承担民事责任。

【注意】新贷与旧贷系同一保证人的除外。

(3) 人保与物保并存
①有约定的,根据当事人的约定确定承担责任的顺序。
②没有约定或约定不明的:
a. 物保是主债务人自己提供的:先物保,再人保。
b. 物保是第三人提供的:既可人保,也可物保。

【注意】第三人承担担保责任后,有权向债务人追偿。

★ 考点4. 保证期间
(1) 未约定的为6个月
(2) 约定不明的为2年

【注意】保证合同约定保证人承担保证责任直至主债务本息还清时为止等类似内容的,视为约定不明。

【例3·单选】甲企业向乙银行申请贷款,还款日期为2013年12月30日。丙企业为该债务提供保证担保,但未约定保证方式和保证期间。后甲企业申请展期,与乙银行就还款期限作了变更,还款期限延至2014年12月30日,但未征得丙企业的书面同意。展期到期,甲企业无力还款,乙银行遂要求丙企业承担保证责任。根据担保法律制度的规定,下列关于丙企业是否承担保证责任表述中正确的是(   )。(2015年)

A. 不承担,因为保证期间已过
B. 应承担,因为保证合同有效
C. 应承担,因为丙企业为连带责任保证人
D. 不承担,因为丙企业的保证责任因还款期限的变更而消灭

【答案】A
【解析】债权人与债务人对主合同履行期限作了变更,未经保证人书面同意,保证期间为原合同约定的或者法律规定的期间。当事人未约定保证期间的,保证期间为主债务履行期届满之日起6个月。本题中,丙企业按照原合同约定的期间承担保证责任。保证期间为2013年12月30日—2014年6月30日。乙银行请求丙企业承担保证责任时已经超过保证期间,故丙企业不承担保证责任。

二、抵押

★考点1. 抵押合同

（1）应采取<u>书面</u>形式

（2）抵押权人和抵押人不得约定在债务履行期限届满抵押权人未受清偿时，抵押物的所有权直接归债权人所有

【注意】该条款的无效不影响抵押合同其他条款的效力。

【例4·判断】甲向乙借款，将自己的房屋抵押给乙，甲、乙在抵押合同中约定，若甲到期不返还借款本息，该房屋所有权归乙，该约定条款无效。（　　）（2013年）

【答案】√

【解析】抵押权人和抵押人不得约定在债务履行期限届满抵押权人未受清偿时，抵押物的所有权直接归债权人所有。

★★考点2. 抵押物登记

不动产	登记生效	（1）抵押合同<u>自达成协议</u>时成立 （2）抵押权自<u>登记之日</u>起设立
动产	登记对抗	（1）抵押权与抵押合同同时设立 （2）未经登记，<u>不得对抗</u>善意第三人 （3）一物数押时，<u>登记的抵押先于未登记</u>的抵押受偿

【注意1】抵押物登记的内容与抵押合同约定的内容不一致的，以登记的内容为准。

【注意2】以尚未办理权属证书的财产抵押的，只要当事人在一审法庭辩论终结前能够提供权利证书或补办登记手续的，法院可认定抵押有效。

【例5·单选】根据物权法律制度的规定，以特定财产作为抵押物的，抵押权须办理抵押登记才能设立。下列各项中，属于该类特定财产的是（　　）。(2017年)

A. 飞机
B. 正在建造的建筑物
C. 正在建造的轮船
D. 轿车

【答案】B

【解析】选项ACD，抵押权自抵押合同生效时设立；未经登记，不得对抗善意第三人。

【例6·单选】甲向乙借款50万元，约定以甲的A幢房屋抵押给乙。双方为此签订了抵押合同，但在抵押登记时，登记为以甲的B幢房屋抵押给乙，后甲未能按约还款，乙欲行使抵押权。根据《物权法》的规定，下列关于乙行使抵押权的表述中，正确的是（　　）。

A. 乙只能对甲的A幢房屋行使抵押权
B. 乙只能对甲的B幢房屋行使抵押权
C. 乙可选择对甲的A幢房屋或者B幢房屋行使抵押权
D. 乙不能行使抵押权，因为登记机关记载的抵押物与抵押合同约定的抵押物不一致，抵押无效

【答案】B

【解析】抵押物登记的内容与抵押合同约定的内容不一致的，以登记的内容为准。

★★ 考点 3. 抵押的效力

孳息	抵押财产被人民法院依法扣押的,自<u>扣押之日起</u>抵押权人有权收取该抵押财产的天然孳息或法定孳息 【注意】抵押权人未通知应当清偿法定孳息的义务人的除外。
出租	(1) 订立抵押合同<u>前</u>抵押财产已出租的,原租赁关系不受该抵押权的影响 (2) 抵押权设立<u>后</u>抵押财产出租的,该租赁关系不得对抗已登记的抵押权
转让	(1) 抵押期间,抵押人经抵押权人同意转让抵押财产的,应将转让所得的价款向抵押权人提前清偿债务或提存 (2) 转让的价款<u>超过</u>债权数额的部分<u>归抵押人所有</u>,不足部分由债务人清偿 (3) 抵押期间,抵押人未经抵押权人同意,不得转让抵押财产,但受让人代为清偿债务消灭抵押权的除外 (4) 债权转让的,担保该债权的<u>抵押权一并转让</u>
毁损、灭失或被征用	(1) 抵押权人可以就该抵押物的<u>保险金</u>、<u>赔偿金</u>、<u>补偿金</u>优先受偿 (2) 抵押权所担保的债权未届清偿期的,抵押权人可请求人民法院对保险金、赔偿金、补偿金等<u>采取保全措施</u>

【例 7·判断】抵押权设立后抵押财产出租的,该租赁关系不得对抗已登记的抵押权。( )(2017 年)
【答案】√
【解析】题目表述正确。

【例 8·多选】陈某用自己的轿车作抵押向银行借款 40 万元,并办理了抵押登记手续。陈某驾驶该车出行时发生了交通事故。经鉴定,该车的价值损失了 30%,保险公司赔偿了该车损失。根据相关规定,下列关于该抵押担保的表述中,正确的有( )。
A. 该轿车不再担保银行债权
B. 该轿车应担保银行债权
C. 保险赔偿不应担保银行债权
D. 保险赔款应担保银行债权
【答案】BD
【解析】根据规定,在所担保的债权未受全部清偿前,担保权人可就担保物的全部行使权利,担保物部分灭失,残存部分仍担保债权全部,因此选项 B 正确、选项 A 错误;在抵押物灭失、毁损或者被征用的情况下,抵押权人可以就该抵押物的保险金、赔偿金或者补偿金优先受偿,因此选项 C 错误、选项 D 正确。

★ 考点 4. 抵押权的实现

(1) 抵押担保的范围
包括主债权及其<u>利息</u>、<u>违约金</u>、<u>损害赔偿金</u>和<u>实现抵押权的费用</u>。
(2) 抵押物拍卖价款的清偿顺序

实现抵押权的费用
↓
主债权的利息
↓
主债权

(3) 物权重合

①抵押权人与抵押人可协议变更抵押权顺位及被担保的债权数额等内容，但抵押权的变更，未经其他抵押权人书面同意，不得对其他抵押权人产生不利影响。

②顺序在先的抵押权与该财产的所有权归属一人时，该财产的所有权人可以其抵押权对抗顺序在后的抵押权。

③同一财产向两个以上债权人设定抵押时：

a. 不动产：按照登记的先后顺序清偿，顺序相同的，按照债权比例清偿。

b. 动产：抵押权已登记的，按照登记的先后顺序清偿，顺序相同的，按照债权比例清偿；抵押权已登记的先于未登记的受偿；抵押权未登记的，按照债权比例清偿。

【例9·单选】同一财产向两人以上债权人抵押的，拍卖、变卖抵押财产所得价款应当依照有关担保法律制度的规定清偿。下列各项中，不符合《物权法》规定的是（　　）。

A. 抵押权已登记的，按照登记的先后顺序清偿

B. 抵押权已登记且登记顺序相同的，按照债权比例清偿

C. 抵押权已登记的先于未登记的受偿

D. 抵押权未登记的，按抵押合同生效时间的先后顺序清偿

【答案】D

【解析】抵押权未登记的，按照债权比例清偿。

★ **考点5. 最高额抵押**

(1) 抵押担保的是将来发生的债权，现在尚未发生

(2) 抵押担保的债权额不确定，但设有最高限制额

(3) 实际发生的债权是连续的、不特定的

(4) 债权人仅对抵押财产行使最高限度内的优先受偿权

(5) 只需首次登记即可设立

★★ **考点6. 动产浮动抵押**

(1) 经当事人书面协议，企业、个体工商户、农业生产经营者可将现有的以及将有的生产设备、原材料、半成品、产品抵押，债务人不履行到期债务或发生当事人约定的实现抵押权的情形，债权人有权就实现抵押权时的动产优先受偿

(2) 抵押权自抵押合同生效时设立，未经登记，不得对抗善意第三人

(3) 无论是否登记，均不得对抗正常经营中已支付合理价款取得抵押财产的买受人

(4) 抵押财产自下列情形之一发生时确定

①债务履行期届满，债权未实现。

②抵押人被宣告破产或被撤销。

③当事人约定的实现抵押权的情形。

④严重影响债权实现的其他情形。

【例10·单选】甲企业向乙银行贷款时，以其现有的以及将有的生产设备、原材料、半成品、成品一并抵押给乙银行，双方签订了书面抵押合同，但未办理抵押登记。抵押期间，甲企业未经乙银行同意，以合理价格将一台生产设备出卖给不知道该设备已抵押

的丙公司，并已交付。后甲企业到期无力偿还贷款。根据相关法律制度的规定，下列关于乙银行能否对已出卖给丙公司的生产设备主张抵押权的表述中，正确的是（　　）。

A. 不能主张，乙银行的抵押权不能对抗正常经营活动中已支付合理价款并取得抵押财产的买受人

B. 不能主张，乙银行的抵押权因未办理抵押登记而未设立

C. 不能主张，因甲企业未经乙银行同意处分抵押物，属于无效行为

D. 可以主张，乙银行的抵押权虽未经登记，但已设立，只是不得对抗善意第三人

【答案】A

【解析】浮动抵押权不得对抗正常经营活动已支付合理价款取得抵押财产的买受人。

三、质押

★★考点1. 动产质押

（1）质押合同自<u>成立时生效</u>

（2）质权自出质人<u>交付质押财产时</u>设立

【注意】不动产、建设用地使用权可抵押，但不能质押。

【例11·单选】甲从乙银行贷款200万元，双方于8月1日签订贷款合同，丙以保证人身份在贷款合同上签字，因担心丙的资信状况，乙银行又要求甲提供担保，为此双方于8月3日签订书面质押合同，质物为甲的一辆轿车，但甲未将轿车交付给乙银行。甲到期无力偿还贷款。根据担保法律制度的规定，下列乙银行主张担保权利的表述中，正确的是（　　）。（2013年）

A. 乙银行只能主张保证债权，因为甲未将该轿车交付给乙银行，质权未设立

B. 乙银行只能主张质权，因为丙与乙银行未签订保证合同，保证债权不成立

C. 乙银行应先主张保证债权，因为保证债权先于质权成立

D. 乙银行应先主张质权，因为质权担保是债务人甲自己提供的

【答案】A

【解析】主合同中虽然没有保证条款，但是，保证人（丙）在主合同上以保证人的身份签字或者盖章的，保证合同成立；以动产设定质押的，质权自出质人交付质押财产时设立。

【例12·单选】甲与乙签订借款合同，并约定由乙将自己的钻戒出质给甲，但其后乙并未将钻戒如约交付给甲，而是把该钻戒卖给了丙。丙取得钻戒后，与甲因该钻戒权利归属发生纠纷。根据《物权法》与《合同法》的规定，下列关于该钻戒权利归属的表述中，正确的是（　　）。

A. 丙不能取得该钻戒的所有权，因为该钻戒已质押给甲

B. 丙能取得该钻戒的所有权，但甲可依其质权向丙追偿

C. 丙能取得该钻戒的所有权，甲不能向丙要求返还该钻戒

D. 丙能否取得该钻戒的所有权，取决于甲同意与否

【答案】C

【解析】乙未向甲交付钻戒，质权并未设立；乙将钻戒交付给丙，丙依法取得了该钻戒的所有权。

★★★考点 2. 权利质押

汇票、支票、本票、债券、存款单、仓单、提单	交付（登记）设立
基金份额、股权	登记设立
知识产权	登记设立
应收账款	登记设立

【例 13·多选】根据物权法律制度的规定，债务人或第三人有权处分的下列权利中，可以出质的有（　　）。(2016 年)

A. 支票　　　　　　　　　　　B. 土地承包经营权
C. 应收账款　　　　　　　　　D. 可以转让的基金份额

【答案】ACD

【解析】以招标、拍卖、公开协商等方式取得荒地等土地承包经营权可以设定抵押，但不能设定质押。

【例 14·多选】根据物权法律制度的规定，以下列权利出质的，质权自交付权利凭证时设立的有（　　）。(2015 年)

A. 基金份额　　　　　　　　　B. 注册商标专用权
C. 仓单　　　　　　　　　　　D. 存款单

【答案】CD

【解析】选项 A，以基金份额、证券登记结算机构登记的股权出质的，质权自证券登记结算机构办理出质登记时设立；以其他股权出质的，质权自工商行政管理部门办理出质登记时设立。选项 B，以注册商标专用权、专利权、著作权等知识产权中的财产权出质的，质权自有关主管部门办理出质登记时设立。选项 CD，以汇票、支票、本票、债券、存款单、仓单、提单出质的，质权自权利凭证交付之日起设立；没有权利凭证的，质权自有关部门办理出质登记时设立。

四、留置

考点 1. 概念
债务人不履行到期债务，债权人可以留置已经<u>合法占有</u>的债务人**动产**，并有权就该动产优先受偿。

★★考点 2. 成立要件
(1) 行使对象仅限于<u>动产</u>
(2) 必须是债权人<u>合法占有</u>的动产
(3) 必须是<u>到期债务</u>
(4) 债权人留置的动产，应当<u>与债权属于同一法律关系</u>

【注意】企业之间留置的除外。

【例15·判断】甲企业向乙企业购买了一批总价款100万元的建筑材料，甲企业支付了60万元，约定其余的40万元在3个月内付清。后甲企业将一台价值30万元的施工设备交由乙企业代为保管。3个月后，几经催告，甲企业仍未支付乙企业40万元货款。则甲企业要求提取该设备时，乙企业可以将该设备留置以担保货款债权的实现。（　　）

【答案】√

【解析】尽管买卖建筑材料和保管设备属于两个不同的法律关系，但由于甲乙均为企业，乙企业可以行使留置权。

★★★考点3. 留置权的实现

（1）留置权人<u>有权收取</u>留置财产的**孳息**，孳息应先充抵<u>收取孳息的费用</u>

（2）留置权人与债务人应<u>约定</u>留置财产后**债务履行期间**；没有约定或约定不明确的，留置权人应给债务人<u>2个月以上</u>履行债务的期间，但鲜活易腐等不易保管的动产除外

（3）留置物为<u>不可分物</u>的，留置权人可就其留置物的<u>全部</u>行使留置权，留置的财产为<u>可分物</u>的，留置物的价值应<u>相当于债务的金额</u>

（4）同一动产上已设立抵押权或质权，该动产<u>又被留置</u>的，留置权人<u>优先受偿</u>

【例16·单选】李某向陈某借款10万元，将一辆卡车抵押给陈某。抵押期间，卡车因车祸严重受损，李某将卡车送到某修理厂大修，后李某无力支付2万元修理费，修理厂遂将卡车留置。经催告，李某在约定的合理期间内仍未支付修理费。此时，李某亦无法偿还欠陈某的到期借款，陈某要求修理厂将卡车交给自己依法进行拍卖，修理厂拒绝。下列关于该争议如何处理的表述中，符合物权法律制度规定的是（　　）。（2016年）

A. 陈某应向修理厂支付修理费，其后修理厂应向陈某交付卡车

B. 修理厂应将卡车交给陈某依法拍卖，修理费只能向李某主张

C. 修理厂应将卡车交给陈某依法拍卖，拍卖所得资金优先偿还借款，剩余部分修理厂有优先受偿权

D. 修理厂可将卡车依法拍卖，所得资金先偿付修理费，剩余部分陈某有优先受偿权

【答案】D

【解析】同一动产上已设立抵押权或者质权，该动产又被留置的，留置权人优先受偿。

【例17·判断】已经设立抵押权的动产又被留置的，抵押权人优先受偿。（　　）

【答案】×

【解析】同一动产上已设立抵押权或质权，该动产又被留置的，留置权人优先受偿。

五、定金

★考点1. 类型

（1）违约定金

给付定金的一方不履行合同的，无权要求返还定金；接受定金的一方不履行合同的，

应**双倍**返还定金。

（2）担保定金

以交付定金作为订立主合同担保的，给付定金的一方拒绝订立主合同的，无权要求返还定金，接受定金的一方拒绝订立主合同的，应**双倍**返还定金。

（3）生效定金

当事人约定以交付定金作为主合同成立或生效要件的，给付定金的一方未支付定金，但主合同**已经履行**或**已经履行主要部分**的，**不影响**主合同的成立或生效。

（4）解约定金

定金交付后，交付定金的一方可以丧失定金为代价而解除主合同，收受定金的一方也可以**双倍**返还定金为代价而解除主合同。

【例18·判断】甲、乙签订一买卖合同。合同约定：甲将100吨大米卖给乙，合同签订后3天内交货，交货后10天内付货款；合同签订后乙应向甲交付5万元定金，合同在交付定金时生效。合同订立后，乙未交付定金，甲按期向乙交付了货物，乙收货后无异议。付款期限届满后，乙以定金未交付合同不生效为由拒绝付款。乙不付款的理由成立。（   ）

【答案】×

【解析】当事人约定以交付定金作为主合同成立或者生效要件的，给付定金的一方未支付定金，但主合同已经履行或者已经履行主要部分的，不影响主合同的成立或者生效。在本题中，定金虽然未缴付（定金合同未成立），但是甲已经按期向乙交付了货物，乙收货后也无异议，主合同依据实际履行原则已经成立并生效。

★★考点2. 定金罚则的适用

适用	因合同关系以外的**第三人的过错** 【注意】受定金处罚的一方当事人，可向第三人追偿。 因当事人一方**延迟履行**或有其他违约行为 当事人一方**不完全履行**合同 【注意】应按未履行部分所占合同约定内容的**比例**适用。
不适用	因不可抗力、意外事件

【例19·单选】陈某向王某购买货物，价款为10万元，合同签订后，陈某向王某支付了2万元作为定金。交货期限届满后，因为第三方供货迟延，致使王某只向陈某支付了一半的货物，陈某因此主张适用定金罚则，要求王某承担定金责任，王某不同意。下列关于是否适用定金罚则的表述中，符合担保法律制度规定的是（   ）。（2017年）

A. 不适用定金罚则，因为是第三人的原因致使合同不能完全履行
B. 适用定金罚则，因为王某未完全履行合同，应双倍返还定金4万元
C. 不适用定金罚则，因为王某已经履行了部分债务
D. 适用定金罚则，因为王某未完全履行合同，应当按照未履行部分占合同约定内容的比例，承担定金责任2万元

【答案】D

【解析】因合同关系以外的第三人的过错，致使主合同不能履行时，适用定金罚则。受定金处罚的一方当事人，可以依法向第三人追偿。其中，当事人一方不完全履行合同的，应当按照未履行部分所占合同约定内容的比例，适用定金罚则。

【例20·单选】A企业与B企业签订一买卖合同，合同约定，A企业须在1个月内向B企业提供200台电视机，总价款100万元。合同签订后，B企业按约定向A企业交付了定金20万元。A企业依约分两批发运电视机，不料，第一批100台电视机在运输过程中遭遇泥石流，致使电视机全部毁损；第二批100台电视机在运输过程中被A企业的债权人C强行扣押、变卖。最终，B企业未能收到电视机，欲向A企业主张定金责任。根据担保法律制度的规定，下列关于A企业定金责任承担的表述中，正确的是（　　）。

A. A企业无须承担定金责任，因为没有交付电视机是不可抗力和第三人原因导致的，A企业没有过错

B. A企业须承担全部定金责任，因为A企业违反合同约定，未将电视机交付给B企业

C. A企业只须承担一半定金责任，因为不可抗力导致的第一批100台电视机未能交付，不适用定金罚则

D. A企业只须承担一半定金责任，因为第三人原因造成的第二批100台电视机未能交付，不适用定金罚则

【答案】C

【解析】因不可抗力、意外事件致使主合同不能履行的，不适用定金罚则；因合同关系以外的第三人的过错，致使主合同不能履行时，适用定金罚则。

考点3. 定金的数额
(1) 不得超过主合同标的额的<u>20%</u>，超过的部分，人民法院不予支持
(2) 实际交付的定金数额<u>多于</u>或<u>少于</u>约定数额，视为变更定金合同
(3) 收受定金一方<u>提出异议</u>并<u>拒绝接受</u>定金的，定金<u>合同不生效</u>

第六节　合同的变更和转让

★**考点1. 合同权利转让**
(1) 债权人转让<u>主权利</u>时，附属于<u>主权利</u>的<u>从权利</u>也一并转让

【注意】该从权利专属于债权人自身的除外。

(2) 债权人不得转让合同权利的情形
①根据<u>合同性质</u>（如委托合同、演出合同）。
②根据<u>当事人约定</u>。
③根据<u>法律规定</u>。

(3) 债权人转让权利无须经债务人同意，但<u>应通知债务人</u>；未经通知，该转让对债务人不发生效力

(4) 债务人对让与人享有债权，且债务人的债权先于转让的债权<u>到期</u>或<u>同时到期</u>的，债务人可向受让人主张抵销

(5) 债务人对让与人的抗辩，可向<u>受让人</u>主张

【例1·单选】陈某向李某购买一批水泥，价款为10万元，合同履行前，李某未经陈某的同意，将价款债权转让给王某，并通知陈某直接向王某付款。陈某与李某未约定合同权利不得转让，下列关于李某的转让行为效力的表述中，符合合同法律规定的是（　　）。

A. 李某的转让行为无效，陈某仍应向李某付款
B. 李某的转让行为有效，但如陈某仍向李某付款，可发生清偿效力
C. 李某的转让行为有效，陈某应向王某付款
D. 李某的转让行为效力待定，取决于陈某是否表示同意

【答案】C

【解析】债权人转让权利，不需要经债务人同意，但应当通知债务人。未经通知，该转让对债务人不发生效力。债务人接到债权转让通知后，债权转让行为即生效。本题中，债权转让行为生效，对陈某而言，债权人由李某更换为王某，陈某应向王某付款才能发生清偿效力。

★★考点2. 法人或其他组织合并或分立后债权债务关系的处理

合并	由合并后的法人或其他组织行使合同权利，履行合同义务
分立	由分立的法人或其他组织对合同的权利和义务享有连带债权，承担连带债务 【注意】债权人和债务人另有约定的除外。

【例2·单选】甲公司欠乙公司300万元货款。后甲公司将部分优良资产分享出去另成立丙公司，甲、丙公司在分立协议中约定，该笔债务由甲、丙公司按3：7比例分担，但甲、丙公司未与乙公司达成债务清偿协议。债务到期后，乙公司要求甲公司清偿300万元，遭到拒绝。根据合同法律制度的规定，下列关于该笔债务清偿的表述中，正确的是（　　）。（2015年）

A. 乙公司只能向丙公司主张清偿
B. 乙公司只能向甲公司主张清偿
C. 应当由甲、丙公司按连带责任方式向乙公司清偿
D. 应当由甲、丙公司按分立协议约定的比例向乙公司清偿

【答案】C

【解析】公司分立前的债务由分立后的公司承担连带责任。但是，公司在分立前与"债权人"就债务清偿达成的书面协议另有约定的除外。本题中，甲、丙公司未与债权人乙公司达成债务清偿协议，故对该笔债务承担连带责任。

【例3·单选】甲公司将两个业务部门分出设立乙公司和丙公司，并在公司分立决议中明确，甲公司以前所负的债务由新设的乙公司承担。分立前甲公司欠丁企业贷款12万元，现丁企业要求偿还。根据《合同法》的规定，下列关于该12万元债务承担的表述中，正确的是（　　）。

A. 由甲公司承担
B. 由乙公司承担
C. 由甲、乙、丙三个公司平均承担
D. 由甲、乙、丙三个公司连带承担

【答案】D

【解析】当事人订立合同后分立的，除债权人和债务人另有约定的以外，由分立的法人或者其他组织对合同的权利和义务享有连带债权，承担连带债务。题目中并不是"债权人和债务人"达成的协议，而是债务人内部的协议，该协议对债权人无效，因此分立后的法人（甲乙丙3个公司）承担连带责任。

第七节 合同的权利义务终止

一、合同解除

★★★考点1. 法定解除的情形

(1) 不可抗力
(2) 预期违约
【注意】在履行期限届满之前，当事人一方明确表示或以行为表明不履行主要债务。
(3) 当事人一方迟延履行主要债务，经催告后在合理期限仍未履行
(4) 当事人一方迟延履行债务或有其他违约行为
【注意】这种情形中，债权人可不经催告直接解除合同。

【例1·单选】2014年3月，甲科研所与乙企业签订一份设备改造的技术服务合同，约定自2014年7月1日至12月1日，甲科研所负责对乙企业的自动生产线进行技术改造。合同签订后，乙企业为履行合同做了相关准备工作。5月，甲科研所通知乙企业，因负责该项目的技术人员辞职，不能履行合同。根据合同法律制度规定，下列关于乙企业权利的表述中，正确的是（　　）。(2015年)

A. 乙企业有权解除合同，并要求甲科研所赔偿损失
B. 乙企业有权主张合同无效，并要求甲科研所承担缔约过失责任
C. 乙企业有权撤销合同，并要求甲科研所承担缔约过失责任
D. 乙企业至7月1日方有权要求甲科研所承担违约责任

【答案】A

【解析】在履行期限届满之前，当事人一方明确表示或者以自己的行为表明不履行主要债务，另一方有权解除合同并请求赔偿损失。在本题中，甲科研所与乙企业的技术服务合同，在2014年3月签订时生效，甲企业在5月份明确表示不能履行合同，乙有权解除合同并要求甲科研所赔偿损失。

【例2·多选】根据《合同法》的规定，下列情形中，属于合同解除法定事由的有（　　）。

A. 作为合同当事人一方的法人分立
B. 合同当事人一方的法定代表人变更
C. 由于不可抗力致使合同目的不能实现
D. 合同当事人一方迟延履行债务致使合同目的不能实现

【答案】CD

【解析】选项A，当事人订立合同后分立的，除债权人和债务人另有约定的以外，由分立的法人或者其他组织对合同的权利和义务享有连带债权，承担连带债务；选项B，合同当事人变更名称、法定代表人或投资人等事项，不影响原合同履行。

二、债务相互抵销

★★★ 考点1. 法定抵销

（1）当事人互负到期债务，债务<u>标的物种类</u>、<u>品质</u>相同，任何一方均可主张抵销
（2）当事人主张抵销的，应通知对方，通知自<u>到达对方时</u>生效
【注意】抵销不得附条件或附期限。
（3）不可抵销的情形
①按<u>合同性质</u>不能抵销。
【注意】不作为债务、提供劳务的债务、与人身不可分离的债务，如抚恤金、退休金、人身损害赔偿债务等，均不得抵销。
②按约定应<u>向第三人</u>给付的债务。
③当事人约定不得抵销的债务。
④因<u>故意实施侵权行为</u>产生的债务。
⑤<u>法律规定</u>不得抵销的其他情形。
【注意】被人民法院查封、扣押、冻结的财产，不能用来抵销债务。

【例3·判断】张某向杨某借款3万元到期未还，双方因债务清偿问题发生纠纷，张某被杨某打伤。住院治疗共支出医疗费4.5万元，杨某有权主张在3万元内抵销，只向张某支付1.5万元医疗费。（　　）（2017年）

【答案】×

【解析】因故意实施侵权行为产生的债务，不得抵销。

【例4·多选】根据合同法律制度的规定，下列关于法定抵销的表述中，正确的有（　　）。（2016年）
A. 双方抵销的债务，应都已届清偿期
B. 故意侵权产生的债务，债务人不得主张抵销
C. 双方抵销的债务，标的物种类、品质应相同
D. 抵销可以附条件或者附期限

【答案】ABC

【解析】当事人互负到期债务，该债务的标的物种类、品质相同的，任何一方可以将自己的债务与对方的债务抵销，但依照法律规定或者按照合同性质不得抵销的除外。

抵销不得附条件或者附期限。

【例5·多选】陈某租住王某的房屋,租期至2017年8月。王某欠陈某10万元货款,应于2017年7月偿付。至2017年8月,王某尚未清偿货款,但要求收回房屋并请求陈某支付1万元租金。根据《合同法》与担保法律制度的规定,下列关于陈某的权利的表述中,不正确的有( )。

A.陈某可以留置该房屋作为担保
B.陈某可以出售该房屋并优先受偿
C.陈某可以以应付租金抵销1万元货款
D.陈某可以行使同时履行抗辩权而不交还房屋

【答案】ABD

【解析】不动产不能留置,选项A错误;陈某作为承租人,对房屋没有优先受偿权,选项B错误;同时履行抗辩权,存在于同一双务合同中,题目中是两个合同,选项D错误。

三、提存

★ **考点1. 提存**

(1) **债权人**有下列情形之一,**债务人**可将标的物提存
①无正当理由拒绝受领。
②下落不明。
③死亡未确定继承人或丧失民事行为能力未确定监护人。
(2) 标的物提存后,**债务人**应及时通知债权人或债权人的继承人、监护人

【注意】债权人下落不明除外。

(3) 提存的法律效力
①标的物的孳息归债权人所有。
②提存费用由债权人负担。
③标的物提存后,毁损、灭失的风险由债权人承担。
(4) 债权人领取提存物的权利,自提存之日起5年内不行使而消灭,提存物扣除提存物费用后归国家所有

【例6·单选】债权人甲下落不明,致使债务人乙难以履行债务,乙依法将标的物提存。提存期间,该标的物发生意外毁损。根据《合同法》的规定,下列关于对该标的物损失承担的表述中,正确的是( )。

A.应由甲承担
B.应由乙承担
C.应由提存机关承担
D.应由甲、乙共同承担

【答案】A

【解析】标的物提存后,毁损、灭失的风险由债权人承担。本题中,甲是债权人,债务人乙将标的物提存后,风险由甲承担。

第八节 违约责任

★ 考点 1. 承担违约责任的形式

（1）继续履行

（2）采取补救措施

（3）赔偿损失

（4）支付违约金

①约定的违约金**低**于造成的损失，当事人可请求人民法院或仲裁机构**予以增加**，增加违约金以后，当事人**不得**请求对方**赔偿损失**。

②约定的违约金过分**高**于（超过损失30%）造成的损失，当事人可请求人民法院或仲裁机构**适**当减少。

③当事人**迟延履行**约定违约金的，违约方**支付违约金后**，应**继续履行**。

④**既**约定违约金，**又**约定定金，可选择适用**其中一种**，两者**不能同时**适用。

⑤买卖合同约定的定金**不足**以弥补违约造成的损失，可请求赔偿**超过**定金部分的损失，但数额总和**不应高于**因违约造成的损失。

【总结】违约金＋损失赔偿≤总损失或定金＋损失赔偿≤总损失。

【例1·多选】根据《合同法》的规定，下列关于不同种类违约责任相互关系的表述中，正确的有（　　）。

A. 当事人就迟延履行约定违约金的，违约方支付违约金后，还应当履行债务

B. 当事人执行定金条款后不足以弥补所受损害的，仍可以请求赔偿损失

C. 当事人既约定违约金，又约定定金的，一方违约时，对方可以同时适用违约金和定金条款

D. 当事人依法请求人民法院增加违约金后，又请求对方赔偿损失，人民法院不予支持

【答案】ABD

【解析】根据规定，当事人既约定违约金，又约定定金的，一方违约时，对方可以选择适用违约金或者定金条款，不能同时要求适用两条款。因此选项C错误。

检测3

第九节　主要合同

一、买卖合同

★考点1. 买卖合同的标的物

（1）标的物所有权转移

①动产：自<u>交付</u>时起转移。

②不动产：自<u>登记</u>时转移。

（2）标的物解除

主从物	<u>主物</u>解除合同，效力及于从物 <u>从物</u>解除合同，效力不及于主物
数物	其中<u>一物不符合约定</u>的，买受人可就该物解除，但该物与他物分离使标的物的价值受损害的，当事人可就数物解除合同
分批	单独解除	出卖人对其中一批标的物不交付或交付不符合约定，致使<u>该批</u>标的物不能实现合同目的的，买受人可就该批标的物解除
	以后解除	出卖人不交付其中一批标的物或交付不符合约定，致使<u>今后其他各批</u>标的物的交付不能实现合同目的的，买受人可就该批及今后其他各批标的物解除
	全部解除	买受人如就其中一批标的物解除，该批标的物与其他各批标的物<u>相互依存</u>的，可就已经交付和未交付的各批标的物解除

【例1·单选】A、B签订一买卖合同，A向B购买机器5台及附带的维修工具，机器编号分别为E、F、G、X、Y，拟分别用于不同厂区。B向A如期交付5台机器及附带的维修工具，经验收，E机器存在重大质量瑕疵而无法使用，F机器附带的维修工具亦属不合格品，其他机器及维修工具不存在质量问题。根据《合同法》的规定，下列关于A如何解除合同的表述中，正确的是（　　）。

A.A可以解除5台机器及维修工具的买卖合同

B.A只能就买卖合同中E机器的部分解除

C.A可以就买卖合同中E机器与F机器解除

D.A可以就买卖合同中F机器的维修工具与E机器解除

【答案】D

【解析】根据规定，标的物为数物，其中一物不符合约定的，买受人可以就该物解除。本题中，由于标的物是数物，因此其中几种物不符合约定的，A可以就不符合约定的E和F附带的维修工具解除。

（3）出卖人多交付标的物

①买受人若<u>接收</u>，应按**合同价格**支付价款。

②买受人若<u>拒收</u>，应及时**通知**出卖人。

（4）一物多卖

①几份合同均有效，未取得标的物所有权的买受人，可要求出卖人承担违约责任。
②一物多卖的合同效力。

标的物	合同效力
普通动产	交付→付款→合同成立时间
特殊动产（船舶、航空器、机动车）	交付→登记→合同成立时间

★★考点2. 标的物毁损、灭失风险的承担

总原则	交付前→出卖人承担；交付后→买受人承担
买受人承担	因买受人的原因使标的物不能按照约定的期限交付的
	出卖人按照约定将标的物置于交付地点，买受人违反约定没有收取的
出卖人承担	因标的物质量不符合要求，买受人拒绝接受标的物或解除合同

【注意1】出卖人交付的标的物质量不合格，买受人已经接受交付，风险由买受人承担，但可要求出卖人承担违约责任。

【注意2】出卖人未交付有关标的物单证、资料，不影响标的物毁损、灭失风险转移。

【例2·单选】甲公司购买乙公司一批货物，约定甲公司于5月6日到乙公司仓库提货，由于甲公司疏忽，当日未安排车辆提货，次日凌晨乙公司仓库遭雷击起火，该批货物全部被烧毁。下列关于该批货物损失承担的表述中，符合合同法律制度的规定的是（　　）。

A. 甲公司和乙公司分担货物损失，因为双方都没有过错
B. 甲公司承担货物损失，因其未按约定时间提货
C. 乙公司承担货物损失，因为货物所有权没有转移
D. 乙公司承担货物损失，因为货物仍在其控制之下

【答案】B

【解析】因买受人的原因致使标的物不能按照约定的期限交付的（买受方违约），买受人应当自违反约定之日起承担标的物毁损、灭失的风险。本题中，由于甲公司疏忽，未按约定时间提货，导致货物没有按期交付，甲公司自5月6日起承担标的物毁损、灭失的风险。次日凌晨乙公司仓库遭雷击起火，该批货物全部被烧毁，甲公司承担货物损失责任。

【例3·多选】根据《合同法》的规定，下列情形中，买受人应承担标的物损毁、灭失风险的有（　　）。（2013年）

A. 标的物已运抵交付地点，买受人因标的物质量不合格而拒绝接受
B. 买受人已受领标的物，但出卖人按照约定未交付标的物的单证
C. 因买受人下落不明，出卖人无法向其交付标的物而将标的物提存
D. 出卖人按照约定将标的物置于交付地点，约定时间已过，买受人未前往提货

【答案】BCD

【解析】选项A，因标的物不符合质量要求，致使不能实现合同目的的，买受人可以拒绝接受标的物或者解除合同；买受人拒绝接受标的物或者解除合同的，标的物毁损、

灭失的风险由出卖人承担。选项B，出卖人按照约定未交付有关标的物的单证和资料的，不影响标的物毁损、灭失风险的转移（既然货物已经交付，标的物毁损、灭失的风险由买受人承担）。选项C，出卖人将标的物提存后，毁损、灭失的风险由买受人承担。

★考点3. 标的物检验

约定检验期间的	买受人应在**检验期间内**将标的物的数量或质量不符合约定的情形通知出卖人；怠于通知的，视为标的物的数量或质量符合约定
未约定检验期间的	买受人应在发现或应当发现标的物的数量或质量不符合约定的合理期间内通知出卖人；未通知或自标的物收到之日起**2年内**未通知出卖人的，视为标的物的数量或质量符合约定

【**例4·多选**】甲公司向乙公司订购了一套生产设备，双方签订的买卖合同中对设备的型号、规格、质量等做了明确约定，但未约定质量检验期间。甲公司收到设备后，因故一直未使用，亦未支付剩余货款。收到货物两年后，甲公司才开始使用该设备，却发现该设备的质量与合同约定不符。当乙公司要求甲公司支付剩余货款时，甲公司以设备质量不合格为由拒绝，并要求乙公司承担违约责任。下列表达中，符合合同法律制度的规定有（　　）。(2014年)

A. 因未在法定期间内提出质量异议，甲公司应当向乙公司支付剩余货款
B. 因设备质量不合格，甲公司有权要求乙公司承担违约责任
C. 虽未在法定期间提出质量异议，但因设备存在质量问题，甲公司有权拒付剩余货款
D. 因未在法定期间内提出质量异议，甲公司无权要求乙公司承担违约责任

【**答案**】AD
【**解析**】当事人没有约定检验期间的，买受人应当在发现或者应当发现标的物的数量或者质量不符合约定的合理期间内通知出卖人；买受人在合理期限内未通知或者自标的物收到之日起2年内未通知出卖人的，视为标的物的数量或者质量符合约定。

★考点4. 买卖双方当事人的权责

(1) 出卖人

①买受人依约保留部分价款为**质量保证金**，出卖人在质量保证期间未及时解决质量问题，出卖人**不得主张**支付该部分价款。

②买受人在检验期间、质量保证期间、合理期间内提出**质量异议**，出卖人未按要求予以修理或因情况紧急，买受人自行或通过第三人修理标的物后，可主张出卖人**负担**因此发生的合理费用。

③合同约定**减轻或免除**出卖人对标的物的**瑕疵担保责任**，但出卖人**故意**或因**重大过失**不告知买受人标的物瑕疵，出卖人**不得**主张减轻或免除瑕疵担保责任。

【**注意**】买受人在缔约时知道或应当知道标的物质量存在瑕疵的除外。

(2) 买受人

①标的物在**交付前**、后产生的**孳息**，分别归**出卖人**、**买受人**所有。

②**分期付款**的买受人未支付到期价款的金额达到全部价款的**20%**，出卖人可要求买

[133]

受人支付全部价款或解除合同。

【注意】出卖人解除合同，可要求买受人支付使用费。

③标的物的**质量不符合约定**，买受人可要求<u>减少价款</u>。

④当事人可主张约定的标的物和实际交付的标的物按交付时的市场价值计算<u>差价</u>。

⑤价款已经支付的，买受人可主张返还减价后<u>多出部分价款</u>。

【例5·判断】2016年5月1日，甲到某商场购买一台价值为20 000元的冰箱，双方约定采取分期付款的方式：5月1日由甲先支付6 000元并提货，6月1日再付6 000元，其余8 000元在7月10日前付清。6月1日，甲未按期支付6 000元价款。此时，该商场有权要求解除合同，并可以要求甲支付使用费。（　　）

【答案】√

【解析】分期付款的买受人未支付到期价款的金额达到全部价款的20%的，出卖人可以要求买受人支付全部价款或者解除合同。出卖人解除合同的，可以买受人要求支付该标的物的使用费。

★ 考点5. 所有权保留

（1）<u>取回</u>标的物

①**买受人**有下列情形，出卖人可主张取回标的物：

a. 未按约定<u>支付价款</u>。

b. 未按约定<u>完成特定条件的</u>。

c. 将标的物<u>出卖</u>、<u>出质</u>或作出<u>其他不当处分的</u>。

②取回的标的物**价值**显著<u>减少</u>，出卖人可要求买受人<u>赔偿损失</u>。

【注意】取回标的物的情形只适用于<u>动产</u>。

（2）<u>不得主张取回</u>标的物的情形

①买受人已经支付标的物**总**价款的**75%**以上。

②**第三人**已善意取得标的物<u>所有权</u>或<u>其他物权</u>。

（3）标的物的<u>回赎</u>

买受人在**回赎期间**内，消除出卖人取回标的物的事由的，<u>可主张</u>回赎标的物。

【例6·单选】甲、乙双方于2013年1月7日订立买卖1 000台彩电的合同，价款200万元，双方约定：甲支付全部价款后，彩电的所有权才转移给甲。乙于2月4日交付了1 000台彩电，甲于3月5日支付了100万元，5月6日支付了剩余的100万元。下列关于彩电所有权转移的表述中，符合《合同法》规定的是（　　）。(2014年)

A. 2月4日1 000台彩电所有权转移

B. 3月5日500台彩电所有权转移

C. 3月5日1 000台彩电所有权转移

D. 5月6日1 000台彩电所有权转移

【答案】D

【解析】既然双方约定了所有权保留条款，只有当买受人付清全部价款之后（5月6日），才能取得标的物的所有权。

★ 考点6. 试用买卖

（1）**不属于**试用买卖的情形

①约定标的物**经过试用**或**检验符合一定要求**时，买受人**应购买**标的物。

②约定**第三人**经试验对标的物**认可**，买受人应购买标的物。

③约定买受人在一定期间内**可调换**、**退还**标的物。

（2）当事人**没有约定**使用费或**约定不明确**的，出卖人不得主张买受人支付**使用费**

【例7·单选】某商场为促销健身器材，贴出告示，跑步机试用一个月，满意再付款，王某遂选定一款跑步机试用，试用期满退回时，该商场要求王某支付使用费200元。下列关于王某应否支付使用费的表述中，符合合同法律制度规定的是（　　）。

A. 王某应当支付部分使用费，因为跑步机的磨损应当由王某和商场共同负担

B. 王某不应当支付使用费，因为双方对此未作约定

C. 王某应当支付使用费，因其使用跑步机造成磨损

D. 王某应当支付使用费，因其行为构成不当得利

【答案】B

【解析】试用买卖当事人没有约定使用费或约定不明确的，出卖人主张买受人支付使用费的，人民法院不予支持。

★ 考点7. 商品房买卖合同

（1）**商品房销售广告**的性质

①商品房的销售广告、宣传资料为**要约邀请**。

②商品房销售广告就商品房开发规划范围内的**房屋及相关设施**所作的**说明**、**允诺**具体确定，并对合同的**订立**及房屋**价格**的确定有**重大影响**的，视为**要约**。

【注意】该说明和允诺即使**未载入**商品房买卖合同，**也视为**合同的内容，当事人违反的，应承担违约责任。

（2）**商品房预售合同**的效力

①**预售许可**：出卖人未取得预售许可而与买受人订立预售合同的，合同**无效**。

【注意】在**起诉前**取得预售许可的，合同**有效**。

②**登记备案**：商品房预售合同应办理**登记备案**手续，但并非合同生效条件，当事人另有约定除外。

（3）**惩罚性赔偿**

具有下列情形之一，买受人可请求**解除合同**、**返还已付购房款及利息**、**赔偿损失**，并可请求**出卖人**承担**不超过**已付购房款1倍的赔偿责任：

①商品房买卖合同订立后，出卖人未告知买受人又将该房屋**抵押**、**出卖**给第三人	
②故意隐瞒	a. 没有取得商品房预售许可证明的事实或提供虚假商品房预售许可证明
	b. 所售房屋**已经抵押**的事实
	c. 所售房屋**已经出卖**给第三人或为拆迁补偿**安置房屋**的事实

【例8·多选】甲房地产开发公司在预售某住宅小区的广告中，宣称其"容积率不高于1.2""绿地面积超过50%"，引起购房者的热烈关注，所预售的商品房一售而空，价

格也比周边小区高出20%。但是，该小区商品房的预售合同中未对容积率和公共绿地面积问题作约定。甲公司交房后，购房者乙却发现小区的容积率超过2.0，绿地面积只有20%，并且在调查后得知，甲公司报经批准的规划就是如此。下列关于甲公司和乙之间的房屋预售合同的表述中，正确的有（   ）。

A. 合同无效
B. 乙有权请求人民法院或仲裁机构撤销合同并请求甲公司赔偿损失
C. 乙有权请求甲公司支付不超过已付房款一倍的惩罚性赔偿金
D. 乙有权请求甲公司承担违约责任

【答案】BD

【解析】选项AB，开发商的行为构成欺诈，该合同属于可撤销的合同；选项C，甲公司的行为不属于"买受人可以要求出卖人承担不超过已付购房款1倍的惩罚性赔偿金的5类法定情形"。

二、赠与合同

★★★考点1. 赠与合同

（1）**赠与人**的义务

①**故意**或**重大过失**，使赠与财产**毁损**、**灭失**，应承担损害**赔偿责任**。

②赠与财产有**瑕疵**：

 a. 一般情况：赠与人**不承担**责任。

 b. **附义务**：在附义务的**限度内**承担**与出卖人相同**的**责任**。

③**故意不告知**赠与财产有瑕疵或**保证**赠与财产无瑕疵的，造成**受赠人损失**，应承担损害赔偿责任。

（2）**撤销**

赠与人在赠与财产权利**转移**之前可撤销。

【注意1】具有救灾、扶贫等社会公益、道德义务性质的赠与合同或经过公证的赠与合同，不得撤销。

【注意2】已经给付或部分给付的，不得撤销。

（3）**受赠人**有下列情形之一，赠与人可撤销

①**严重侵害赠与人**或其近亲属。

②**不履行**对赠与人的**扶养义务**。

③**不履行**赠与合同约定的**义务**。

【注意】因受赠人的违法行为使赠与人死亡或丧失民事行为能力的，赠与人的继承人或法定代理人可撤销。

【例9·判断】赠与人故意不告知赠与财产的瑕疵，造成受赠人损失的，应当承担损害赔偿责任。（   ）（2016年）

【答案】√

【解析】题目表述正确。

【例10·多选】根据《合同法》的规定，下列情形中，赠与人不得主张撤销赠与的有（　　）。

A. 张某将1辆小轿车赠与李某，且已交付
B. 甲公司与某地震灾区小学签订赠与合同，将赠与50万元用于修复教学楼
C. 乙公司表示将赠与某大学3辆校车，双方签订了赠与合同，且对该赠与合同进行了公证
D. 陈某将1块名表赠与王某，且已交付，但王某不履行赠与合同约定的义务

【答案】ABC

【解析】选项A中赠与物已经交付，选项B、C属于具有救灾、扶贫等社会公益、道德义务性质的赠与合同或者经过公证的赠与合同，因此选项A、B、C不能任意撤销赠与。受赠人不履行赠与合同约定的义务，赠与人可以撤销赠与，因此选项D不选。

【例11·单选】根据《合同法》的规定，下列关于赠与人享有撤销赠与权利的表述中，不正确的是（　　）。

A. 赠与人对经过公证的赠与合同，可以撤销赠与
B. 受赠人对赠与人有抚养义务而不履行，赠与人可以撤销赠与
C. 受赠人不履行赠与合同约定的义务，赠与人可以撤销赠与
D. 受赠人严重侵害赠与人的近亲属，赠与人可以撤销赠与

【答案】A

【解析】根据规定，具有救灾、扶贫等社会公益、道德义务性质的赠与合同或经过公证的赠与合同不得撤销。

三、借款合同

★考点1. 金融机构的贷款合同

（1）借款人**未按约定用途**使用借款的，**贷款人**的处理方式
①**停止发放借款**。
②**提前收回借款**。
③**解除合同**。

（2）**利息**不得预先在本金中扣除，否则按实际借款数额**返还借款**并计算**利息**

（3）借款人**提前**偿还借款的，应按照**实际借款期间**计算利息，当事人另有约定除外

【例12·多选】甲银行与乙公司签订一份借款合同，合同签订后，甲银行依约发放了部分贷款，乙公司未按照约定的用途使用借款。根据《合同法》的规定，甲银行因此可以行使的权利有（　　）。

A. 停止发放后续贷款
B. 解除借款合同
C. 提前收回已发放贷款
D. 对乙公司罚款

【答案】ABC

【解析】根据规定，借款人未按照约定的借款用途使用借款的，贷款人可以停止发放借款、提前收回借款或者解除合同。

★★ 考点2. 民间借贷合同

(1) **本金**
①借据、收据、欠条等债权凭证载明的借款金额，一般认定为本金。
②预先在本金中扣除利息的，应将实际出借的金额认定为本金。

(2) **利息**
①自然人之间：没有约定或约定不明，出借人不得主张支付借期内利息。
②除上述情形外：约定不明，出借人主张支付利息的，应根据当地或当事人交易方式、交易习惯、市场利率等因素确定利率。

(3) **利率**
①借期内的利息：
a. 约定的利率未超过年利率24%，按约定支付利息。
b. 约定的利率超过年利率36%，借款人有权请求出借人返还超过36%部分的利息。

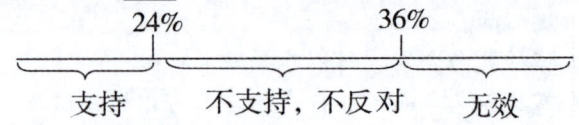

②逾期利息：

约定逾期利息	从其约定，但不超过年利率24%
未约定逾期利率	未约定借期内利率，按6%
	约定了借期内利率，按借期内的利率

【注意】既约定逾期利率，又约定了违约金或其他费用，出借人可一并主张，但总计不得超过年利息的24%。

【例13·单选】李某向王某借款5万元，约定借款期限半年，但未提及是否支付利息，半年后，因李某未如期归还，王某多次催要未果，向法院起诉要求李某还本付息。根据合同法律制度的规定，下列关于支付借款利息的主张中，能够得到法院支持的是（　　）。
A. 王某要求李某依当地习惯按年利率15%支付借款使用期间的利息
B. 王某要求李某依当地习惯按年利率20%支付逾期还款期间的利息
C. 王某要求李某按同期银行贷款利率支付借款使用期间的利息
D. 王某要求李某按年利率6%支付逾期还款期间的利息

【答案】D
【解析】选项AC，自然人之间借贷对利息约定不明，出借人主张支付利息的，人民法院不予支持；选项BD，借贷双方既未约定借期内的利率，也未约定逾期利率，出借人主张借款人自逾期还款之日起按照年利率6%支付资金占用期间利息的，人民法院应予支持。

【例14·单选】陈某向张某借款5万元，没有约定利息，一年后，张某获知陈某经营个体企业获利，在陈某还款时要求其支付利息1 800元，陈某表示反对。根据《合同法》的规定，下列关于陈某应否支付利息的表述中，正确的是（　　）。(2013年)
A. 陈某应该按银行同期贷款利率支付利息

B. 陈某应支付 1 800 元利息

C. 陈某无需支付利息

D. 陈某应按当地民间惯例支付利息

【答案】C

【解析】借贷双方没有约定利息，出借人主张支付借期内利息的，人民法院不予支持。

四、租赁合同

★★★ 考点 1. 租赁合同

（1）期限

不得超过 20 年。超过 20 年的，超过部分无效。

（2）不定期租赁的情形

①租赁期限 6 个月以上的，合同未采用书面形式的。

②当事人对租赁期限没有约定或约定不明确，依照有关法律规定仍不能确定的。

③租赁期届满，承租人继续使用租赁物，出租人没有提出异议的。

【例 15·单选】李某与赵某口头约定，李某将其房屋出租给赵某，租期为 1 年，租金为每月 1 000 元，每月的第一天交付该月租金。根据《合同法》的规定，下列关于该租赁合同效力的表述中，正确的是（　　）。

A. 该租赁合同无效

B. 该租赁合同为可撤销合同

C. 该租赁合同有效，租期为 1 年

D. 该租赁合同有效，但视为不定期租赁合同

【答案】D

【解析】租赁期限 6 个月以上的，应当采用书面形式。当事人未采用书面形式的，视为不定期租赁。

（3）当事人的权利义务

①出租人应履行租赁物的维修义务，当事人另有约定除外。

②出租人未履行维修义务的，承租人可自行维修，维修费用由出租人负担。

【注意】因维修租赁物影响承租人使用的，应相应减少租金或延长租期。

③因不可归责于承租人的事由，使租赁物部分或全部毁损、灭失的，承租人可要求减少租金或不支付租金。

【注意】因租赁物部分或全部毁损、灭失，不能实现合同目的，承租人可解除合同。

④承租人无正当理由未支付或迟延支付租金的，出租人可要求承租人在合理期限内支付，承租人逾期不支付的，出租人可解除合同。

⑤租赁物危及承租人安全或健康的，即使订立合同时承租人明知该租赁物质量不合格，仍可随时解除合同。

⑥经出租人同意，承租人可对租赁物进行改善或增设他物。

【注意】未经同意的，出租人可要求承租人恢复原状或赔偿损失。

(4) 转租

①未经出租人同意，出租人可解除合同。

②经出租人同意，合同继续有效，第三人对租赁物造成损失的，承租人应赔偿损失。

(5) 租金支付期限

未确定的，当事人可协议补充；不能达成补充协议的，按以下原则确定：

①租赁期不满1年的，在租赁期届满时支付。

②租赁期1年以上的，每届满1年时支付，剩余不满1年的，在租赁期届满时支付。

(6) 买卖不破租赁

租赁物在租赁期间发生所有权变动的，不影响租赁合同的效力。

【例16·多选】根据合同法律制度的规定，下列关于租赁合同解除的表述中，正确的有（　　）。(2017年)

A. 租赁物在租赁期间发生所有权变动，买受人不愿继续出租的，可以解除租赁合同

B. 承租人无正当理由未支付租金，经催告在合理期间内仍不支付的，出租人可以解除合同

C. 租赁物危及承租人的安全或健康的，承租人可以随时解除合同

D. 承租人未经出租人同意转租的，出租人可以解除合同

【答案】BCD

【解析】选项A，租赁物在租赁期间发生所有权变动的，不影响租赁合同的效力，租赁合同继续有效，买受人无权解除租赁合同（"买卖不破租赁"）。

【例17·单选】甲公司将一套设备租赁给乙公司使用，租赁期间，经询问确认乙公司无购买意向后，甲公司将该设备卖给丙公司。根据《公司法》的规定，下列关于买卖合同与租赁合同效力的表述中，正确的是（　　）。

A. 买卖合同无效，租赁合同继续有效

B. 买卖合同有效，租赁合同继续有效

C. 买卖合同有效，租赁合同须经丙公司同意后才继续有效

D. 买卖合同有效，租赁合同自买卖合同生效之日起终止

【答案】B

【解析】租赁物在租赁期间发生所有权变动，不影响租赁合同的效力。

★考点2. 房屋租赁合同

(1) 效力

①当事人不得以房屋租赁合同未办理登记备案手续为由，请求确认合同无效。

【注意】当事人可约定以办理登记备案手续为合同生效条件，但当事人一方已经履行主要义务，对方接受的除外。

②同一房屋订立数份租赁合同，在合同均有效的情况下，按下列顺序确定承租人：

a. 已经合法占有租赁房屋的。

b. 已经办理登记备案手续的。

c. **合同成立**在先的。

(2) **租赁房屋**发生下列情形，**承租人**可**解除合同**

①被司法机关或行政机关**依法查封**的。

②**权属有争议**的。

③具有**违反法律**、行政法规关于房屋使用条件**强制性规定**情况的。

(3) 承租人的**优先权**

①出租人**出卖**出租房屋的，承租人享有以同等条件优先购买的权利。

②具有下列情形之一，承租人不得主张行使优先购买权：

a. **房屋共有人**行使优先购买权的。

b. 出租人将房屋出卖给**近亲属**，包括配偶、父母、子女、兄弟姐妹、祖父母、外祖父母、孙子女、外孙子女的。

c. 出租人履行通知义务后，承租人在15日内未明确表示购买的。

d. **第三人善意**购买并已经办理登记手续的。

【例18·多选】根据合同法律制度的规定，出租人出卖租赁房屋时，承租人享有以同等条件优先购买的权利。但在某些特殊情形下，承租人主张优先购买房屋的，人民法院不予支持。这种特殊情形包括（　　）。(2017年)

A. 出租人履行通知义务后，承租人在15日内未明确表示购买的

B. 第三人善意购买租赁房屋但尚未办理登记手续的

C. 租赁房屋共有人行使优先购买权的

D. 出租人将租赁房屋出售给其侄子的

【答案】AC

【解析】具有下列情形之一，承租人主张优先购买房屋的，人民法院不予支持：房屋共有人行使优先购买权的（选项C正确）；出租人将房屋出卖给近亲属，包括配偶、父母、子女、兄弟姐妹、祖父母、外祖父母、孙子女、外孙子女的（选项D错误）；出租人履行通知义务后，承租人在15日内未明确表示购买的（选项A正确）；第三人善意购买租赁房屋并已经办理登记手续的（选项B错误）。

五、融资租赁合同

★ **考点1. 当事人的权利义务**

(1) **承租人**承担租赁物的**维修义务**

(2) 租赁物不符合约定或使用目的，**出租人不承担**违约责任

【注意】但承租人依赖出租人的技能确定租赁物或出租人干预选择租赁物的除外。

(3) **承租人占有期间**，租赁物造成**第三人**人身伤害或财产损害，**出租人不承担**责任

(4) 承租人**破产**的，租赁物**不属于破产财产**

(5) 出租人和承租人对**租赁届满**租赁物的归属没有约定或约定不明确的，租赁期满租赁物的**所有权**归**出租人**

【例19·判断】甲公司根据乙公司的选择，向丙公司购买了1台大型设备，出租给

乙公司使用，甲、乙公司为此签订了融资租赁合同，合同未就设备的维修事项作特别约定。该设备在使用过程中发生部件磨损，需维修。甲公司应承担维修义务。（　　）

【答案】×

【解析】在融资租赁合同中，承租人应当履行占有租赁物期间的维修义务。

六、承揽合同

★考点1. 当事人的权利义务

（1）承揽人将<u>主要工作</u>、<u>辅助工作</u>交由<u>第三人</u>完成的，应就该第三人完成的<u>工作成果</u>向<u>定作人</u>负责

【注意】承揽人将<u>主要工作</u>交由第三人完成，未经定作人同意的，定作人可解除合同。

（2）定作人可<u>随时解除</u>合同，造成承揽人损失的，<u>应赔偿损失</u>

【例20·判断】承揽合同的定作人可以随时解除合同，造成承揽人损失的，应当赔偿损失。（　　）（2015年）

【答案】√

【解析】承揽合同的定作人可以随时解除合同，造成承揽人损失的，应当赔偿损失。

七、建设工程合同

★考点1. 当事人的权利义务

（1）经<u>发包人同意</u>，总承包人可将<u>部分工作</u>交由<u>第三人</u>完成，第三人就其完成的工作成果与总承包人或勘察、设计、施工承包人向发包人承担<u>连带责任</u>

（2）<u>发包人不得</u>将由一个承包人完成的建设工程分成<u>若干</u>部分发包给<u>几个</u>承包人

（3）<u>承包人不得</u>将其承包的全部建设工程转包给<u>第三人</u>

【例21·单选】2015年8月5日，经发包人甲公司同意，总承包人乙公司将自己承包的部分建设工程分包给丙公司。因丙公司完成的工程质量出现问题，给甲公司造成100万元的经济损失。根据《合同法》的规定，下列关于对甲公司损失承担责任的表述中，正确的是（　　）。

A. 先由丙公司承担赔偿责任，不足部分由乙公司承担

B. 由丙公司承担赔偿责任

C. 由乙公司承担赔偿责任

D. 由乙公司和丙公司承担连带赔偿责任

【答案】D

【解析】建设工程合同中，总承包人或者勘察、设计、施工承包人经发包人同意，可以将自己承包的部分工作交由第三人完成。第三人就其完成的工作成果与总承包人或者勘察、设计、施工承包人向发包人承担连带责任。

【例22·综合】2012年1月，李某设立了甲一人有限责任公司（下称甲公司），注

册资本为550万元。

2013年1月,甲公司向乙银行借款500万元,双方签订了借款合同,借款期限为2年。陈某在借款合同中以保证人身份签字。借款合同包含如下仲裁条款:凡是与本借款债务清偿有关的纠纷,应提交A市仲裁委员会仲裁。甲公司以其价值350万元的公司厂房为该笔借款提供了抵押。抵押合同中约定:甲公司不偿还到期借款本息,该厂房归乙银行所有。

2015年1月,借款期满,甲公司无力偿还到期借款本息。乙银行调查发现,李某在缴纳出资后,通过虚构债权债务关系等方式抽逃了100万元出资。为实现借款债权,乙银行以甲公司、李某、陈某为被告向法院提起了诉讼,要求取得甲公司厂房的所有权;要求李某在抽逃的100万元出资的本息范围内向乙银行承担清偿责任;要求陈某承担担保责任。

在庭审中,甲公司抗辩:(1)抵押合同中约定了"甲公司不偿还到期借款本息,该厂房归乙银行所有",该条款违反了法律的强制性规定,所以,抵押合同全部无效;(2)借款合同约定了仲裁条款,本案应由A市仲裁委员会仲裁。

陈某抗辩:(1)自己未与乙银行签订保证合同,不应当承担保证责任;(2)因自己只是工薪阶层,不具有代偿能力,不应当承担保证责任;(3)即使自己承担保证责任,乙银行也应当先实现抵押权。

李某抗辩:借款债务人是甲公司,自己不应当向乙银行承担借款清偿责任。经查,甲公司、陈某向法院提交仲裁协议;甲公司、陈某与乙银行之间未对实现担保权利的顺序作出特别约定。

根据上述资料和合同、物权、公司以及仲裁法律制度的规定,回答下列问题。(2016年)

要求:

(1) 甲公司主张抵押合同全部无效是否成立?说明理由。

(2) 甲公司主张本案应由A市仲裁委员会仲裁是否成立?说明理由。

(3) 陈某的抗辩(1)是否成立?说明理由。

(4) 陈某的抗辩(2)是否成立?说明理由。

(5) 陈某的抗辩(3)是否成立?说明理由。

(6) 李某的抗辩是否成立?说明理由。

【答案】

(1) 甲公司主张抵押合同全部无效不成立。根据规定,抵押权人在债务履行期届满前,不得与抵押人约定债务人不履行到期债务时抵押财产归债权人所有。如果当事人在抵押合同中有这样的条款,该条款无效。该条款的无效不影响抵押合同其他部分内容的效力。

(2) 甲公司主张本案应由A市仲裁委员会仲裁不成立。根据规定,当事人达成仲裁协议,一方向人民法院起诉未声明有仲裁协议,人民法院受理后,另一方在首次开庭前提交仲裁协议的,人民法院应当驳回起诉,但仲裁协议无效的除外;另一方在首次开庭前未对人民法院受理该起诉提出异议的,视为放弃仲裁协议,人民法院应当继续审理。本题中,甲公司主张应由A市仲裁委员会仲裁是在首次开庭之后提出的,视为放弃仲裁协议,人民法院应当继续审理。

（3）陈某的抗辩（1）不成立。根据规定，主合同中虽然没有保证条款，但是，保证人在主合同上以保证人的身份签字或者盖章的，保证合同也成立。本题中，陈某在借款合同中以保证人身份签字，因此，保证合同成立。

　　（4）陈某的抗辩（2）不成立。根据规定，不具有完全代偿能力的法人、其他组织或者自然人，以保证人身份订立保证合同后，又以自己没有代偿能力要求免除保证责任的，人民法院不予支持。

　　（5）陈某的抗辩（3）成立。根据规定，同一债权既有保证又有物的担保的，属于共同担保。根据《物权法》的规定，被担保的债权既有物的担保又有人的担保，债务人不履行到期债务或发生当事人约定的实现担保物权的情形，债权人应当按照约定实现债权；没有约定或者约定不明确，债务人自己提供物的担保的，债权人应先就该物的担保实现债权。

　　（6）李某的抗辩不成立。根据规定，公司债权人请求抽逃出资的股东在抽逃出资本息范围内对公司债务不能清偿的部分承担补充赔偿责任、协助抽逃出资的其他股东、董事、高级管理人员或者实际控制人对此承担连带责任的，人民法院应予支持。

阶段3测评

第四阶段学习方案

学习方案一（90模块过单科）

承第三阶段学习方案一				
阶段—模块	学习、复习内容	检测	完成日期	定制调整内容
4－54	学习第六章第一、第二节	－		
4－55	学习第六章第二节	－		
4－56	学习第六章第二节	－		
4－57	学习第六章第三节	－		
4－58	学习第六章第三节	－		
4－59	学习第六章第三节	－		
4－60	学习第六章第三节	－		
4－61	学习第六章第四节	－		
4－62	学习第六章第五节	－		
4－63	学习第六章第六节 复习第六章	检测4－1		
4－64	学习第七章第一、第二节	－		
4－65	学习第七章第二节	－		
4－66	学习第七章第三节	－		
4－67	学习第七章第三节	－		
4－68	学习第七章第三节	－		
4－69	学习第七章第三节	－		
4－70	学习第七章第三节	－		
4－71	学习第七章第四节	－		
4－72	学习第七章第五节	－		
4－73	学习第七章第五节	－		
4－74	学习第七章第六节	－		
4－75	学习第七章第七节	－		
4－76	学习第七章第八节 复习第六、第七章	检测4－2		
4－77	学习第八章第一节	－		
4－78	学习第八章第一节	－		
4－79	学习第八章第一节	－		
4－80	学习第八章第二节	－		
4－81	学习第八章第二节	－		
4－82	学习第八章第二节	－		
4－83	学习第八章第三节	－		
4－84	学习第八章第三节	－		
4－85	学习第八章第三节	－		
4－86	学习第八章第四节	－		
4－87	学习第八章第四节	－		
4－88	学习第八章第四节	－		
4－89	学习考霸手稿	－		
4－90	完成模拟试卷 复习全书内容	线上诊断		

经济法

学习方案二（60模块过单科）

承第三阶段学习方案二				
阶段—模块	学习、复习内容	检测	完成日期	定制调整内容
4-38	学习第六章第一、第二节	—		
4-39	学习第六章第二节	—		
4-40	学习第六章第三节	—		
4-41	学习第六章第三节	—		
4-42	学习第六章第四节	—		
4-43	学习第六章第五、第六节 复习第六章	检测4-1		
4-44	学习第七章第一、第二、第三节	—		
4-45	学习第七章第三节	—		
4-46	学习第七章第三节	—		
4-47	学习第七章第四、第五节	—		
4-48	学习第七章第五节	—		
4-49	学习第七章第六、第七节	—		
4-50	学习第七章第八节 复习第六、第七章	检测4-2		
4-52	学习第八章第一节	—		
4-53	学习第八章第一节	—		
4-54	学习第八章第二节	—		
4-55	学习第八章第二节	—		
4-56	学习第八章第三节	—		
4-57	学习第八章第三节	—		
4-58	学习第八章第四节	—		
4-59	学习考霸手稿	—		
4-60	完成模拟试卷 复习全书内容	线上诊断		

学习方案三（30模块过单科）

承第三阶段学习方案三				
阶段—模块	学习、复习内容	检测	完成日期	定制调整内容
4-19	学习第六章第一、第二节	—		
4-20	学习第六章第三节	—		
4-21	学习第六章第四、第五、第六节 复习第六章	检测4-1		
4-22	学习第七章第一、第二、第三节	—		
4-23	学习第七章第三节	—		
4-24	学习第七章第三节	—		
4-25	学习第七章第四、第五节	—		
4-26	学习第七章第六、第七、第八节 复习第六、第七章	检测4-2		
4-27	学习第八章第一、第二节	—		
4-28	学习第八章第三、第四节	—		
4-29	学习考霸手稿	—		
4-30	完成模拟试卷 复习全书内容	线上诊断		

第四阶段通关宝典

第六章 增值税法律制度

本章考情分析

思维导图

本章考点不多，大多数考点需要考生准确理解，复习难度并不大。本章在考试中可以设置客观题，也可以单独设置主观题，同时还可以与第七章的企业所得税法律制度结合在一起命题。建议考生在学习过程中，应重点关注增值税的计税依据、应纳税额的计算及增值税的减免政策等。

年份 题型	2014年		2015年		2016年		2017年卷一		2017年卷二	
	题量	分值	题量	分值	题量	分值	题量	分值	题量	分值
单选题	3	3	5	5	6	6	5	5	3	3
多选题	1	2	2	4	1	2	1	2	2	4
判断题	1	1	1	1	-	-	1	1	1	1
简答题	-	-	-	-	1	6	1	6	-	-
综合题	1	12	-	-	-	-	-	-	1	12
合计	-	18	-	10	-	14	-	14	-	20

第一节 增值税法律制度概述

考点1. 类型
包括生产型、收入型和消费型。

第二节 增值税的纳税人、征税范围和税率

一、增值税的纳税人

考点1. 属于境内销售的情形
在境内销售货物、提供加工、修理修配劳务、服务、无形资产、不动产，是指：

(1) 销售货物的<u>起运地</u>或<u>所在地</u>在境内
(2) 销售劳务的应税劳务<u>发生地</u>在境内
(3) 服务（租赁不动产除外）或无形资产（自然资源使用权除外）的<u>销售方</u>或<u>购买方</u>在境内
(4) 所销售或租赁的<u>不动产</u>在境内
(5) 所销售自然资源使用权的<u>自然资源</u>在境内

二、增值税的征收范围

★★★考点1. 一般范围

一般范围	(1) 销售及进口<u>货物</u>		货物指有形动产，包括电力、热力、气体
	(2) 销售<u>劳务</u>		加工、修理修配劳务
	(3) 销售<u>服务</u>	①<u>运输业</u>	陆路、水路、航空、管道
		②<u>邮政业</u>	普遍服务、特殊服务、其他服务
		③<u>电信业</u>	基础电信服务、增值电信服务
		④<u>建筑业</u>	工程、<u>修缮</u>、装饰、安装、其他建筑
		⑤<u>金融业</u>	<u>贷款</u>、<u>直接收费金融</u>、保险、金融商品转让
		⑥<u>现代</u>服务业	研发和技术、信息技术、文化创意、物流辅助、租赁、鉴证咨询、广播影视、商务辅助
		⑦<u>生活</u>服务业	文化体育、教育医疗、旅游娱乐、餐饮住宿、居民日常
	(4) 销售<u>无形资产</u>、<u>不动产</u>	①销售<u>无形资产</u>	技术、商标、著作权、商誉、自然资源使用权和其他权益性无形资产
		②销售<u>不动产</u>	转让不动产所有权

【例1·单选】根据增值税法律制度的规定，下列各项中，不属于增值税征税范围的是（　　）。
A. 销售电力
B. 销售热力
C. 销售天然气
D. 单位员工为本单位提供的加工、修理修配劳务
【答案】D
【解析】单位员工为本单位提供的加工、修理修配劳务，不属于增值税的征税范围。

★★★ 考点2. 视同销售行为

(1) 视同销售**货物**	①**委托**代销 ②**销售**代销 ③**异地**移送 ④**自产**、**委托加工**的货物对内、对外均视同销售 ⑤**购进**的货物只有**对外**才视同销售 【注意】对内行为：集体福利、个人消费；对外行为：投资、分配、无偿赠送。
(2) 视同销售**服务、无形资产或不动产**	单位或个体工商户、个人无偿**提供**服务或无偿**转让**无形资产、**不动产**，但用于公益事业或以社会公众为对象除外

【例2·多选】根据增值税法律制度的规定，企业发生的下列行为中，属于视同销售货物的有（　　）。(2013年，2017年)

A. 将购进的货物奖励职工

B. 将委托加工的货物用于集体福利

C. 将本企业生产的货物分配给投资者

D. 将购进的货物作为投资提供给其他单位

【答案】BCD

【解析】选项A属于外购货物进项税额不得从销项税额中抵扣的情形。

【例3·单选】根据增值税法律制度的规定，下列行为中，应当缴纳增值税的是（　　）。

A. 建筑公司员工接受本公司的工作任务设计建筑图纸

B. 客运公司为本公司员工提供班车服务

C. 母公司向子公司无偿转让商标权

D. 运输公司为灾区提供免费运输救灾物资的服务

【答案】C

【解析】选项A，单位或者个体工商户聘用的员工为本单位或者雇主提供取得工资的服务，属于"非经营活动"，不缴纳增值税；选项B，单位或者个体工商户为聘用的员工提供服务，属于"非经营活动"，不缴纳增值税；选项CD，单位或者个人向其他单位或者个人无偿提供服务、转让无形资产或者不动产，属于视同销售行为，应缴纳增值税（选项C），但用于公益事业（选项D）或者以社会公众为对象的除外。

经济法

考点 3. 特殊项目

特殊规定		缴纳增值税	
	(1) 货物期货	销售货物	
	(2) 银行销售金银		
	(3) 死当销售、寄售代销		
	(4) 印刷企业印刷刊号、编序图书、报纸、杂志		
	(5) 热力、电力、燃气、自来水等公用事业		
	(6) 电力过网费	提供应税劳务	
	(7) 缝纫		

【注意】基本建设单位和从事建筑安装业务的企业附设的工厂、车间生产的水泥预制构件、其他构件或建筑材料，用于本单位或本企业建筑工程，在移送使用时，征收增值税。

三、增值税的税率

★★★ 考点 1. 税率

纳税人	税率	税目（项目）	
(1) 一般纳税人	17%	①销售、进口货物；②加工、修理修配劳务；③有形动产租赁服务	
	11%	①粮食、食用植物油；②自来水、暖气、冷气、热水、煤气、石油液化气、天然气、沼气、居民用煤炭制品；③图书、报纸、杂志；④饲料、化肥、农药、农机、农膜；⑤农产品；⑥音像制品；⑦电子出版物；⑧二甲醚；⑨食用盐	
		交通运输、邮政、基础电信、建筑、不动产租赁、销售不动产、转让土地使用权	
	6%	销售服务、无形资产	
	3%	寄售代销、销售死当、采用简易办法征税的特定项目、自产的自来水	
	零税率	①出口货物	
		②航天运输服务	
		③国际运输服务	
		④跨境应税行为	a. 研发；b. 合同能源管理；c. 设计；d. 广播影视节目（作品）；e. 软件；f. 电路设计及测试；g. 信息系统；h. 业务流程管理；i. 离岸服务外包业务；j. 转让技术
(2) 小规模纳税人	3%	销售货物、提供应税劳务	

【例 4·单选】甲广告公司（下称甲公司）为增值税一般纳税人。2016 年 8 月，甲公司取得含税广告制作费收入 400 万元，支付给某媒体的含税广告发布费 100 万元，取得增值税专用发票并已通过认证，此外，当期甲公司其他可抵扣的进项税额为 6 万元，甲公司当月应缴纳的增值税税额为（　　）万元。(2017 年)

A. 37.6　　　　　B. 33.6　　　　　C. 10.98　　　　　D. 23.7

【答案】C

【解析】广告制作费和广告发布费均适用 6% 的增值税税率；甲公司当月应缴纳的增

值税税额=400÷（1+6%）×6%-100÷（1+6%）×6%-6=10.98（万元）。

【例5·单选】甲酒店为增值税一般纳税人，2017年7月，甲酒店提供住宿服务取得含税销售额53万元；出租上月购进的一处房产，取得不含税租金10万元。已知：甲酒店对不同种类服务的销售额分别核算。甲酒店当月的销项税额为（　　）万元。

A.4.1　　　　B.3.6　　　　C.4.28　　　　D.6.35

【答案】A

【解析】不动产租赁适用11%的税率，住宿服务适用6%的税率。甲酒店当月的销项税额=53÷（1+6%）×6%+10×11%=4.1（万元）。

【例6·多选】根据增值税法律制度的规定，下列服务中，适用零税率的有（　　）。

A.向境外单位提供的完全在境外消费的物流辅助服务
B.向境外单位提供的完全在境外消费的软件服务
C.在境内载运旅客出境的国际运输服务
D.纳税人提供的直接国际货物运输代理服务

【答案】BC

【解析】零税率的服务主要包括：国际运输服务（选项C）；航天运输服务；向境外单位提供的完全在境外消费的研发服务、合同能源管理服务、设计服务、广播影视节目（作品）的制作和发行服务、软件服务（选项B）、电路设计及测试服务、信息系统服务、业务流程管理服务、离岸服务外包业务和技术转让。

★ 考点2. 纳税人销售自己使用过的物品和旧货

	具体情况		计税公式
小规模	（1）其他个人		免征增值税
	（2）销售自己使用过的固定资产		应缴纳的增值税=含税售价÷（1+3%）×2%
	（3）销售旧货		应缴纳的增值税=含税售价÷（1+3%）×2%
	（4）销售自己使用过的固定资产以外的其他物品		应缴纳的增值税=含税售价÷（1+3%）×3%
一般	自己使用过的物品	（1）固定资产 ①按规定不得抵扣且未抵扣过进项税	应缴纳的增值税=含税售价÷（1+3%）×2%
		②按规定可以抵扣进项税	销项税额=含税售价÷（1+适用税率）×适用税率
		（2）固定资产以外的其他物品	
	旧货		应缴纳的增值税=含税售价÷（1+3%）×2%

【例7·单选】甲企业为增值税小规模纳税人，2017年7月，甲企业销售自己使用过3年的小货车，取得含税销售额41 200元；销售自己使用过的包装物，取得含税销售额82 400元。甲企业当月应缴纳的增值税税额为（　　）元。（2017年）

A.2 400　　　　B.3 600　　　　C.2 800　　　　D.3 200

【答案】D

【解析】小规模纳税人销售自己使用过的固定资产，按3%征收率减按2%征收；小规模纳税人销售自己使用过的包装物，按照3%征收率征收增值税。甲企业当月应缴纳的增值税税额=41 200÷（1+3%）×2%+82 400÷（1+3%）×3%=3 200（元）。

第三节 增值税的应纳税额

考点 1. 应纳税额的计算

(1) <u>应纳税额</u> = 当期销项税额 – 当期准予抵扣的进项税额
(2) 当期<u>销项税额</u> = 销售额（不含增值税）×税率 = 组成计税价格×税率

★★★考点 2. 销售额的确定

销售额的构成	(1) 全部价款 + 价外费用 (2) 不包括： ①收取的<u>增值税</u> ②代收代缴的<u>消费税</u> ③代收符合条件的<u>政府性基金</u>或<u>行政事业性收费</u> ④代收<u>保险费</u>、<u>车辆购置税</u>和<u>车辆牌照费</u>
价税分离	不含税销售额 = 含税销售额 ÷ （1 + 增值税税率） 【注意】默认含税销售额：(1) 零售价；(2) 价外费用；(3) 普通发票。
价格偏低、视同销售	按下列顺序确定销售额： (1) 按<u>纳税人</u>最近时期同类货物的平均销售价格确定 (2) 按<u>其他纳税人</u>最近时期同类货物的平均销售价格确定 (3) 按<u>组成计税价格</u>确定。其计算公式为： ①组成计税价格 = 成本×（1 + 成本利润率） ②组成计税价格 = 成本×（1 + 成本利润率）÷（1 – 消费税税率）
特殊销售方式	(1) <u>包装物押金</u>　销售货物收取的 1 年以内的押金且未过期，单独核算，不并入销售额 (2) <u>商业折扣</u>　①销售额和折扣额在<u>同一张发票</u>上金额栏注明的，按折扣后的销售额计税 ②折扣额<u>另开发票</u>，不得从销售额中减除折扣额 (3) <u>以旧换新</u>　按<u>新货物</u>的同期销售价格确定销售额 【注意】金银首饰：按实际收取的不含增值税的全部价款征收增值税。 (4) <u>以物易物</u>　①<u>换出</u>的商品按<u>销售</u>处理 ②<u>换回</u>的商品按<u>购进</u>处理

【注意】价外费用是指价外向购买方收取的手续费、补贴、基金、集资费、返还利润、奖励费、违约金、滞纳金、延期付款利息、赔偿金、代收款项、代垫款项、包装费、包装物租金、储备费、优质费、运输装卸费及其他各种性质的价外收费。

【例 1·单选】A 企业是增值税一般纳税人，向 B 商场销售服装 1 000 件，每件不含税价格为 80 元。由于 B 商场购买量大，A 企业按原价七折优惠销售，B 商场付款后，A 企业为 B 商场开具的发票金额栏上分别注明了销售额和折扣额，则 A 企业此项业务的增值税销项税额是（　　）元。（2013 年）

A. 8 136.75　　　　　　　　　　　　B. 9 520
C. 11 623.94　　　　　　　　　　　　D. 13 600

【答案】B

【解析】纳税人采取折扣方式销售货物,销售额和折扣额在同一张发票上分别注明的,可按折扣后的销售额征收增值税。甲企业应纳增值税销项税额 = 1 000×80×70%×17% = 9 520(元)。

【例2·单选】某家电销售企业为增值税一般纳税人。2015年6月销售H型空调80台,每台含税价款2 925元;采取"以旧换新"方式销售同型号空调20台,每台旧空调作价585元,实际每台收取款项2 340元。根据增值税法律制度的规定,该企业当月上述业务增值税销项税额为(　　)元。(2012年,2015年)

A. 40 800　　　　　　　　B. 42 500
C. 47 736　　　　　　　　D. 49 725

【答案】B

【解析】该企业当月上述业务增值税销项税额 = [2 925×80÷(1+17%) + (585+2 340)×20÷(1+17%)]×17% = 42 500(元)。

★★★ 考点3. 当期进项税额的确定

(1) <u>准予抵扣</u>进项税额

凭票抵扣	①增值税<u>专用发票</u>
	②海关进口<u>增值税专用缴款书</u>上注明的增值税额
	③自境外单位或个人购进劳务、服务、无形资产或境内不动产,从税务机关或扣缴义务人取得的<u>完税凭证</u>上注明的增值税额
计算抵扣	<u>购进农产品</u>,取得农产品收购发票或销售发票: 进项税额 = 买价×扣除率
认证	自2017.7.1起,开具之日起<u>360</u>天内认证

【例3·单选】某广告公司为增值税一般纳税人。2015年4月,取得广告设计不含税价款530万元,奖励费收入5.3万元;支付设备租赁费,取得的增值税专用发票注明税额17万元。根据增值税法律制度的规定,该广告公司当月上述业务应缴纳增值税(　　)万元。(2015年)

A. 14.8　　　　　　　　B. 15.12
C. 15.1　　　　　　　　D. 13.3

【答案】C

【解析】当月上述业务应缴纳增值税 = [530 + 5.3÷(1+6%)]×6% - 17 = 15.1(万元)。

（2）不得抵扣进项税额

不得抵扣	①外购货物用于内部消费
	②非正常损失
	③购进的"旅客运输服务、贷款服务、餐饮服务、居民日常服务、娱乐服务"
	④小规模纳税人
	⑤进口货物计算进口环节增值税税额发生在境外的各种税金
	⑥因进货退出或折让而收回的进项税额
	⑦按简易办法征收

【例4·单选】根据增值税法律制度的规定，增值税一般纳税人的下列行为涉及的进项税额准予抵扣的是（　　）。(2013年，2014年，2017年)

A. 将购进货物用于奖励职工

B. 将购进货物用于职工福利

C. 将购进货物用于生产应税产品

D. 将购进货物用于免征增值税项目

【答案】C

【解析】根据规定，下列项目的进项税额不得从销项税额中抵扣：免征增值税项目、集体福利或者个人消费的购进货物或者应税劳务。

【例5·多选】根据增值税法律制度的规定，一般纳税人购进下列服务所负担的进项税额，不得抵扣的有（　　）。(2016年)

A. 贷款服务　　　　　　　　　B. 餐饮服务

C. 建筑服务　　　　　　　　　D. 娱乐服务

【答案】ABD

【解析】购进的旅客运输服务、贷款服务、餐饮服务、居民日常服务和娱乐服务不得抵扣进项税额。

考点4. 进口货物应纳税额的计算

应纳税额＝组成计税价格×税率

（1）**一般货物**组成计税价格

组成计税价格＝关税完税价格＋关税税额

（2）**应税消费品**组成计税价格

组成计税价格＝关税完税价格＋关税税额＋消费税

第四节　增值税的税收优惠

一、增值税的免税项目

★考点1. 免税项目

(1) 销售货物	①农业生产者销售自产农产品 ②避孕药品和用具 ③古旧图书 ④用于科研教学的进口仪器、设备 ⑤外国政府、国际组织无偿援助的进口物资和设备 ⑥由残疾人的组织直接进口供残疾人专用物品 ⑦销售自己已用物品 ⑧资产重组	
(2) 服务、销售不动产及无形资产	①公共服务类	a. 托儿所、幼儿园的服务 b. 养老服务 c. 婚姻介绍 d. 殡葬服务 e. 医疗服务 f. 从事学历教育的学校（不包括职业培训机构）提供的教育服务
	②公益服务类	a. 农业以及相关技术培训业务，家禽、牲畜、水生动物的配种和疾病防治 b. 纪念馆、博物馆、文化馆、美术馆、展览馆、图书馆在自己的场所提供文化体育服务取得的第一道门票收入 c. 寺院、宫观、清真寺和教堂举办文化、宗教活动的门票收入 d. 残疾人福利机构提供的育养服务 e. 家政服务企业由员工制家政服务员提供家政服务取得的收入
	③特殊服务	a. 残疾人员本人为社会提供的服务 b. 学生勤工俭学提供的服务 c. 福利彩票、体育彩票的发行收入
	④无形资产	a. 个人转让著作权 b. 提供四技合同服务：技术转让、技术开发和与之相关的技术咨询、技术服务
(3) 小微企业	月销售额≤3万元	

【记忆口诀】"生老病死"皆福利，"婚介家政"真给力。"科教文卫"要支持，"研发创作"要鼓励。"非经营"的不征税，"残疾农业"要照顾。

【例1·单选】根据增值税法律制度的规定，纳税人提供的下列应税服务，适用增值税零税率的是（　　）。(2015年)

A. 国际运输服务

B. 养老机构提供的养老服务

C. 婚姻介绍服务

[155]

D. 福利彩票、体育彩票的发行收入

【答案】A

【解析】选项A适用零税率；选项BCD免征增值税。

二、增值税应税服务税收优惠的管理规定

★考点1. 纳税人放弃免税权

（1）以<u>书面形式</u>提交放弃免税权声明，报主管税务机关<u>备案</u>

（2）<u>或全部</u>放弃，或都不放弃

（3）自提交备案资料<u>次月</u>起，依照规定缴纳增值税

（4）放弃免税权，<u>36个月</u>内不得再申请免税。

【例2·判断】纳税人一经放弃免税权，其生产销售的全部增值税应税货物或劳务均应按照适用税率征税，不得选择某一免税项目放弃免税权，也不得根据不同的销售对象选择部分货物或劳务放弃免税权。（   ）（2015年）

【答案】√

【解析】题目表述正确。

第五节　增值税的征收管理和发票管理

一、纳税地点

★考点1. 纳税地点

纳税对象	纳税地点
固定业户	机构所在地
非固定业户	销售地或劳务发生地
进口货物	报关地海关
扣缴义务人	机构所在地或居住地

【例1·单选】根据增值税法律制度的规定，进口货物申报纳税的地点为（   ）。

A. 收货人取得进口货物地

B. 收货人机构所在地

C. 进口货物销售地

D. 进口货物报关地

【答案】D

【解析】进口货物应纳的增值税，应当向报关地海关申报纳税。

二、纳税义务的发生时间和纳税期限

★★★考点1. 纳税义务发生时间

销售方式	纳税义务发生时间
(1) 直接收款	收到销售款或取得索取销售款项凭据的当天
(2) 托收承付和委托收款	发出货物并办妥托收手续的当天
(3) 赊销和分期收款	合同约定日期的当天
(4) 预收货款	货物发出的当天
(5) 委托其他纳税人代销货物	收到代销单位的代销清单或收到全部或部分货款的当天
	未收到代销清单的,为发出代销货物满180天的当天
(6) 销售应税劳务	提供劳务同时收讫销售款或取得索取销售款的凭据的当天
(7) 视同销售货物	货物移送的当天
(8) 进口货物	报关进口的当天

【例2·判断】甲公司向乙公司以预收货款的方式销售一批电脑,甲公司增值税纳税义务的发生时间为发出该批电脑的当天。(   )(2017年)

【答案】√

【解析】采取预收货款方式销售货物,增值税纳税义务发生时间为货物发出的当天。

【例3·单选】2014年5月8日,A公司与B公司签订了买卖电脑的合同,双方约定总价款为80万元。6月3日,A公司就80万元货款全额开具了增值税专用发票,6月10日,A公司收到B公司第一笔货款45万元,6月25日,A公司收到B公司第二笔货款35万元。根据增值税法律制度的规定,A公司增值税纳税义务发生时间为(   )。

A. 5月8日
B. 6月3日
C. 6月10日
D. 6月25日

【答案】B

【解析】销售货物或者提供应税劳务的,其增值税纳税义务发生时间为收讫销售款或者取得销售款凭据的当天;先开具发票的,为开具发票的当天。

【例4·多选】根据增值税法律制度的规定,下列关于增值税纳税义务发生时间的表述中,正确的有(   )。(2013年)

A. 进口货物,为报关进口的当天
B. 采取直接收款方式销售货物的,为货物发出的当天
C. 委托他人销售货物的,为受托方售出货物的当天
D. 将委托加工的货物无偿赠送他人的,为货物移送的当天

【答案】AD

【解析】选项B,采取直接收款方式销售货物,不论货物是否发出,增值税纳税义务

[157]

发生时间均为收到销售款或者取得索取销售款凭据的当天；选项C，委托其他纳税人代销货物，增值税纳税义务发生时间为收到代销单位的代销清单或者收到全部或部分货款的当天，未收到代销清单及货款的，为发出代销货物满180天的当天。

考点2. 纳税期限

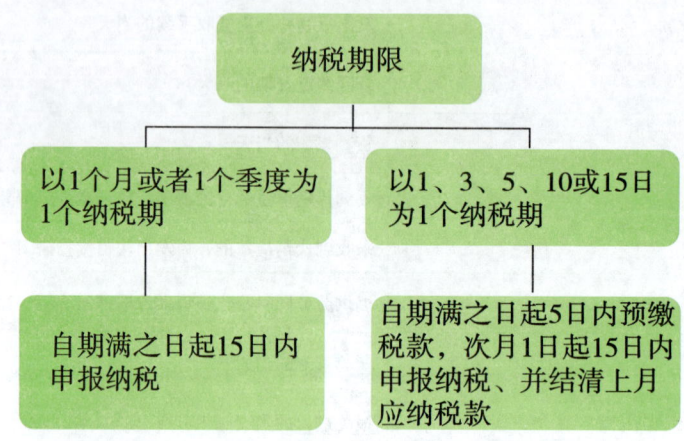

三、增值税专用发票

★**考点1. 不得开具增值税专用发票的情形**

（1）一般纳税人<u>零售</u>烟、酒、食品、服装、鞋帽（不含劳保专用部分）、化妆品等

（2）销售货物、应税劳务适用<u>免税</u>规定

（3）向<u>个人</u>销售货物或应税劳务的

（4）<u>小规模纳税人</u>销售货物或应税劳务的

【例5·单选】根据增值税法律制度的规定，增值税一般纳税人从事的下列行为中，可以开具增值税专用发票的是（　　）。（2016年）

A. 商店向一般纳税人出售办公用品

B. 书店向个人销售图书

C. 律师事务所免费为社会公众提供法律咨询服务

D. 航空公司向旅客提供有偿运输服务

【答案】A

【解析】向消费者个人销售货物或者应税劳务是不得开具增值税专用发票的，故选项B、D错误。单位或者个体工商户向其他单位或者个人无偿提供服务，用于公益事业或者以社会公众为对象的是免征增值税的，对于销售货物或者应税劳务适用免税规定的，不得开具增值税专用发票，故选项C错误。

第六节 增值税的出口退（免）税制度

考点1. 免税并退税

（1）出口企业<u>出口货物</u>

（2）出口企业或其他单位<u>视同出口</u>货物

①出口企业对外**援助**、对外**承包**、**境外投资**的出口货物。

②出口企业或其他单位销售给**国际运输企业**用于国际运输工具上的货物。

（3）出口企业<u>对外</u>提供加工修理修配劳务

【例1·简答】甲公司为增值税一般纳税人，主要从事化妆品销售业务，2017年发生如下事项：

（1）1月，将本公司于2016年10月购入的一处房产销售给乙公司，取得含税销售额1 332万元。

（2）5月，以附赠促销的方式销售A化妆品400件，同时赠送B化妆品200件。已知，A化妆品每件不含税售价为0.2万元，B化妆品每件不含税售价为0.1万元。

（3）7月，购进化妆品取得的增值税专用发票上注明的价款为30万元。另外向运输企业支付该批货物的不含税运费3万元，取得了运输企业开具的增值税专用发票。

已知，甲公司取得的增值税专用发票均已通过认证。

根据上述资料和增值税法律制度的规定，回答下列问题。（2017年）

要求：

（答案中的金额单位用万元表示）

（1）计算事项（1）中甲公司的销项税额。

（2）计算事项（2）中甲公司的销项税额。

（3）计算事项（3）中甲公司准予抵扣的进项税额。

【答案】（1）事项（1）中甲公司的销项税额＝1 332÷（1+11%）×11%＝132（万元）。

【解析】销售不动产适用11%的增值税税率。

（2）事项（2）中甲公司的销项税额＝400×0.2×17%+200×0.1×17%＝17（万元）。

【解析】将自产、委托加工或者购进的货物无偿赠送其他单位或者个人，应该视同销售货物缴纳增值税。

（3）事项（3）中甲公司准予抵扣的进项税额＝30×17%+3×11%＝5.43（万元）。

【解析】购进的化妆品和购进的运输服务都取得了增值税专用发票，准予抵扣进项税额，交通运输服务适用11%的增值税税率。

检测4-1

第七章 企业所得税法律制度

本章考情分析

思维导图

本章内容丰富、考点多，考试难度大，考生需重点掌握。同时，对于应纳税所得额的形成、扣除项目的确定、应纳税额的计算、税收优惠等考点，考生须准确理解并牢记。

题型\年份	2014年		2015年		2016年		2017年卷一		2017年卷二	
	题量	分值	题量	分值	题量	分值	题量	分值	题量	分值
单选题	3	3	6	6	6	6	3	3	5	5
多选题	3	6	-	-	3	6	2	4	2	4
判断题	1	1	1	1	2	2	1	1	2	2
简答题	-	-	-	-	-	-	1	6	-	-
综合题	-	-	1	12	-	-	-	-	-	-
合计	-	10	-	19	-	14	-	14	-	11

第一节 企业所得税概述

考点1. 概念

企业所得税是指以企业<u>生产经营</u>所得和其他所得为<u>计税依据</u>而征收的一种税。

第二节 企业所得税的纳税人、征税范围及税率

一、企业所得税的纳税人

★★★**考点1. 纳税人**

（1）概念

纳税人是指各<u>企业</u>、<u>事业单位</u>、<u>社会团体</u>、<u>民办非企业单位</u>、从事经营活动的<u>其他组织</u>。

【注意】不包括个人独资企业和合伙企业。

（2）分类

纳税人分为<u>居民企业</u>、<u>非居民企业</u>，分别承担不同的纳税义务。

类型	判定标准		纳税义务
居民企业	①依法在<u>中国境内</u>成立	无限	来源于境内、外的所得
	②依外国（地区）法律成立但<u>实际管理机构在中国境内</u>		
非居民企业	①依外国（地区）法律成立且实际管理机构不在中国境内，但在中国境内设立机构、场所	有限	a. 来源于境内所得 b. 发生境外但与境内机构、场所有实际联系的所得
	②在中国境内<u>未设立</u>机构、场所，但有来源于中国境内所得		来源于境内所得

【注意】非居民企业，就是将居民企业的判定条件否定后的结果。

【例1·多选】根据企业所得税法律制度的规定，下列取得收入的主体中，应当缴纳企业所得税的有（　　）。（2017年）

A.国有独资公司　　　　　　　　B.股份有限公司

C.合伙企业　　　　　　　　　　D.高等院校

【答案】ABD

【解析】企业所得税的纳税人包括各类企业、事业单位、社会团体、民办非企业单位和从事经营活动的其他组织，但不包括个人独资企业和合伙企业。

【例2·单选】根据企业所得税法律制度的规定，下列主体属于居民企业的是（　　）。

A.依照外国法律成立但实际管理机构在中国境内的企业

B.依照外国法律成立且实际管理机构不在中国境内，在中国境内未设立机构、场所但有来源于中国境内所得的企业

C.依照外国法律成立且实际管理机构不在中国境内，但在中国境内设立机构、场所的企业

D.依照外国法律成立且实际管理机构在中国境外的企业

【答案】A

【解析】选项BCD，按照外国（地区）法律成立且实际管理机构不在中国境内，但在中国境内设立机构、场所的，或者在中国境内未设立机构、场所，但是有来源于中国境内所得的企业属于"非居民企业"。

【例3·多选】根据企业所得税法律制度的规定，在我国境内设立机构、场所的非居民企业取得的下列所得中，应当向我国缴纳企业所得税的有（　　）。（2015年，2016年）

A.来源于中国境内，但与其在我国境内所设机构、场所没有实际联系的所得

B.来源于中国境外，但与其在我国境内所设机构、场所有实际联系的所得

C.来源于中国境内，且与其在我国境内所设机构、场所有实际联系的所得

D.来源于中国境外，且与其在我国境内所设机构、场所没有实际联系的所得

【答案】ABC

【解析】非居民企业在中国境内设立机构、场所的，应当就其所设机构、场所取得的来源于中国境内的所得，以及发生在中国境外但与其所设机构、场所有实际联系的所得，缴纳企业所得税。

二、企业所得税的征收范围

★★考点1. 企业所得税的征收范围及所得来源地的确定

所得类型		来源地确定
（1）销售货物		交易发生地
（2）提供劳务		劳务发生地
（3）转让财产	①不动产	不动产所在地
	②动产	转让动产的所在地
	③权益性投资资产	被投资企业所在地
（4）股息、红利等权益性投资		分配所得的企业所在地
（5）利息		负担、支付所得的企业或机构、场所所在地
（6）租金		
（7）特许权使用费		负担、支付所得的个人住所地
（8）接受捐赠所得		由国务院财政、税务主管部门确定
（9）其他所得		

【例4·判断】甲公司于2016年向意大利的乙公司出售一处位于境内的房产，乙公司在意大利将房款支付给了甲公司在意大利的分支机构，就该笔转让所得，甲公司有义务向中国主管税务机关申报缴纳企业所得税。（　）（2017年）

【答案】√

【解析】动产转让所得按照不动产所在地确定所得来源地。本题中转让的房产位于中国境内，属于来源于中国境内的所得，甲公司有义务向中国主管税务机关申报缴纳企业所得税。

【例5·多选】甲公司为居民企业。2016年发生下列业务取得的收入中，应当计入甲公司当年企业所得税应纳税所得额的有（　）。（2017年）

A. 接受乙企业给予的捐赠

B. 收取的丙企业支付的违约金

C. 举办业务技能培训收取的培训费

D. 收取的未到期的包装物押金

【答案】ABC

【解析】选项A属于接受捐赠所得，应计入应纳税所得额；选项B属于其他所得，应计入应纳税所得额；选项C属于提供劳务所得，应计入应纳税所得额；选项D，不应计入应纳税所得额。

三、企业所得税税率

考点 1. 税率

税率	适用对象
(1) <u>25%</u>	①居民企业 ②在中国境内<u>设立机构、场所且所得与机构、场所有实际联系的非居民企业</u>
(2) <u>20%</u>	小型微利企业
(3) <u>15%</u>	高新技术企业
(4) <u>10%</u>	①在中国境内<u>未设立机构、场所的非居民企业</u> ②<u>设立机构、场所，但所得与机构、场所无实际联系的非居民企业</u> 【注意】原税率20%，减按10%征收。

【例6·单选】境外A企业在我国境内未设立机构、场所。2012年8月，A企业向我国居民纳税人B公司转让了一项配方，取得转让费1 000万元，A企业就该项转让费所得应向我国缴纳的企业所得税税额为（　　）万元。(2013年)

A. 250　　　　B. 200　　　　C. 150　　　　D. 100

【答案】D

【解析】在中国境内未设立机构、场所的非居民企业，其取得的来源于中国境内的特许权使用费所得，以收入全额为应纳税所得额，按照10%的税率征收企业所得税，A企业应缴纳企业所得税 = 1 000 × 10% = 100（万元），乙公司为扣缴义务人。

第三节　企业所得税的应纳税所得额

一、一般规定

考点 1. 一般规定

(1) <u>直接法</u>

应纳税所得额 = 收入总额 − 不征税收入 − 免税收入 − 各项扣除 − 以前年度亏损

【记忆口诀】总减不征免扣损。

(2) <u>间接法</u>

应纳税所得额 = 利润总额 + 纳税调增额 − 纳税调减额

二、收入总额

★★★ **考点 1. 收入总额**

(1) <u>货币</u>形式

包括现金、存款、应收账款、应收票据、准备持有至到期的债券等。

(2) <u>非货币</u>形式

包括固定资产、生物资产、无形资产、股权投资、存货等。

【注意】非货币形式收入应当按照公允价值确定收入额。

（3）收入确认时间

收入类型		收入确认时间
①销售货物	a. 托收承付	发出货物并办妥托收手续时
	b. 预收款	发出商品时
	c. 商品需要安装和检验	一般情况：安装和检验完毕时确认 安装比较简单的：发出商品时确认
	d. 委托代销（支付手续费）	收到代销清单时
	e. 售后回购	符合收入确认条件：按售价确认收入，回购的商品作为购进商品处理 不符合收入确认条件：收到的货款为负债，回购价格大于原售价的，差额为利息费用
	f. 以旧换新	按销售商品确认收入，回购的商品作为购进处理
②提供劳务	a. 安装费、广告制作费、软件费	完工进度
	b. 宣传媒介	出现于公众面前时
	c. 服务费	提供服务的期间分期确认
	d. 劳务费	劳务活动发生时
③股息、红利等权益性投资收益		被投资方作出利润分配决定的日期确认（另有规定除外）
④利息		按照合同约定日期确认
⑤租金		
⑥特许权使用费		
⑦接受捐赠		按照实际收到捐赠资产的日期确认
⑧商业折扣		折扣后的金额确认
⑨现金折扣		折扣前的金额确认
⑩买一赠一		按各项商品的公允价格比例分摊确认

【例1·多选】根据企业所得税法律制度的规定，下列关于企业提供劳务确认收入的表述中，正确的有（　　）。(2017年)

A. 广告的制作费，应根据制作广告的完工进度确认收入

B. 商品销售附带安装的安装费，应根据安装完工进度确认收入

C. 为特定客户开发软件的收费，应根据开发的完工进度确认收入

D. 长期为客户提供重复的劳务收取的劳务费，在相关劳务活动发生时确认收入

【答案】ACD

【解析】选项B，对商品销售附带安装的，安装费在商品销售实现时确认收入。

【例2·单选】2015年5月6日，A公司与B公司签订合同，以预收款方式销售产品200件，不含税单价0.1万元，并于5月10日取得了全部产品销售额20万元。2015年5月20日，A公司发出产品120件，6月25日发出产品80件。根据企业所得税法律制度的规定，下列关于A公司确认销售收入实现日期及金额的表述中，正确的是（　　）。

A. 2015 年 5 月 6 日应确认销售收入 20 万元
B. 2015 年 5 月 10 日应确认销售收入 20 万元
C. 2015 年 5 月 20 日应确认销售收入 12 万元
D. 2015 年 6 月 25 日应确认销售收入 20 万元

【答案】C

【解析】销售商品采取预收款方式的，在发出商品时确认收入。

【例 3·单选】甲公司为乙公司的股东，投资成本为 200 万元，占乙公司股权比例 10%。乙公司累计未分配利润和累计盈余公积为 1 800 万元，甲公司转让该项股权公允价格为 500 万元。根据企业所得税法律制度的规定，甲公司应确认股权转让所得为（　　）万元。

A. 120 B. 180 C. 200 D. 300

【答案】D

【解析】企业转让股权收入扣除为取得该股权所发生的成本后，为股权转让所得。企业在计算股权转让所得时，不得扣除被投资企业未分配利润等股东留存收益中按该项股权所可能分配的金额；甲公司应确认股权转让所得＝500－200＝300（万元）。

三、不征税收入

考点 1. 不征税收入

（1）财政拨款
（2）行政事业性收费、政府性基金
（3）国务院规定的其他不征税收入

【注意】必须区分不征税收入与免税收入。

四、税前扣除项目及标准

★★★考点 1. 扣除项目

项目	基本内容
成本	销售成本、销货成本、业务支出、其他耗费
费用	期间费用
税金	增值税（**不得抵扣**计入成本等的除外）、企业所得税不得扣除
损失	固定资产和存货的盘亏、毁损、报废损失，转让财产损失，坏账损失、自然灾害等造成的其他损失
其他	与生产经营活动有关的、合理的支出

★★★ **考点2. 扣除标准**

分类	项目		扣除规定
(1) 与人员报酬、福利等相关	①工资薪金		实际发生且合理，准予扣除
	②社保		a. 五险一金，准予扣除 b. 补充养老保险费、补充医疗保险费，分别不超过职工工资总额5%的部分，准予扣除 c. 为特殊工种支付的人身安全保险费，准予扣除 d. 企业为投资者或职工支付的商业保险费，不得扣除 【注意】因公出差乘坐交通工具发生的人身意外保险费支出，准予扣除。
	③三费		a. 职工福利费不超过工资薪金总额14%的部分，准予扣除 b. 工会经费不超过2%的部分，准予扣除 c. 职工教育经费不超过2.5%的部分，准予扣除 【注意1】职工教育经费超过部分，准予在以后纳税年度结转扣除。 【注意2】超出限额，按限额扣除；未超出限额按实际扣除。
(2) 与生产经营直接相关	①业务招待费		与生产、经营有关的业务招待费，按发生额的60%扣除 【注意】最高不得超过当年销售（营业）收入的5‰。
	②广告费和业务宣传费 （2018年调整）		a. 不超过当年销售（营业）收入15%的部分，准予扣除 b. 超过的部分，准予在以后纳税年度结转扣除 【注意1】化妆品制造或销售、医药制造和饮料制造（不含酒类制造）发生的广告费和业务宣传费，不超过当年销售（营业）收入30%的部分，准予扣除；超过部分，准予在以后纳税年度结转扣除。 【注意2】烟草企业的烟草广告费和业务宣传费支出，不得扣除。
	③利息费用	a. 据实扣除	非金融企业向金融企业借款的利息、金融企业的存款利息、同业拆借利息、企业经批准发行债券的利息，准予扣除
		b. 不得超额扣除	非金融企业向非金融企业、内部职工、自然人借款的利息，不超过金融企业同期同类贷款利率部分，准予扣除
			企业向关联企业借款：支付给关联方的利息，不超过规定比例（债资比）的部分，才准予扣除
	④公益性捐赠支出		a. 不超过年度利润总额12%的部分，准予扣除 b. 超过的部分，准予结转以后3年内扣除
	⑤租赁费		a. 经营租赁：按租赁期限均匀扣除 b. 融资租赁：按规定提取折旧费，分期扣除
	⑥手续费及佣金		保险企业： a. 财产保险：不超过全部保费扣除退保金后的15%部分，准予扣除 b. 人身保险：不超过全部保费扣除退保金后的10%部分，准予扣除 c. 其他企业：不超过服务协议或合同确认的收入5%部分，准予扣除

【例4·单选】甲公司2016年的年度利润总额为300万元，当年发生的公益性捐赠支出为50万元。甲公司在计算当年企业所得税应纳税所得额时，准予扣除的公益性捐赠支出的数额为（　）万元。(2017年)

A. 50　　　　　B. 30　　　　　C. 45　　　　　D. 36

【答案】D

【解析】税前扣除限额＝300×12%＝36（万元），实际发生捐赠额50万元，超过了扣除限额，2016年只能在税前扣除36万元。

【例5·单选】2016年5月，甲生产企业因业务需要，经某具有合法经营资格的中介机构介绍与乙企业签订了一份买卖合同，合同金额为20万元。甲生产企业向该中介机构支付佣金2万元。甲生产企业在计算当年企业所得税应纳税所得额时，该笔佣金准予扣除的数额为（　　）万元。(2017年)

A. 0.5　　　　　B. 1.5　　　　　C. 1　　　　　D. 2

【答案】C

【解析】除另有规定外，非保险企业发生与生产经营有关的手续费及佣金支出，不超过服务协议或者合同确认的收入金额的5%的部分，准予扣除；超过部分，不得扣除。本题中扣除限额＝20×5%＝1（万元），小于实际发生额2万元，只能按照1万元扣除。

【例6·单选】某制造企业2015年取得商品销售收入3 000万元，出租设备租金收入200万元，发生与生产经营有关的业务招待费支出18万元。根据企业所得税法律制度的规定，该企业在计算当年应纳税所得额时，准予扣除的业务招待费为（　　）万元。

A. 10.8　　　　B. 15　　　　C. 16　　　　D. 18

【答案】A

【解析】在计算业务招待费、广告费和业务宣传费的扣除限额时，销售（营业）收入包括销售货物收入、提供劳务收入、租金收入、特许权使用费收入、视同销售收入等。企业发生的与生产经营活动有关的业务招待费支出，按照发生额的60%扣除，但最高不得超过当年销售（营业）收入的5‰。本题中，销售（营业）收入＝3 000+200＝3 200（万元），业务招待费扣除限额1＝18×60%＝10.8（万元），业务招待费扣除限额2＝3 200×5‰＝16（万元），准予扣除的业务招待费为10.8万元。

★★★ **考点3. 禁止扣除项目**

(1) 向投资者支付的<u>股息</u>、<u>红利</u>等权益性投资收益

(2) **企业所得税**税款

(3) <u>税收滞纳金</u>

(4) <u>罚金</u>、<u>罚款</u>和被没收财物的<u>损失</u>

(5) <u>超过</u>规定标准的捐赠支出

(6) 与生产经营活动无关的<u>非广告性质赞助支出</u>

(7) <u>未经核定</u>的准备金支出

(8) <u>企业之间</u>支付的**管理费**、<u>企业内营业机构之间</u>支付的**租金和特许权使用费**、<u>非银行企业内营业机构之间</u>支付的**利息**

(9) 与取得收入无关的其他支出

【注意】合同违约金、银行罚息、法院判决由企业承担的诉讼费可据实在税前扣除。

【例7·单选】根据企业所得税法律制度的规定，企业发生的下列支出中，在计算应纳税所得额时准予扣除的是（　　）。(2016年，2017年)

A. 企业支付的企业所得税税款

B. 企业支付的合同违约金
C. 企业内营业机构之间支付的租金
D. 企业内营业机构之间支付的特许权使用费

【答案】B

【解析】在计算应纳税所得额时，企业支付的所得税税款、企业内营业机构之间支付的租金、特许权使用费都是不得税前扣除的。

【例8·单选】根据企业所得税法律制度的规定，纳税人的下列支出或损失，在计算企业所得税应纳税所得额时不得扣除的是（　　）。(2017年)

A. 支付给投资者的股息
B. 企业职工因公出差乘坐交通工具发生的人身意外保险费支出
C. 购买劳动保护用品的合理支出
D. 在生产经营活动中发生的合理利息支出

【答案】A

【解析】选项BCD，准予在税前扣除。

【例9·多选】根据企业所得税法律制度的规定，纳税人的下列支出，不得在计算应纳税所得额时扣除的有（　　）。(2014年)

A. 合理工资薪金总额2.5%以内的职工教育经费
B. 企业所得税税款
C. 交通罚款
D. 消费税税款

【答案】BC

【解析】关于选项A，除国务院财政、税务主管部门另有规定外，企业发生的职工教育经费支出，不超过工资薪金总额2.5%的部分，准予扣除；关于选项BC，属于不得在税前扣除的项目；关于选项D，纳税人按照规定缴纳的消费税、营业税、资源税、土地增值税、关税、城市维护建设税、教育费附加，以及发生的房产税、车船税、城镇土地使用税、印花税等税金及附加，可以在税前扣除。

五、企业资产的税收处理

（一）固定资产

★★考点1. 不得计算折旧扣除

(1) **房屋**、**建筑物以外**未投入使用的
(2) 以**经营租赁**方式租入的
(3) 以**融资租赁**方式租出的
(4) 已提足折旧仍继续使用的
(5) 与**经营活动无关**的
(6) **单独估价**作为固定资产入账的土地

(7) <u>其他</u>不得计提折旧扣除的

【例10·多选】根据企业所得税法律制度的规定,下列资产中,计提的折旧可以在企业所得税税前扣除的有（   ）。

A. 生产性生物资产
B. 以经营租赁方式租出的固定资产
C. 以融资租赁方式租出的固定资产
D. 已足额提取折旧仍继续使用的固定资产

【答案】AB

【解析】根据规定,下列固定资产不得计算折旧扣除：房屋、建筑物以外未投入使用的固定资产；以经营租赁方式租入的固定资产；以融资租赁方式租出的固定资产；已足额提取折旧仍继续使用的固定资产；与经营活动无关的固定资产；单独估价作为固定资产入账的土地。

★★考点2. 固定资产计税基础的确定方法

取得方式	计税基础
(1) 外购	购买<u>价款</u> + 支付的相关<u>税费</u> + <u>其他</u>支出
(2) 自行建造	竣工结算前发生的支出
(3) 融资租入	①合同<u>约定</u>：付款总额和承租人在签订租赁合同过程中发生的相关费用
	②合同<u>未约定</u>：以该资产的公允价值和承租人在签订租赁合同过程中发生的相关费用
(4) <u>盘盈</u>	<u>重置成本</u>
(5) 捐赠、债务重组等	<u>公允价值</u>和支付的相关<u>税费</u>

【例11·单选】下列关于固定资产确定计税基础的表述中,不符合企业所得税法律制度规定的是（   ）。(2015年)

A. 自行建造的固定资产,以竣工结算前发生的支出为计税基础
B. 盘盈的固定资产,以同类固定资产的重置完全价值为计税基础
C. 通过捐赠取得的固定资产,以该资产的原账面价值为计税基础
D. 通过投资取得的固定资产,以该资产的公允价值和支付的相关税费为计税基础

【答案】C

【解析】选项C,通过捐赠取得的固定资产,以该资产的公允价值和支付的相关税费为计税基础。

【例12·判断】融资租入的固定资产,以租赁合同约定的付款总额和承租人在签订租赁合同过程中发生的相关费用为企业所得税计税基础。（   ）

【答案】√

【解析】题目表述正确。

考点 3. 最低折旧年限

固定资产类别	最低折旧年限（年）
(1) 房屋、建筑物	20
(2) 飞机、火车、轮船、机器、机械和其他生产设备	10
(3) 与生产经营活动有关的器具、工具、家具等	5
(4) 飞机、火车、轮船以外的运输工具	4
(5) 电子设备	3

【注意】固定资产按直线法计算的折旧，准予扣除。企业应自固定资产投入使用月份的次月起计算折旧；停止使用的固定资产，应自停止使用月份的次月起停止计算折旧。

（二）无形资产

考点 1. 不得计算摊销费用扣除

(1) 自行开发的支出已经扣除的

(2) 自创商誉

(3) 与经营活动无关的

(4) 其他

【注意1】外购商誉支出，在企业整体转让或清算时准予扣除。

【注意2】摊销年限不得低于10年。

【注意3】按直线法计算的摊销费用，准予扣除。

★考点 2. 计税基础

取得方式	计税基础
(1) 外购	购买价款 + 支付的相关税费 + 其他支出
(2) 自行开发	符合资本化条件后至达到预定用途前发生的支出
(3) 捐赠、债务重组等	公允价值 + 相关税费

【例13·单选】在计算企业所得税应纳税所得额时，下列关于确定无形资产计税基础的表达中，不符合企业所得税法律制度规定的是（　　）。（2016年）

A. 外购的无形资产，以该资产的公允价值和支付的相关税费为计税基础

B. 通过捐赠方式获得的无形资产，以该资产的公允价值和支付的相关税费为计税基础

C. 通过投资方式取得的无形资产，以该资产的公允价值和支付的相关税费为计税基础

D. 通过债务重组方式取得的无形资产，以该资产的公允价值和支付的相关税费为计税基础

【答案】A

【解析】外购的无形资产，以购买价款和支付的相关税费以及直接归属于使用该资产达到预定用途发生的其他支出为计税基础。

（三）长期待摊费用

★考点1. 准予扣除

（1）已足额提取折旧的固定资产改建支出

按预计尚可使用年限分期摊销。

（2）租入固定资产的改建支出

按合同约定的剩余租赁期限分期摊销。

（3）固定资产的大修理支出

按尚可使用年限分期摊销。

（4）其他长期待摊费用支出

自支出月份的次月起，分期摊销，年限不得低于3年。

【例14·多选】根据企业所得税法律制度的规定，企业的下列资产或支出项目中，不得计算折旧或摊销费用在税前扣除的有（　　）。

A. 已足额提取折旧的固定资产的改建支出

B. 单独估价作为固定资产入账的土地

C. 以融资租赁方式租入的固定资产

D. 未投入使用的机器设备

【答案】BD

【解析】根据规定，已足额提取折旧仍继续使用的固定资产不得计算折旧扣除，但是其依法改建的支出增加了计税基础，此时改建支出可以继续提取折旧扣除，因此选项A不选；单独估价作为固定资产入账的土地，不得计算折旧扣除，因此选项B当选；以融资租赁方式租入的固定资产需要计算折旧，租出的固定资产不得计算折旧扣除，因此选项C不选；"房屋、建筑物以外"未投入使用的固定资产不得计算折旧扣除，因此选项D当选。

（四）资产损失

★考点1. 资产损失的认定

企业未能按期赎回抵押资产，使抵押资产被拍卖或变卖，其账面净值大于变卖价值的差额部分，认定为资产损失。

【例15·判断】企业在计算企业所得税应纳税所得额扣除资产损失时，需对该资产损失进行认定，其中，对企业未能按期赎回抵押资产致使抵押资产被拍卖的，其账面净值大于变卖价值的差额部分，依据拍卖证明，认定为资产损失。（　　）（2013年）

【答案】√

【解析】题目表述正确。

六、非居民企业的应纳税所得额

★考点1. 非居民企业的应纳税所得额

（1）全额计税

股息、红利、利息、租金和特许权使用费所得全额计税。

(2) 余额计税

财产转让所得按余额计税。

【例16·判断】非居民企业转让财产所得,以收入全额为企业所得税应纳税所得额。( )(2017年)

【答案】×

【解析】对非居民企业取得的转让财产所得,以"收入全额减除财产净值后的余额"作为应纳税所得额。

第四节 企业所得税的应纳税额

考点1. 允许抵免的两种情况

(1) 居民企业来源于中国境外的应税所得

(2) 非居民企业在中国境内设立机构、场所,取得发生在中国境外但与该机构、场所有实际联系的应税所得

★考点2. 税收抵免的计算

(1) 方法

①按国(地区)别分别计算——分国(地区)不分项。

②不按国(地区)别汇总计算——不分国(地区)不分项。

【注意】一经选择,5年不变。

(2) 公式

抵免限额=中国境内、境外所得依照税法规定计算的应纳税总额×来源于某国(地区)的应纳税所得额÷中国境内、境外应纳税所得额总额

【例1·单选】甲公司2016年度境内应纳税所得为300万元,来源于境外分支机构的应税所得为150万元(人民币,下同),该项所得在境外已缴纳企业所得税税额40万元。已知,甲公司适用的企业所得税税率为25%。已预缴企业所得税税额30万元。甲公司汇算清缴2016年企业所得税时,应补缴的税款为( )万元。(2017年)

A. 45   B. 70   C. 42.5   D. 30

【答案】A

【解析】境外所得抵免限额=150×25%=37.5(万元),小于在境外已缴纳的所得税税额40万元,不需要在我国补税。甲公司2016年应补缴税款300×25%−30=45(万元)。

第五节　企业所得税的税收优惠

一、免税优惠

★★★**考点1. 免税优惠**

（1）国债利息收入

（2）符合条件的居民企业之间的股息、红利收入（条件：持有12个月以上）

（3）在境内设立机构、场所的非居民企业，从居民企业取得与该机构、场所有实际联系的股息、红利收入

（4）符合条件的非营利组织的收入

【注意】必须区分不征税收入和免税收入。

【易混点】不征税收入 VS 免税收入。

不征税收入	免税收入
（1）财政拨款 （2）行政事业性收费、政府性基金 （3）专项用途并经批准的财政性资金	（1）国债利息 （2）符合条件的居民企业之间的股息、红利等权益性投资收益 （3）在中国境内设立机构、场所的非居民企业从居民取得与该机构、场所有实际联系的股息、红利等权益性投资收益 （4）符合条件的非营利组织的收入

【例1·多选】根据企业所得税法律制度的规定，企业取得的下列收入中，属于不征税收入的有（　　）。(2016年)

A. 营业外收入

B. 财政拨款

C. 国债利息收入

D. 依法收取并纳入财政管理的政府性基金

【答案】BD

【解析】不征税收入包括财政拨款（选项B），依法收取并纳入财政管理的行政事业性收费（选项D）、政府性基金以及国务院规定的其他不征税收入。选项A，营业外收入要计入应纳税所得额计征所得税。选项C，国债收入属于免税收入。

【例2·单选】根据企业所得税法律制度的规定，下列各项中，应计入应纳税所得额计征企业所得税的是（　　）。(2015年)

A. 财政拨款

B. 国债利息收入

C. 债务重组收入

D. 符合条件的居民企业之间的股息收入

【答案】C

【解析】选项A，属于不征税收入；选项BD，属于免税收入。

【例3·多选】根据企业所得税法律制度的规定，下列收入中，不属于企业所得税免

税收入的有（　　）。
A. 财政拨款
B. 国债利息
C. 物资及现金溢余
D. 依法收取并纳入财政管理的政府性基金
【答案】ACD
【解析】选项 AD，属于不征税收入；选项 C，属于应税收入。

二、定期或定额减税、免税

考点1. 农、林、牧、渔业项目免征＋减半征收
（1）<u>免征</u>
①蔬菜、谷物、薯类、油料、豆类、棉花、麻类、糖料、水果、坚果的种植。
②农作物新品种的选育。
③中药材的种植。
④林木的培育和种植。
⑤牲畜、家禽的饲养。
⑥林产品的采集。
⑦灌溉、农产品初加工、兽医、农技推广、农机作业和维修等<u>农/林/牧/渔业</u>。
⑧远洋捕捞。
（2）<u>减半征收</u>
①花卉、茶及其他饮料作物和香料作物的<u>种植</u>。
②<u>海水养殖</u>、<u>内陆养殖</u>。

★考点2. 三免三减半政策
（1）国家<u>重点扶持</u>的公共基础设施投资
（2）符合条件的<u>环境保护</u>、<u>节能节水</u>项目
【注意】自项目取得第一笔生产经营收入所属纳税年度起。
【例4·判断】企业承包建设国家重点扶持的公共基础设施项目，可以自该承包项目取得第一笔收入年度起，第1年至第3年免征企业所得税，第4年至第6年减半征收企业所得税。（　　）
【答案】×
【解析】企业承包经营、承包建设和内部自建自用的，不得享受"三免三减半"的企业所得税优惠政策。

★考点3. 符合条件的技术转让所得
（1）<u>≤500万元</u>的部分，<u>免征</u>
（2）<u>＞500万元</u>的部分，<u>减半征收</u>
【例5·判断】居民企业甲公司于2016年1月与非关联企业乙公司签订了为期6年的

专利技术非独占许可使用合同,乙公司向甲公司支付了许可使用费430万元。甲公司取得的该项收入免纳企业所得税。(   )(2017年)

【答案】√

【解析】自2015年10月1日起,全国范围内的居民企业转让5年(含)以上非独占许可使用权取得的技术转让所得,纳入享受企业所得税优惠的技术转让所得范围。居民企业的年度技术转让所得不超过500万元的部分,免征企业所得税;超过500万元的部分,减半征收企业所得税。本题取得许可使用费430万元,免征企业所得税。

三、低税率优惠

★**考点1. 小型微利企业:20%**

(1)自2017.1.1至2019.12.31,对<u>年应纳税所得额</u>≤50万元的小型微利企业,其<u>所得减按50%</u>计入应纳税所得额,按<u>20%</u>税率缴纳企业所得税

(2)条件

企业类别	年度应纳税所得额	从业人数	资产总额
工业企业	≤50万元	≤100人	≤3 000万元
其他企业	≤50万元	≤80人	≤1 000万元

【例6·单选】甲企业为符合条件的小型微利企业。2017年甲企业的应纳税所得额为25万元。甲企业当年应缴纳的企业所得税税额为(   )万元。(2017年)

A. 2.5   B. 5   C. 6.25   D. 3.75

【答案】A

【解析】凡符合条件的小型微利企业,减按20%的税率征收企业所得税。自2017年1月1日起至2019年12月31日,对年应纳税所得额低于50万元(含50万元)的小型微利企业,其所得减按50%计入应纳税所得额,按20%的税率缴纳企业所得税。应纳企业所得税税额=25×50%×20%=2.5(万元)。

★**考点2. 国家需要重点扶持的高新技术企业:15%**

【例7·单选】某企业被认定为国家需要重点扶持的高新技术企业。2015年该企业的利润总额为50万元,不符合税法规定的固定资产折旧额为3万元,营业外支出中列支了交通违章罚款1万元。不考虑其他纳税调整与税收优惠事项,2015年该企业应缴纳的企业所得税税额为(   )万元。(2016年)

A. 6.9   B. 10.8   C. 8.1   D. 7.05

【答案】C

【解析】固定资产多计提了3万元,需要纳税调增3万元,交通违章罚款1万元,不得税前扣除,纳税调增1万元,应纳税所得额为50+3+1=54(万元),国家需要重点扶持的高新技术企业的所得税税率为15%,应纳税所得额=54×15%=8.1(万元)。

四、区域税收优惠

考点1. 技术先进型企业税收优惠
（1）减按15%的税率征收
（2）职工教育经费支出，不超过工资薪金总额8%的部分，准予扣除
【注意】超过部分准予在以后纳税年度结转扣除。

五、特别项目税收优惠

★★★考点1. 加计扣除
（1）三"新"研发费
三"新"是指开发新技术、新产品、新工艺。（2018年调整）

情形	一般企业	科技型中小企业
未形成无形资产	50%加计扣除	75%加计扣除
形成无形资产	150%税前摊销	175%税前摊销

【注意】科技型中小企业的加计扣除方法在2017.1.1至2019.12.31期间施行。

（2）安置残疾人员的工资
在据实扣除的基础上，按工资的100%加计扣除。

【例8·判断】甲公司2013年开发一项新工艺，发生的研究开发费用为80万元，尚未形成无形资产计入当期损益。在甲公司计算当年企业所得税应纳税所得额时，该项研究开发费用可以扣除的数额为120万元。（　）（2014年）
【答案】√
【解析】企业为开发新技术、新产品、新工艺发生的研究开发费用，未形成无形资产计入当期损益的，在按照规定据实扣除的基础上，再按照研究开发费用的50%加计扣除。甲公司该项研究开发费用可以扣除的数额=80+80×50%=120（万元）。

【例9·单选】根据企业所得税法律制度的规定，企业为开发新技术、新产品、新工艺发生的研究开发费用，未形成无形资产计入当期损益的，在按照规定据实扣除的基础上，按照研究开发费用的一定比例加计扣除，该比例为（　）。（2012年）
A.50%　　　　B.100%　　　　C.150%　　　　D.200%
【答案】A
【解析】根据规定，研究开发费用的加计扣除，是指企业为开发新技术、新产品、新工艺发生的研究开发费用，"未形成无形资产计入当期损益"的，在按照规定据实扣除的基础上，按照研究开发费用的50%加计扣除；形成无形资产的，按照无形资产成本的150%摊销。

考点2. 减计收入
企业以规定的资源为主要原材料，生产国家非限制、非禁止、并符合相关标准的产品，减按90%计入收入总额。

★★ 考点3. 抵免应纳税额

企业购置并实际使用的环境保护、节能节水、安全生产等<u>专用设备</u>的，该**投资额的10%**，可从当年应纳税额中抵免。

【注意】当年不足抵免的，可在以后5个纳税年度结转抵免。

【例10·多选】根据企业所得税法律制度的规定，企业的下列支出中，在计算应纳税所得额时允许实行加计扣除的有（　　）。（2013年，2016年）

A. 购置用于环境保护专用设备的投资额

B. 为开发新技术发生的尚未形成无形资产而计入当期损益的研究开发费用

C. 安置残疾人员所支付的工资

D. 赞助支出

【答案】BC

【解析】选项A，购置并实际使用环境保护专用设备的，该专用设备的投资额的10%可以从企业当年的应纳税额中抵免。选项D，赞助支出没有优惠。加计扣除税收优惠：企业为开发新技术、新产品、新工艺发生的研究开发费用，未形成无形资产计入当期损益的，在按照规定据实扣除的基础上，再按照研究开发费用的50%加计扣除；安置残疾人员及国家鼓励安置的就业人员允许实行加计扣除。

★★ 考点4. 投资应纳税所得额

（1）以股权投资方式投资于未上市的中小高新技术企业

①一般创业投资企业：<u>2年以上的</u>，按其**投资额的70%**在股权持有满2年的当年抵扣。

②<u>有限合伙制</u>创业投资企业：**满2年的**，<u>法人合伙人</u>可按照**投资额的70%抵扣**。

【注意】以上当年不足抵扣的，可在以后纳税年度结转抵扣。

【例11·单选】2013年4月1日，甲创业投资企业采取股权投资方式向未上市的取得高新技术企业资格的乙公司（该公司属于中小企业）投资120万元，股权持有至2015年6月1日，甲创业投资企业2015年度计算应纳税所得额时，对乙公司的投资额可以抵免的数额为（　　）万元。（2014年）

A. 0　　　　B. 84　　　　C. 96　　　　D. 108

【答案】B

【解析】创业投资企业采取股权投资方式投资于未上市的中小高新技术企业2年以上的，可以按照其投资额的70%［120×70%＝84（万元）］在当年抵扣该企业的应纳税所得额。

【例12·单选】某企业为创业投资企业。2013年8月1日，该企业向境内未上市的中小高新技术企业投资200万元。2015年度企业利润总额890万元；未经财税部门核准，提取风险准备金10万元。已知企业所得税税率为25%。假定不考虑其他纳税调整事项，2015年该企业应纳企业所得税额为（　　）万元。（2015年）

A. 82.5　　　B. 85　　　　C. 187.5　　　D. 190

【答案】D

【解析】创业投资企业采取股权投资方式投资于未上市的中小高新技术企业两年以上的，可以按照投资额的70%在股权持有满两年的当年抵扣该创业投资企业的应纳税所得额；当年不足抵扣的，可以在以后纳税年度结转抵扣。未经核定的准备金支出，属于企业所得税前禁止扣除项目。因此，2015年该企业应纳企业所得税税额＝［（890＋10）－200×70%］×25%＝190（万元）。

★ 考点5. 加速折旧
（1）可以采取<u>缩短折旧年限</u>或<u>加速折旧方法</u>
①技术进步，产品更新换代较快。
②常年处于强震动、高腐蚀状态。
③2014.1.1后购进专用于研发的仪器、设备，单价超过100万元。
【注意】缩短折旧年限方法的，最低折旧年限不得低于法定折旧年限的60%。
（2）<u>加速折旧方法</u>：双倍余额递减法或年数总和法
【例13·多选】企业的固定资产由于技术进步等原因，确定需要加速折旧的，根据企业所得税法律制度的规定，可以采用加速折旧的方法有（　　）。
A. 年数总和法
B. 当年一次性折旧
C. 双倍余额递减法
D. 缩短折旧年限，但最低折旧年限不得低于法定折旧年限的50%
【答案】AC
【解析】根据规定，采取加速折旧年限方法的，最低折旧年限不得低于法定折旧年限的60%；采取加速折旧方法的，可以采取双倍余额递减法或者年数总和法。

第六节　企业所得税的源泉扣缴

★ 考点1. 源泉扣缴
（1）在中国<u>境内未设立</u>机构、场所的
（2）<u>虽设立</u>机构、场所但取得的所得与其所设机构、场所<u>无实际联系</u>的非居民企业
【注意】税率为20%，减半征收。
【例1·单选】根据企业所得税法律制度的规定，未在中国境内设立机构、场所的非居民企业取得的下列所得中，不实行源泉扣缴的是（　　）。（2016年）
A. 某美国企业向中国境内企业投资而取得的股息
B. 某美国企业向某英国企业出租机器设备，供其在英国使用而收取的租金
C. 某美国企业出售其在深圳的房产而取得的所得
D. 某美国企业向中国企业转让专利权而取得的所得
【答案】B
【解析】选项ACD，未在中国境内设立机构、场所的非居民企业，取得的来源于中

国境内的所得,实行源泉扣缴;选项B,不需在我国缴纳企业所得税,更谈不上源泉扣缴。

第七节　企业所得税的特别纳税调整

考点1. 关联企业的业务往来

包括:<u>有形资产</u>使用权或所有权的转让、<u>金融资产</u>的转让、<u>无形资产</u>使用权或所有权的转让、资金融通、劳务交易等。

第八节　企业所得税的征收管理

考点1. 纳税地点

(1) <u>居民</u>企业	①登记注册地
	②登记注册地在境外——实际管理机构所在地
(2) <u>非居民</u>企业	①有机构、场所,有联系——机构、场所所在地
	②未设立机构、场所的,没有实际联系——扣缴义务人所在地

★**考点2. 纳税申报**

(1) 按<u>年</u>计征,按月或季预缴,年终汇算清缴,多退少补

(2) 按月或按季预缴的,自<u>月份</u>或<u>季度终了之日</u>起15日内,报送申报表,预缴税款

(3) 在一个纳税年度的中间,开业或结业,使该纳税年度的实际经营期不足12个月的,应以其<u>实际经营期</u>为1个纳税年度

(4) 应自<u>年度终了之日</u>起5个月内,报送年度企业所得税纳税申报表,并汇算清缴,结清应缴应退税款

(5) 年度中间终止经营活动,应自<u>实际经营终止之日</u>起60日内,办理当期汇算清缴

★**考点3. 企业所得税的核定征收**

应纳所得税额 = 应税收入额 × 应税所得率 × 企业所得税税率
　　　　　　 = 成本(费用)支出额 ÷ (1 - 应税所得率) × 应税所得率 × 企业所得税税率

【例1·单选】某居民企业适用25%的企业所得税税率。2015年该企业向主管税务机关申报应纳税收入总额140万元,成本费用总额150万元。经税务机关检查,收入总额核算正确,但成本费用总额不能确定。税务机关对该企业采用以应税所得率方式核定征收企业所得税。应税所得率为25%。2015年该企业应缴纳的企业所得税税额为(　　)万元。

A. 2.5　　　　　　B. 12.5　　　　　　C. 8.75　　　　　　D. 11.6

【答案】C

经济法

【解析】应纳税所得额=应税收入额×应税所得率=140×25%=35（万元）；应纳所得税额=应纳税所得额×税率=35×25%=8.75（万元）。

【例2·综合】甲企业为增值税一般纳税人，2012年度取得销售收入8 800万元，销售成本为5 000万元，会计利润为845万元。2012年，甲企业其他相关财务资料如下：

（1）在管理费用中，发生业务招待费140万元，新产品的研究开发费用280万元（未形成无形资产计入当期损益）。

（2）在销售费用中，发生广告费700万元，业务宣传费140万元。

（3）发生财务费用900万元，其中支付给与其有业务往来的客户（非关联方）借款利息700万元，年利率为7%，金融机构同期同类贷款利率为6%。

（4）营业外支出中，列支通过减灾委员会向遭受自然灾害的地区的捐款50万元，支付给客户的违约金10万元。

（5）已在成本费用中列支实发工资总额500万元，并实际列支职工福利费105万元，上缴工会经费10万元并取得"工会经费专用拨缴款收据"，职工教育经费支出20万元。

已知：甲企业适用的企业所得税税率为25%。

要求：

（1）计算业务招待费应调整的应纳税所得额。

（2）计算新产品的研究开发费用应调整的应纳税所得额。

（3）计算广告费和业务宣传费应调整的应纳税所得额。

（4）计算财务费用应调整的应纳税所得额。

（5）计算营业外支出应调整的应纳税所得额。

（6）计算职工福利费、工会经费、职工教育经费应调整的应纳税所得额。

（7）计算甲企业2012年度的应纳税所得额。

【答案】

（1）业务招待费扣除限额1=140×60%=84（万元），业务招待费扣除限额2=8 800×5‰=44（万元），税前扣除限额为44万元，应调增应纳税所得额=140-44=96（万元）。

（2）研究开发费用应调减应纳税所得额=280×50%=140（万元）。

（3）广告费和业务宣传费税前扣除限额=8 800×15%=1320（万元），企业实际发生广告费和业务宣传费=700+140=840（万元），小于扣除限额，所以实际发生的广告费和业务宣传费可以全部扣除，无需进行纳税调整。

（4）财务费用应调增应纳税所得额=700-700÷7%×6%=100（万元）

（5）①支付给客户的违约金10万元，准予在税前扣除，无需进行纳税调整。

②公益性捐赠支出的税前限额=845×12%=101.4（万元），实际捐赠支出50万元没有超过扣除限额，准予据实扣除，无需进行纳税调整。

（6）①职工福利费税前扣除限额=500×14%=70（万元），实际支出额为105万元，超过了税前扣除限额，应调增应纳税所得额=105-70=35（万元）。

②工会经费税前扣除限额=500×2%=10（万元），实际上缴工会经费10万元，可以全部扣除，无需进行纳税调整。

③职工教育经费税前扣除限额=500×2.5%=12.5（万元），实际支出额为20万元，

超过了税前扣除限额，应调增应纳税所得额=20-12.5=7.5（万元）。

（7）甲企业2012年度应纳税所得额=845（会计利润）+96（业务招待费调增额）-140（研究开发费用调减额）+100（财务费用调增额）+35（职工福利费调增额）+7.5（职工教育经费调增额）=943.5（万元）。

检测4-2

第八章 相关法律制度

本章考情分析

思维导图

本章内容较多，考点较散乱，历年考试均以客观题出现，分值不高。

年份 题型	2014年		2015年		2016年		2017年卷一		2017年卷二	
	题量	分值	题量	分值	题量	分值	题量	分值	题量	分值
单选题	4	4	3	3	4	4	4	4	3	3
多选题	2	4	2	4	2	4	2	4	1	2
判断题	1	1	2	2	1	1	1	1	1	1
简答题	-	-	-	-	-	-	-	-	-	-
综合题	-	-	-	-	-	-	-	-	-	-
合计	-	9	-	9	-	9	-	9	-	6

第一节 预算法

一、预算收支范围

★ **考点1. 预算收支范围**

（1）预算收入

一般公共预算收入包括：<u>税收收入</u>、<u>行政事业性收费收入</u>、<u>国有资源（资产）有偿使用收入</u>、<u>转移性收入</u>、<u>其他收入</u>（规费收入、罚没收入、捐赠收入等）。

（2）预算支出

①<u>按功能分</u>：一般公共服务支出，外交、公共安全、国防支出，农业、环境保护支出，教育、科技、文化、卫生、体育支出，社会保障及就业支出、其他支出。

②<u>按经济性质分</u>：工资福利支出、商品和服务支出、资本性支出和其他支出。

【例1·多选】根据预算法律制度的规定，下列各项中，属于一般公共预算收入的有（　　）。（2016年）

A. 转移性收入

B. 行政事业性收费收入

C. 国有资源(资产)有偿使用收入

D. 税收收入

【答案】ABCD

【解析】一般公共预算收入包括各项税收收入、行政事业性收费收入、国有资产有偿使用收入、转移性收入和其他收入。

二、举借债务

★ 考点 1. 举借债务

中央	①实行余额管理，规模不得超过全国人大批准的限额
	②国务院财政部门具体负责中央政府债务的统一管理
地方	①实行限额管理，规模由国务院报全国人大或常委会批准
	②国务院财政部门对地方政府债务实施监督
	③经国务院批准，省级政府可适度举借债务
	④地方政府对其举借的债务负有偿还责任

【注意】举借的债务应当有偿还计划和稳定的偿还资金来源，只能用于公益性资本支出，不得用于经常性支出。

【例 2·单选】根据预算法律制度的规定，经国务院批准，省、自治区、直辖市政府可以适度举借债务，举借的债务只能用于特定支出，该特定支出是（   ）。(2017 年)

A. 商品支出　　　　　　　　　　B. 公益性资本支出

C. 工资福利支出　　　　　　　　D. 服务支出

【答案】B

【解析】举借的债务应当有偿还计划和稳定的偿还资金来源，只能用于"公益性资本支出"，不得用于经常性支出。

三、预算审查和批准

★ 考点 1. 预算的审批

（1）中央预算

中央预算由全国人大审批。

（2）地方各级预算

地方各级预算由本级人大审批。

【易混点】决算审批：中央→全国人大常委会；地方→本级人大常委会

【例 3·单选】根据预算法律制度的规定，审查和批准县级决算草案的机关是（   ）。

A. 县级人民政府

B. 县级人民代表大会常务委员会

C. 县级财政部门

D. 县级人民代表大会

【答案】B

【解析】县级以上地方各级人民代表大会常务委员会负责审查和批准本级决算。

四、预算执行

★**考点1. 预算收支的组织执行**

（1）预算空白期

每年1月1日至审议预算草案期间为预算空白期。

（2）预算空白期可安排的支出

①上一年度结转的支出。

②参照上一年同期的预算支出数额安排必须支付的本年度部门基本支出、项目支出，及对下级政府的转移性支出。

③法律规定须履行支付义务的支出。

④用于自然灾害等突发事件处理的支出。

【例4·多选】根据预算法律制度的规定，预算年度开始后，各级预算草案在本级人民代表大会批准前，可以安排的支出有（　　）。(2017年)

A. 用于自然灾害等突发事件处理的支出

B. 上一年度结转的支出

C. 法律规定必须履行支付义务的支出

D. 参照上一年同期的预算支出数额安排必须支付的本年度部门基本支出

【答案】ABCD

【解析】预算空白期可安排下列支出：上一年度结转的支出；参照上一年同期的预算支出数额安排必须支付的本年度部门基本支出、项目支出，以及对下级政府的转移性支出；法律规定必须履行支付义务的支出；用于自然灾害等突发事件处理的支出。

（3）预算收入的组织执行

①预算收入征收部门及单位，应及时、足额征收应征的预算收入。

②各级政府不得向预算收入征收部门和单位下达收入指标。

③政府的全部收入应上缴国库，对特定专项资金可设立财政专户。

（4）预算支出的组织执行

①各级政府财政部门须及时、足额拨付预算支出资金，加强预算支出的管理、监督。

②各单位的支出须按照预算执行，不得虚假列支。

③各单位应对预算支出情况开展绩效评价。

（5）预算执行中会计核算的基础

①各级预算的收入、支出实行收付实现制。

②实行权责发生制的特定事项的有关情况，应向本级人民代表大会常务委员会报告。

★**考点2. 预算预备费、预算周转金、预算稳定调节基金的管理**

一般公共预算年度执行中超收收入的，只能用于冲减赤字或补充预算稳定调节基金。

【例5·判断】各级一般公共预算年度执行中有超收收入的，只能用于冲减赤字或者补充预算稳定调节基金。（　　）(2016年)

【答案】√

【解析】题目表述正确。

五、预算调整

★ 考点 1. 预算调整的情形
（1）需<u>增加</u>或<u>减少</u>预算总支出
（2）需<u>调入</u>预算稳定调节基金的
（3）需<u>调减</u>预算<u>安排</u>的
（4）需<u>增加</u>举借债务数额的

【例 6·单选】根据规定，下列不属于应当进行预算调整的情形是（　　）。
A. 需要增加预算总支出的
B. 需要调入预算稳定调节基金的
C. 需要调减预算安排的重点支出数额的
D. 地方各级政府因上级政府增加不需要本级政府提供配套资金的专项转移支付而引起的预算支出变化的

【答案】D
【解析】经全国人民代表大会批准的中央预算和经地方各级人民代表大会批准的地方各级预算，在执行中出现下列情况之一的，应当进行预算调整：需要增加或者减少预算总支出的；需要调入预算稳定调节基金的；需要调减预算安排的重点支出数额的；需要增加举借债务数额的。

第二节　国有资产管理法律制度

一、企业国有资产法律制度

★★ 考点 1. 企业国有资产管理与监督体制
（1）企业国有资产属于国家所有（即全民所有）
（2）<u>国务院</u>代表国家行使国有资产所有权
（3）<u>国务院</u>、<u>各级人民政府</u>依法代表国家对国家出资企业履行出资人职责
①国务院所确定的关系国民经济命脉、国家安全的大型国家出资企业、重要基础设施、重要自然资源等领域的国家出资企业，由<u>国务院</u>代表国家履行出资人职责。
②其他的国家出资企业，由<u>地方人民政府</u>代表国家履行出资人职责。

【例 1·判断】国务院确定的关系国家安全的大型国家出资企业由国务院代表国家履行出资人职责。（　　）（2014 年）

【答案】√
【解析】题目表述正确。
【例 2·多选】根据企业国有资产法律制度的规定，下列各项中，代表国家对国家出

资企业履行出资人职责的有（ ）。

A. 全国人民代表大会　　　　　　B. 全国人民代表大会常务委员会
C. 地方人民政府　　　　　　　　D. 国务院

【答案】CD

【解析】"国务院和地方人民政府"依照法律、行政法规的规定，分别代表国家对国家出资企业履行出资人职责，享有出资人权益。

★考点2. 对管理者兼职的限制

（1）未经履行出资人职责的机构同意，国有独资企业、国有独资公司的董事、高级管理人员不得在其他企业兼职

（2）未经股东会、股东大会同意，国有资本控股公司、国有资本参股公司的董事、高级管理人员不得在经营同类业务的其他企业兼职

（3）未经履行出资人职责的机构同意，国有独资公司的董事长不得兼任经理

（4）未经股东会、股东大会同意，国有资本控股公司的董事长不得兼任经理

（5）董事、高级管理人员不得兼任监事

【例3·判断】未经履行出资人职责的机构同意，国有资本控股公司的董事长不得兼任经理。（ ）（2015年）

【答案】×

【解析】未经股东会、股东大会同意，国有资本控股公司的董事长不得兼任经理。

★考点3. 与关联方的交易

（1）关联方的界定

关联方是指本企业的董事、监事、高级管理人员及其近亲属，以及这些人员所有或实际控制的企业。

（2）未经履行出资人职责机构同意，国有独资企业、国有独资公司不得有下列行为

①与关联方订立财产转让、借款的协议。

②为关联方提供担保。

③与关联方共同出资设立企业。

④向董事、监事、高级管理人员或其近亲属所有或实际控制的企业投资。

（3）国有资本控股公司、国有资本参股公司

董事会作出决议时，该交易涉及的董事不得行使、也不得代理其他董事行使表决权。

【例4·多选】甲企业是国有独资企业。根据《企业国有资产法》的规定，下列各项中，属于甲企业关联方的有（ ）。

A. 甲企业的副经理林某　　　　　B. 甲企业经理的同学陈某
C. 甲企业的职工李某　　　　　　D. 甲企业财务负责人的配偶王某

【答案】AD

【解析】关联方是指本企业的董事、监事、高级管理人员及其近亲属，以及这些人员所有或者实际控制的企业。其中，高级管理人员包括经理、副经理、财务负责人、董事会秘书及公司章程规定的人员。

二、事业单位国有资产法律制度

考点1. 事业单位国有资产的使用

报批程序	对外投资、出租、出借、担保应进行可行性论证，报<u>同级财政部门</u>审批
专项管理	<u>对外投资</u>、<u>出租</u>、<u>出借</u>的资产实行专项管理
不需要资产评估	经批准事业单位<u>整体或部分资产无偿划转</u>
	行政、事业单位下属的事业单位之间的<u>合并</u>、<u>资产划转</u>、<u>置换</u>、<u>转让</u>

【注意】各级政府财政部门是政府负责事业单位国有资产管理的职能部门。

★考点2. 事业单位国有资产产权纠纷的处理

<u>内部</u>纠纷（事业单位与国有）	协商→同级或共同上一级财政部门→政府
<u>外部</u>纠纷（事业单位与非国有）	协商（主管部门审核并报同级财政部门批准）→司法（诉讼）

【例5·单选】根据国有资产管理法律制度的规定，事业单位与非国有单位或者个人之间发生产权纠纷时，事业单位应当提出拟处理意见，经主管部门审核并报特定机构批准后，与对方当事人协商解决，该特定机构是（　　）。（2017年）

A. 同级财政部门　　　　　　　　B. 同级人民政府
C. 上级财政部门　　　　　　　　D. 上级人民政府

【答案】A

【解析】事业单位与非国有单位或者个人之间发生产权纠纷时，事业单位应当提出拟处理意见，经主管部门审核并报同级财政部门批准后，与对方当事人协商解决。协商不能解决的，依照司法程序处理。

第三节　知识产权法律制度

一、专利法律制度

★考点1. 专利权的客体

（1）授予专利权包括<u>发明</u>、<u>实用新型</u>和<u>外观设计</u>。
（2）不授予专利权
①<u>科学发现</u>。
②<u>智力</u>活动的<u>规则</u>、<u>方法</u>。
【举例】体育竞赛的规则、游戏规则、九九乘法表。
③疾病的诊断、治疗方法。
④动物、植物品种。
【注意】动物、植物品种的生产方法可授予专利权。
⑤用原子核变换方法获得的物质。
⑥对平面印刷品的图案、色彩或二者的结合作出的主要起标识作用的设计。

【例1·单选】根据专利法律制度的规定,下列各项中,不授予专利权的是( )。
A. 药品的生产方法
B. 对产品的构造提出的适于实用的新的技术方案
C. 对平面印刷品的图案作出的主要起标识作用的设计
D. 对产品的形状作出的富有美感并适用于工业应用的新设计

【答案】C

【解析】关于选项A,疾病的诊断和治疗方法不能授予专利权,但用于诊断或者治疗疾病的仪器设备以及药品的生产方法可以授予专利权;关于选项B,对产品的形状、构造或者其结合所提出的适于实用的新的技术方案,可以申请实用新型专利;关于选项C,对平面印刷品的图案、色彩或者二者的结合作出的主要起标识作用的设计,不能授予专利权;关于选项D,对产品的形状、图案或者其结合以及色彩与形状、图案的结合所作出的富有美感并适用于工业应用的新设计,可以申请外观设计专利。

★★★ 考点2. 专利申请人

情形	认定	专利申请人
职务发明	(1) 在<u>本职工作中</u>的发明创造 (2) 履行本单位交付<u>工作之外</u>的任务的发明创造 (3) 终止劳动关系<u>1年内</u>作出,与原单位承担的工作或任务有关的发明创造	原单位
非职务发明	×	发明者本人
委托开发	委托开发完成的发明创造	除当事人另有约定外,申请专利的权利属于<u>研究开发人</u>
合作开发	合作开发完成的发明创造	除当事人另有约定的除外,申请专利的权利属于合作开发的<u>当事人共有</u>
继受取得	专利申请权转让合同取得	受让人自专利申请权<u>登记</u>之日取得专利申请权
	继承取得	被继承人死亡时继承人取得专利申请权
外国申请人	应当委托依法设立的专利代理机构办理	<u>外国人</u>、<u>外国企业</u>或者其他外国组织

【例2·单选】2014年,甲公司决定由本公司科研人员张某负责组建团队进行一项发明创造。2016年4月,张某带领其团队完成了该项任务。根据专利法律制度的规定,下列主体中,有权为该项发明创造申请专利的是( )。(2016年)
A. 甲公司   B. 张某
C. 张某组建的团队   D. 张某及张某组建的团队

【答案】A

【解析】职务发明创造,是执行本单位的任务,或者主要是利用本单位的物质技术条件所完成的发明创造。职务发明创造申请专利的权利属于该单位。

【例3·判断】当事人转让专利权的,专利权的转让自交付专利证书之日起生效。( )

【答案】×

【解析】受让人自专利申请权"登记"之日取得专利申请权。
【例4·单选】根据规定，下列关于专利申请人的表述中，不正确的是（　　）。
A. 专利申请人可以是发明人个人，也可以是职务发明的单位
B. 共同完成发明创造的个人，除另有协议外，可以作为共同的专利申请人
C. 在中国没有经营者居所的外国人，不能成为中国专利申请人
D. 通过合同取得专利申请权的人属于继受取得申请权的专利申请人
【答案】C
【解析】在中国没有经常居所或者营业场所的外国人、外国企业或者其他外国组织在中国申请专利或者办理其他专利事务时，应当委托依法设立的专利代理机构办理。

★ 考点3. 专利权的保护范围
（1）权利要求书
（2）说明书及附图
【注意】基本依据是权利要求书，说明书及附图只具有从属的地位。
【例5·判断】发明专利权的保护范围，以说明书及附图为准。（　　）（2017年）
【答案】×
【解析】发明或者实用新型专利权的保护范围，以其权利要求的内容为准，说明书及附图可以用于解释权利要求。

★★★ 考点4. 侵犯专利权的行为及例外
（1）侵犯专利权及不视为侵犯专利权的行为

侵犯专利权的行为	未经专利权人许可	①为生产经营目的制造、使用、许诺销售、销售、进口其专利产品 ②为生产经营目的制造、许诺销售、销售、进口（不包括使用）其外观设计专利产品
不视为侵犯专利权的行为		①权利穷竭 ②在先使用 ③临时过境 ④为科研、实验的使用 ⑤药品及医疗器械强制审查例外

（2）强制许可
①概念：是指国务院专利行政部门可以<u>不经专利权人同意</u>，直接向申请实施专利技术的申请人颁发专利强制许可证的制度。
②类型：
　a. 合理条件。
　b. 垄断。
　c. 公共利益。
　d. 药品。
　e. 从属专利。
【例6·多选】根据专利法律制度的规定，未经专利权人许可的下列行为中，不构成

[189]

侵犯专利权的有（　　）。(2017年)

A. 丙科研院专为科学研究并使用赵某的专利技术
B. 王某将购买的专利产品出售给李某
C. 丁公司在专利许可协议期满后，在专利有效期内继续生产该专利产品
D. 乙公司在甲公司申请专利之前已经制造某产品，在甲公司就相同产品获得专利权后，乙公司在原有范围内继续生产该产品

【答案】ABD

【解析】关于选项A，专为科学研究和实验而使用有关专利的，不视为侵犯专利权；关于选项B，王某从专利权人手中购买的是合法产品，事后销售不构成侵权；关于选项C，未经专利权人许可，为生产经营目的制造、使用、许诺销售、销售、进口其专利产品，或者使用其专利方法以及使用、许诺销售、销售、进口依照该专利方法直接获得的产品，构成侵犯专利权；关于选项D，非专利权人在专利申请日前已经制造相同产品、使用相同方法或者已经做好制造、使用的必要准备，在专利权人获得专利权后，非专利权人有权在原有的范围内继续制造、使用该专利技术，不视为侵犯专利权。

【例7·单选】甲公司2013年取得一项发明专利，乙、丙、丁、戊四个公司未经甲公司许可使用其专利。根据专利法律制度的规定，下列行为中，属于侵犯甲公司专利权的是（　　）。(2014年，2015年)

A. 乙公司购买了甲公司的专利产品，经研究产品的原理后仿造该产品
B. 丙公司在甲公司申请专利前已经制造相同产品，并且仅在原有范围内继续制造
C. 丁公司为进行科学实验而使用甲公司的专利产品
D. 戊公司取得强制许可后制造该专利产品

【答案】A

【解析】关于选项A，未经专利权人许可，为生产经营目的制造其专利产品的，构成专利侵权；关于选项B，非专利权人在专利申请日前已经制造相同产品、使用相同方法或者已经做好制造、使用的必要准备，在专利权人获得专利权后，非专利权人有权在原有的范围内继续制造、使用该专利技术，不视为侵犯专利权；关于选项C，专为科学研究和实验而使用有关专利的，不视为侵犯专利权；关于选项D，取得强制许可后制造该专利产品的，不构成侵犯专利权。

二、商标法律制度

★★★考点1. 商标注册的原则

（1）<u>自愿注册</u>和<u>强制注册</u>相结合的原则

①法律、行政法规规定必须使用注册商标的商品（<u>卷烟</u>、<u>雪茄烟</u>、<u>有包装的烟丝</u>）的生产经营者，必须申请商标注册，未经核准注册的，商品不得在市场销售。

②除必须使用注册商标的商品外，商标无论注册与否都可以使用，但只有注册商标才受到商标法律制度的保护。

（2）<u>诚实信用</u>原则

（3）**显著**原则

（4）**先申请**原则

（5）**商标合法**原则

①不得作为商标使用的标志：

a. 同<u>中华人民共和国</u>的国家名称、国旗、国徽、军旗、勋章相同或近似的，以及同<u>中央国家机关</u>所在地特定地点的名称或标志性建筑物的名称、图形相同的。

【注意】同我国国家名称相同或相近是商标标志整体上与国家名称相同或相近。

b. 同<u>外国</u>的国家名称、国旗、国徽、军旗相同或近似的，但该国政府同意的除外。

c. 同政府间<u>国际组织</u>的名称、旗帜、徽记相同或近似的，但经该组织同意或不易误导公众的除外。

d. 与表明实施控制、予以保证的<u>官方标志</u>、检验印记相同或近似的，但经授权的除外。

e. 同"<u>红十字</u>"、"<u>红新月</u>"的名称、标志相同或近似的。

f. 带有<u>民族歧视性</u>的。

g. 夸大宣传并带有<u>欺骗</u>性的。

【注意】商标标志或其构成要素具有欺骗性，容易使公众对商品的质量等特点或产地产生误认，属于夸大宣传并带有欺骗性的情形。

h. 有害于社会主义道德风尚或者有其他<u>不良影响</u>的。

【注意1】商标标志并非整体上与国家名称相同或相近，有可能损害国家尊严的，认定为有害于社会主义道德风尚或者有其他不良影响的。

【注意2】商标标志或其构成要素具有可能对我国社会公共利益和公共秩序产生消极、负面影响的，属于其他不良影响的情形。

i. 县级以上<u>行政区划</u>的地名或<u>公众知晓</u>的外国地名，不得作为商标。

②不得作为商标注册的标志：

a. 仅有本商品的通用<u>名称</u>、<u>图形</u>、<u>型号</u>的。

b. 仅直接表示<u>商品的质量</u>、<u>主要原料</u>、<u>功能</u>、<u>用途</u>、<u>重量</u>、<u>数量</u>及<u>其他特点</u>的。

c. 缺乏显著特征的。

【注意】上述所列标志经过使用取得显著特征，并便于识别的，可以作为商标注册。

d. 商品自身的形状、为获得技术效果而形成的商品形状或使商品具有实质性价值的形状。

e. 商标中有商品的地理标志，而该商品并非来源于该标志所标示的地区，<u>误导公众</u>的，不予注册并禁止使用；但是，已善意取得注册的继续有效。

【例8·多选】根据商标法律制度的规定，下列情形中，不得申请商标注册的有（　　）。

A. 丙公司拟使用中央国家机关的名称申请商标注册

B. 甲公司拟使用"红十字"标志申请商标注册

C. 乙公司拟以自己未作为商标使用的某产品的通用名称申请商标注册

D. 丁公司拟使用中华人民共和国国徽图案申请商标注册

【答案】ABCD

【解析】选项A，同中央国家机关的名称相同的，不得申请商标注册。选项B，同

"红十字"的标志相同的,不得申请商标注册。选项C,仅有本商品的通用名称、图形、型号的,不得作为商标注册;但该标志经过使用取得显著特征,并便于识别的,可以作为商标注册。选项D,同中华人民共和国的国徽图案相同的,不得申请商标注册。

【例9·单选】下列商品中,属于法律、行政法规规定必须使用注册商标的是( )。

A.卷烟　　　　B.服装　　　　C.食品　　　　D.化妆品

【答案】A

【解析】法律、行政法规规定必须使用注册商标的商品(卷烟、雪茄烟、有包装的烟丝)的生产经营者,必须申请商标注册,未经核准注册的,商品不得在市场销售。

【例10·多选】根据《商标法》的规定,下列可以作为商标标识的有( )。

A.声音　　　　B.纯字母　　　　C.纯数字　　　　D.纯图形

【答案】ABCD

【解析】任何能够将自然人、法人或者其他组织的商品与他人的商品区别开的标志,包括文字、图形、字母、数字、三维标志、颜色组合和声音等,以及上述要素的组合,均可以作为商标申请注册。

★考点2. 商标注册的审核

(1) 商标局应自收到申请文件之日起**9个月**内审查完毕

(2) 对初步审定的商标,自公告之日起**3个月内**,任何人均可提出异议

①无异议:予以核准注册,发给商标注册证,并予公告。

②异议成立:自公告期满之日起**12个月内**做出是否准予注册的决定。

【例11·单选】对申请注册的商标,商标局应当自受到商标注册申请文件之日起一定期间内审查完毕,符合《商标法》有关规定的,予以初步审定公告。根据商标法律制度的规定,该期间是( )。(2016年)

A.15日　　　　B.30日　　　　C.3个月　　　　D.9个月

【答案】D

【解析】申请注册的商标,商标局应当自收到商标注册申请文件之日起9个月内审查完毕,符合规定的,予以初步审定公告。

第四节　政府采购法律制度

一、《政府采购法》的适用范围

考点1. 不适用《政府采购法》的情形

(1) <u>军事</u>采购

(2) 因不可抗力事件所实施的紧急采购和涉及<u>国家安全和秘密</u>的采购

(3) 使用国际组织和外国政府<u>贷款</u>进行的政府采购

★ 考点2. 政府采购的原则
（1）公开透明原则
采购过程必须公开透明，接受社会的监督。
（2）公平竞争原则
不得以不合理的条件对供应商实行差别待遇或歧视待遇。
（3）公正原则
（4）诚实信用原则

二、政府采购当事人

★★ 考点1. 供应商（2018年重大调整）
（1）概念
供应商是指向采购人提供货物、工程或服务的法人、其他组织、自然人。
（2）应具备的条件
①具有独立承担民事责任的能力。
②具有良好的商业信誉、健全的财务会计制度。
③具有履行合同所必需的设备、专业技术能力。
④具有依法缴纳税收、社会保障资金的良好记录。
⑤参加政府采购活动前3年内，在经营活动中没有重大违法记录。
（3）单位负责人为同一人或存在直接控股、管理关系的不同供应商，不得参加同一合同项下的政府采购活动
（4）除单一来源采购项目外，为采购项目提供整体设计、规范编制或项目管理、监理、检测等服务的供应商，不得再参加该采购项目的其他采购活动
（5）2个以上的自然人、法人或其他组织可组成一个联合体，以一个供应商的身份共同参加政府采购，联合体各方采购合同约定的事项对采购人承担连带责任
（6）采购人员应回避的情形
①参加采购活动前3年内与供应商存在劳动关系。
②参加采购活动前3年内担任供应商的董事、监事。
③参加采购活动前3年内是供应商的控股股东或实际控制人。
④与供应商法定代表人或负责人有夫妻、直系血亲、三代以内旁系血亲或近姻亲关系。

【例1·判断】两个以上的自然人、法人或者其他组织可以组成一个联合体，以一个供应商的身份共同参加政府采购。（　　）（2015年）
【答案】√
【解析】两个以上的自然人、法人或者其他组织可以组成一个联合体，以一个供应商的身份共同参加政府采购。

【例2·单选】根据政府采购法律制度的规定，下列各项中，属于采购人以不合理的条件对供应商实行差别待遇的情形是（　　）。（2017年）
A.要求供应商具有良好的商业信用

B. 要求供应具有依法纳税的良好记录
C. 要求供应商拥有特定的商标
D. 要求供应商具有独立承担民事责任的能力

【答案】C

【解析】选项ABD,属于供应商参加政府采购活动应当具备的条件;选项C,限定或者指定特定的专利、商标、品牌或者供应商,属于以不合理的条件对供应商实行差别待遇或者歧视待遇。

三、政府采购方式

★ 考点1. 政府采购方式

方式	供应商	适用情形
公开招标	不特定	政府采购的主要方式
		不得化整为零
邀请招标	随机邀请3家以上	具有特殊性,只能从有限范围的供应商处采购
		采用公开招标方式的费用占政府采购项目总价值的比例过大
竞争性谈判	不少于3家	招标后没有供应商投标或没有合格标的或重新招标未能成立
		技术复杂或性质特殊,不能确定详细规格、具体要求
		采用招标所需时间不能满足用户紧急需要
		不能事先计算出价格总额
单一来源	1家	只能从唯一供应商处采购
		发生不可预见的紧急情况无法从其他供应商处采购
		必须保证原有采购项目一致性或服务配套的要求,需要继续从原供应商处添购,且添购资金总额不超过原合同采购金额10%
询价	3家以上	原则:符合采购需求且报价最低
		货物规格、标准统一、现货货源充足且价格变化较小的采购项目

【注意】因特殊情况不采用公开招标的:

(1) 在采购活动开始前报经主管预算单位同意后,向设区的市、自治州以上人民政府财政部门申请批准。

(2) 申请批准时,提交真实的采购人名称、采购项目名称、项目概况等项目基本情况说明,项目预算金额、预算批复文件或者资金来源证明,拟申请采用的采购方式和理由。

(3) 因招标未能成立采用竞争性谈判采购方式,还需提交有关发布招标公告以及招标情况、招标文件没有不合理条款的论证意见等材料。

【例3·单选】某事业单位拟采购一种特定的技术服务,经向社会公开招标没有合格标的,在此情形下,根据《政府采购法》的规定,该事业单位可以采用的采购方式是( )。

A. 邀请招标
B. 询价
C. 竞争性谈判
D. 单一来源采购

【答案】C

【解析】有下列情形之一的，可以采用竞争性谈判方式采购：招标后没有供应商投标或者没有合格标的或重新招标未能成立的；技术复杂或者性质特殊，不能确定详细规格或者具体要求的；采用招标所需时间不能满足用户紧急需要的；不能事先计算出价格总额的。

四、政府采购程序

★考点1. 招标采购的程序要求

（1）公开招标的，自招标文件发出之日至投标人提交投标文件，不得少于20日

（2）投标保证金不得超过采购项目预算金额的2%

（3）投标保证金应以支票、汇票、本票或金融机构、担保机构出具的保函等非现金形式提交。投标人未按照招标文件要求提交投标保证金的，投标无效

【例4·单选】根据政府采购法规定，采用招标方式进行政府采购的，自招标文件开始发出之日起至投标人提交投标文件截止之日止，不得少于一定期间，该期间为（　　）。

A. 20 日　　　　　　B. 15 日　　　　　　C. 19 日　　　　　　D. 7 日

【答案】A

【解析】采用招标方式采购的，自招标文件开始发出之日起至投标人提交投标文件截止之日止，不得少于20日。

五、政府采购合同

★考点1. 政府采购合同

（1）采购文件要求中标或成交供应商提交履约保证金的，供应商应以支票、汇票、本票或金融机构、担保机构出具的保函等非现金形式提交

（2）履约保证金的数额不得超过政府采购合同金额的10%

【例5·单选】根据政府采购法律制度的规定，采购文件要求中标或者成交供应商提交履约保证金的，履约保证金的数额不得超过政府采购合同金额的一定比例。该比例是（　　）。（2017 年）

A. 30%　　　　　　B. 10%　　　　　　C. 5%　　　　　　D. 20%

【答案】B

【解析】履约保证金的数额不得超过政府采购合同金额的10%。

六、政府采购的质疑与投诉

★考点1. 投诉（2018 年重大调整）

财政部门收到投诉书后，应在5 个工作日内进行审查，审查后按下列情况处理：

情形	处理方式
投诉书内容不符合规定	5个工作日内一次性书面通知投诉人补正，未按照补正期限进行补正或补正后仍不符合规定的，不予受理
投诉不符合规定条件	3个工作日内书面告知投诉人不予受理，并说明理由
投诉不属于**本部门**管辖	3个工作日内书面告知投诉人向有管辖权的部门提起投诉
投诉符合**法律要求**	自收到投诉书之日即为受理，并在8个工作日内向投诉人和其他与投诉事项有关的当事人发出投诉答复通知书及投诉书副本

【注意】财政部门应自收到投诉之日起30个工作日内，对投诉事项作出处理决定。但财政部门处理投诉事项，需要检验、检测、鉴定、专家评审以及需要投诉人补正材料的，所需时间不计算在投诉处理期限内。

第二模块　考霸手稿

一、单项选择题

1. 投保人申报的被保险人年龄不真实，并且其真实年龄不符合合同约定的年龄限制的，关于保险人可否解除合同的下列表述中，符合保险法律制度规定的是（ C ）。
A. 可以解除合同，并退还保险费
B. 可以解除合同，并要求投保人承担违约责任
C. 可以解除合同，并按照合同约定退还保险单的现金价值
D. 不可以解除合同，但可要求投保人按照真实年龄调整保险费

（批注：年龄不真实且不符合年龄限制，保险人可解除合同，但要退保）

2. 根据增值税法律制度的规定，增值税一般纳税人将购进的货物用于下列项目所涉及的进项税额，准予从销项税额中抵扣的是（ A ）。
A. 分配给投资者
B. 增值税免税项目
C. 简易计税方法计税项目
D. 个人消费

（批注：视同销售行为，准予抵扣；将购进货物用于免税项目、简易计税项目、集体福利、个人消费的，不得抵扣）

3. 甲有限责任公司设股东会、董事会、监事会，该公司经理王某违反法律规定，拖延向股东张某分配利润，张某拟通过诉讼维护自己的权利。下列关于张某诉讼权利的表述中，符合公司法律制度规定的是（ A ）。
A. 张某有权直接向人民法院起诉王某
B. 张某有权书面请求监事会起诉王某
C. 张某有权书面请求董事会起诉王某
D. 张某有权书面请求股东会起诉王某

（批注：损害"股东利益"时；损害"公司利益"时，有权请求监事会诉讼；干扰项）

4. 下列关于票据的伪造及责任承担的表述中，符合票据法律制度规定的是（C）。

A. 持票人行使追索权时，在票据上的真实签章人可以票据伪造为由进行抗辩 ← 伪造不影响真实签章效力

B. 票据被伪造人应向持票人承担票据责任

C. 出票人假冒他人名义签发票据的行为属于票据伪造

D. 票据伪造人应向持票人承担票据责任

票据伪造的，被伪造人不承担票据责任

5. 吴某与考上重点中学的12岁外甥孙某约定，将其收藏的一幅名画赠与孙某。下列关于吴某与孙某之间赠与合同效力的表述中，符合合同法律制度规定的是（C）。

A. 合同效力待定，因为吴某可以随时撤销赠与

B. 合同无效，因为孙某为限制民事行为能力人

C. 合同有效，因为限制民事行为能力人孙某可以签订纯获利益的合同

D. 合同效力待定，孙某的法定代理人有权在一个月内追认

限制民事行为能力人订立的纯获利合同直接有效

6. 根据保险法律制度的规定，投保人在订立保险合同时故意或因重大过失未履行如实告知义务，足以影响保险人决定是否同意承保或提高保险费率的，保险人有权解除合同。保险人解除合同的权利，自保险人知道有解除事由之日起超过一定期限不行使而消灭，该期限为（B）。

A. 1年

B. 30日 ← 知道有解除事由之日起，超过30日不行使而消灭

C. 2年 ← 自合同成立之日起，超过2年的（一直不知道），保险人不得解除

D. 3个月

7. 陈某在8月1日向李某发出一份传真：出售房屋一套，面积90平方米，价款260万元，合同订立7日内一次性付款，如欲购买请在3日内回复。李某当日传真回复，表示同意购买，但要求分期付款，陈某未回复。8月3日李某再次给陈某发传真，表示同意按照陈某传真的条件购买，陈某仍未回复。下列关于陈某、李某之间合同成立与否的表述中，符合合同法律制度的规定是（ B ）。

A. 李某的第二次传真回复为新要约，陈某未表示反对，合同成立 ← 承诺应以通知方式作出，陈某未表示反对不是承诺，合同不成立

B. 李某的两次传真回复，均为新要约，合同不成立

C. 李某的第二次传真回复为承诺，合同成立

D. 李某的第一次传真回复为承诺，合同成立

李某第一次要求分期付款是对内容作出"实质变更"，视为"新要约"，使得"原要约失效"，所以第二次回复也非对原要约的承诺（原要约已失效），而是新要约

8. 甲广告公司（下称甲公司）为增值税一般纳税人。2016年8月，甲公司取得含税广告制作费收入400万元，支付给某媒体的含税广告发布费100万元，取得增值税专用发票并已通过认证，此外，当期甲公司其他可抵扣的进项税额为6万元，甲公司当月应缴纳的增值税税额为（ C ）万元。

A. 37.6

B. 33.6

C. 10.98 ① 广告制作费和广告发布费均适用6%的增值税税率

D. 23.7 ② 当月应纳增值税税额=400÷（1+6%）×6%－100÷（1+6%）×6%－6 =10.98（万元）

9. 甲公司购买乙公司一批货物，约定甲公司于5月6日到乙公司仓库提货，由于甲公司疏忽，当日未安排车辆提货，次日凌晨乙公司仓库遭雷击起火，该批货物全部被烧毁。下列关于该批货物损失承担的表述中，符合合同法律制度的规定的是（ B ）。

A. 甲公司和乙公司分担货物损失，因为双方都没有过错

B. 甲公司承担货物损失，因其未按约定时间提货 ← 由于买受人原因导致标的物不能按照约定的期限交付的，买受人承担标的物的毁损、灭失的风险

C. 乙公司承担货物损失，因为货物所有权没有转移

D. 乙公司承担货物损失，因为货物仍在其控制之下

10. 下列关于普通合伙企业合伙人转让其在合伙企业中的财产份额的表述中，不符合合伙企业法律制度规定的是（ A ）。

A. 合伙人向合伙人以外的人转让其在合伙企业中的财产份额，其他合伙人既不同意转让也不行使优先购买权的，视为同意

B. 合伙人之间转让其在合伙企业中的财产份额的，应当通知其他合伙人

C. 合伙人向合伙人以外的人转让其在合伙企业中的财产份额的，除非合伙协议另有约定，同等条件下，其他合伙人有优先购买权

D. 合伙人向合伙人以外的人转让其在合伙企业中的财产份额的，除非合伙协议另有约定，须经其他合伙人一致同意

其他合伙人不同意也不行使优先购买权的，合伙人不得转让其财产份额

11. 2014年10月，向某为自己18岁的儿子投保了一份以死亡为给付保险金条件的保险合同。2017年向某的儿子因抑郁自杀身亡，向某要求保险公司给付保险金。下列关于保险公司承担责任的表述中，符合保险法律制度规定的是（ B ）。

A. 保险公司不承担给付保险金的责任，也不退还保险单的现金价值

B. 保险公司应承担给付保险金的责任

C. 保险公司不承担给付保险金的责任，但应退还保险单的现金价值

D. 保险公司不承担给付保险金的责任，也不退还保险费

以被保险人死亡为给付保险金条件的，自合同成立或合同效力恢复之日起2年内，被保险人自杀的，保险人不承担给付保险金责任。被保险人为无民事行为能力人的除外

12. 根据政府采购法律制度的规定，采购文件要求中标或者成交供应商提交履约保证金的，履约保证金的数额不得超过政府采购合同金额的一定比例。该比例是（ C ）。

A. 30%

B. 10% ← 履约保证金的数额不得超过政府采购合同金额的10%

C. 5%

D. 20%

13. 特殊的普通合伙企业的合伙人王某在执业中因重大过失给合伙企业造成损失。下列关于合伙人对此损失承担责任的表述中，符合合伙企业法律制度规定的是（ A ）。

A. 王某承担无限责任，其他合伙人以其在合伙企业中的财产份额为限承担责任

B. 王某与其他合伙人共同承担无限连带责任

C. 王某承担无限责任，其他合伙人不承担责任

D. 王某承担无限责任，其他合伙人以其实缴的出资额为限承担责任

14. 甲企业为符合条件的小型微利企业。2017年甲企业的应纳税所得额为25万元。甲企业当年应缴纳的企业所得税税额为（ A ）万元。

A. 2.5
B. 5
C. 6.25
D. 3.75

自2017年1月1日至2019年12月31日，对年应纳税所得额低于50万元（含50万元）的小型微利企业，其所得减按50%计入应纳税所得额。应纳企业所得税税额=25×50%×20%=2.5（万元）

15. 王某投资设立甲个人独资企业（下称甲企业），委托宋某管理企业事务。授权委托书中明确宋某可以决定20万元以下的交易。宋某未经王某同意，以甲企业的名义向乙企业购买30万元原材料，乙企业不知甲企业对宋某权利的限制。下列关于合同效力及甲企业权利义务的表述中，符合个人独资企业法律制度规定的是（ C ）。

A. 合同无效，甲企业有权拒绝支付30万元货款

B. 合同部分无效，甲企业向乙企业出示授权委托书后，有义务支付20万元货款

C. 合同有效，甲企业有义务支付30万元货款

D. 合同效力待定，甲企业追认后方有义务支付30万元货款

①个人独资企业的投资人对受托人或被聘用的人员职权的限制，不得对抗善意第三人
②乙企业不知甲企业对宋某权利的限制，属于善意第三人，合同有效

16. 赵某、刘某、郑某设立甲普通合伙企业（下称甲企业），后赵某因个人原因对张某负债100万元，且其自有资产不足以清偿，张某欠甲企业50万元。下列关于张某对赵某债权实施方式的表述中，不符合合伙企业法律制度规定的是（ C ）。

A. 张某可请求将赵某从甲企业分取的收益用于清偿

B. 张某可申请法院强制执行赵某在甲企业中的财产份额用于清偿

C. 张某可以其对赵某的债权抵销其对甲企业的债务

D. 张某不可代位行使赵某在甲企业中的权利

（合伙人发生与合伙企业无关的债务，相关债权人不得以其债权"抵销"其对合伙企业的债务）

17. 李某向王某借款5万元，约定借款期限半年，但未提及是否支付利息。半年后，因李某未如期归还，王某多次催要未果，向法院起诉要求李某还本付息。根据合同法律制度的规定，下列关于支付借款利息的主张中，能够得到法院支持的是（ D ）。

A. 王某要求李某依当地习惯按年利率15%支付借款使用期间的利息

B. 王某要求李某依当地习惯按年利率20%支付逾期还款期间的利息

C. 王某要求李某按同期银行贷款利率支付借款使用期间的利息

D. 王某要求李某按年利率6%支付逾期还款期间的利息

（借贷双方既未约定借期内的利率，也未约定逾期利率，出借人主张借款人自逾期还款之日起按照年利率6%支付资金占用期利息的，人民法院应予支持）

18. 在诉讼时效期间的最后6个月内，因一定事由的发生可导致诉讼时效中止。根据民事法律制度的规定，下列事由中，能够导致诉讼时效中止的是（ B ）。

A. 权利人提起诉讼

B. 发生不可抗力导致权利人无法行使请求权

C. 权利人向义务人提出履行义务的要求

D. 义务人同意履行义务

——诉讼时效中断的法定事由

19. 根据增值税法律制度的规定，增值税一般纳税人提供的下列服务中，适用6%税率的是（ D ）。
   A. 交通运输服务
   B. 不动产租赁服务
   C. 建筑服务
   D. 信息技术服务

   提供交通运输、邮政、基础电信、建筑、不动产租赁服务，销售不动产，转让土地使用权，税率为11%

20. 根据预算法律制度的规定，经国务院批准，省、自治区、直辖市政府可以适度举借债务，举借的债务只能用于特定支出，该特定支出是（ B ）。
   A. 商品支出
   B. 公益性资本支出
   C. 工资福利支出
   D. 服务支出

   举借的债务应当有偿还计划和稳定的偿还资金来源，只能用于"公益性投资支出"，不得用于经常性支出

21. 地处江南甲地的陈某向地处江北乙地的王某购买五吨苹果，约定江边交货，后双方就交货地点应在甲地的江边还是乙地的江边发生了争议，无法达成一致意见，且按合同有关条款或者交易习惯无法确定。根据合同法律制度的规定，苹果的交付地点应是（ A ）。
   A. 乙地的江边
   B. 由陈某选择甲地或者乙地的江边
   C. 由王某选择甲地或者乙地的江边
   D. 甲地的江边

   履行地点不明确时：
   ①给付货币的，在接受货币一方所在地履行
   ②交付不动产的，在不动产所在地履行
   ③其他标的，在履行义务一方所在地履行

22. 下列关于上市公司收购要约的撤销与变更的表述中，符合证券法律制度规定的是（ C ）。
   A. 收购人在收购要约确定的承诺期限内，除非出现竞争要约，不得变更收购要约
   B. 收购人需要变更收购要约的，只需通知被收购公司
   C. 收购人在收购要约确定的承诺期限内，不得撤销其收购要约
   D. 收购人在收购要约确定的承诺期限内，可在满足一定条件下撤销其收购要约

   不得撤销
   收购人需要变更收购要约的，必须及时公告，载明具体变更事项，"并"通知被收购公司

23. 某商场为促销健身器材,贴出告示,跑步机试用一个月,满意再付款,王某遂选定一款跑步机试用。试用期满退回时,该商场要求王某支付使用费200元。下列关于王某应否支付使用费的表述中,符合合同法律制度规定的是（ B ）。

A. 王某应当支付部分使用费,因为跑步机的磨损应当由王某和商场共同负担

B. 王某不应当支付使用费,因为双方对此未作约定

C. 王某应当支付使用费,因其使用跑步机造成磨损

D. 王某应当支付使用费,因其行为构成不当得利

（试用买卖的当事人没有约定使用费或者约定不明确,出卖人主张买受人支付使用费的,人民法院不支持）

24. 根据增值税法律制度的规定,增值税一般纳税人的下列行为中,不应视同销售的是（ B ）。

A. 将购进的货物作为投资提供给其他单位

B. 将购进的货物用于集体福利

C. 将自产的货物无偿赠送给其他单位

D. 将自产的货物分配给股东

（将外购的货物用于集体福利或个人消费时,不视同销售）

（将"外购或自产"的货物用于"投资、分配、无偿赠送"的,视同销售货物）

25. 根据国有资产管理法律制度的规定,事业单位与非国有单位或者个人之间发生产权纠纷时,事业单位应当提出拟处理意见,经主管部门审核并报特定机构批准后,与对方当事人协商解决,该特定机构是（ A ）。

A. 同级财政部门

B. 同级人民政府

C. 上级人民政府 ← 干扰项

D. 上级财政部门

("事业单位与其他国有单位"之间发生产权纠纷的,由当事人协商解决,协商不能解决的,可以向同级或上一级财政部门申请调解或裁定,必要时报有管辖权的人民政府处理)

26. 根据企业所得税法律制度的规定，纳税人的下列支出中，准予在计算企业所得税应纳税所得额时扣除的是（ C ）。
   A. 为投资者支付的商业保险费 ← 向投资者或职工支付的商业保险不得税前扣除
   B. 向投资者支付的股息 ← 向投资者支付的股息、红利等不得税前扣除
   C. 合理的劳动保护支出
   D. 内设营业机构之间支付的租金 ← 企业内营业机构之间支付的租金、特许权使用费，不得税前扣除

27. 下列各项中，属于仲裁法律制度适用范围的是（ A ）。
   A. 融资租赁合同纠纷
   B. 离婚纠纷 ← 与人身有关的婚姻、收养、监护、扶养、继承纠纷，不能提请仲裁
   C. 行政争议 ← 当事人可以申请行政复议或者提起行政诉讼，但不能提请仲裁
   D. 农业集体经济组织内部的农业承包合同纠纷 ← 可以申请仲裁，但只适用于《农村土地承包经营纠纷调解仲裁法》

28. 甲企业为增值税小规模纳税人，2017年7月，甲企业销售自己使用过3年的小货车，取得含税销售额41 200元；销售自己使用过的包装物，取得含税销售额82 400元。甲企业当月应缴纳的增值税税额为（ D ）元。
   A. 2 400
   B. 3 600
   C. 2 800
   D. 3 200

① 小规模纳税人销售自己使用过的固定资产，依3%征收率减按2%征收增值税
② 销售自己使用过的包装物，按3%征收率征收增值税
当月应纳的增值税税额 = 41 200 ÷ (1+3%) × 2% + 82 400 ÷ (1+3%) × 3% = 3 200（元）

29. 根据合伙企业法律制度的规定，下列情形中，经普通合伙企业其他合伙人一致同意，可以决议将合伙人除名的是（ A ）。
   A. 合伙人未履行出资义务
   B. 合伙人个人丧失偿债能力
   C. 合伙人死亡
   D. 合伙人在合伙企业中的全部财产份额被人民法院强制执行

B、C、D → 属于普通合伙人当然退伙的事由

30. 甲公司2016年度境内应纳税所得为300万元,来源于境外分支机构的应税所得为150万元(人民币,下同),该项所得在境外已缴纳企业所得税税额40万元。已知,甲公司适用的企业所得税税率为25%。已预缴企业所得税税额30万元。甲公司汇算清缴2016年企业所得税时,应补缴的税款为(A)万元。

A. 45
B. 70
C. 42.5
D. 30

①境外所得抵免限额=150×25%=37.5(万元)<40(万元) 不需要在我国补税
②甲公司应补缴的税款=300×25%-30=45(万元)

二、多项选择题

1. 下列关于有限责任公司章程的表述中,符合公司法律制度规定的有(BCD)。

A. 公司章程对股东没有约束力
B. 制定公司章程是设立有限责任公司的必经程序
C. 公司经营范围属于公司章程的必备事项
D. 公司章程必须由全体股东共同制定并签名、盖章

——公司章程对公司、股东、董事、监事和高级管理人员均有约束力

2. 根据合同法律制度的规定,出租人出卖租赁房屋时,承租人享有以同等条件优先购买的权利。但在某些特殊情形下,承租人主张优先购买房屋的,人民法院不予支持。这种特殊情形包括(AC)。

A. 出租人履行通知义务后,承租人在15日内未明确表示购买的
B. 第三人善意购买租赁房屋但尚未办理登记手续的 ← 需已经办理登记手续
C. 租赁房屋共有人行使优先购买权的
D. 出租人将租赁房屋出售给其侄子的 ← 出租人将房屋出卖给近亲属,承租人不得主张行使优先购买权,但侄子不属于近亲属

3. 根据专利法律制度的规定，未经专利权人许可的下列行为中，不构成侵犯专利权的有（ABD）。

A. 丙科研院专为科学研究并使用赵某的专利技术 → 专为科学研究和实验使用相关专利

B. 王某将购买的专利产品出售给李某 → 购买合法产品，事后销售不构成侵权

C. 丁公司在专利许可协议期满后，在专利有效期内继续生产该专利产品

D. 乙公司在甲公司申请专利之前已经制造某产品，在甲公司就相同产品获得专利权后，乙公司在原有范围内继续生产该产品

└ 未经专利权人许可，为生产经营目的制造、使用、许诺销售、销售、进口其专利产品，构成侵权

4. 下列关于保险代位求偿制度的表述中，符合保险法律制度规定的有（ABD）。

A. 保险人向被保险人赔偿保险金后，被保险人未经保险人同意放弃对第三者请求赔偿权利的，该行为无效

B. 保险人在赔偿金额范围内代位行使被保险人对第三者请求赔偿的权利

C. 保险人应以被保险人的名义行使代位求偿权 ← 应以"自己的名义"

D. 被保险人因故意致使保险人不能行使代位请求赔偿权利的，保险人可以扣减或者要求返还相应的保险金

5. 根据商标法律制度的规定，下列情形中，不得申请商标注册的有（ABCD）。

A. 丙公司拟使用中央国家机关的名称申请商标注册

B. 甲公司拟使用"红十字"标志申请商标注册

C. 乙公司拟以自己未作为商标使用的某产品的通用名称申请商标注册

D. 丁公司拟使用中华人民共和国国徽图案申请商标注册

不得申请商标注册的情形还包括：
①带有民族歧视的
②有害于社会主义道德风尚的
③带有欺骗性，容易使公众对产品质量等特点或生产地产生误认的

6. 根据民事诉讼法律制度的规定，下列关于审判监督程序启动的表述中，正确的有（ABCD）。

A. 当事人对已经生效的判决，认为有错误的，可以向上一级人民法院申请再审

B. 上级人民法院对下级人民法院已经生效的判决，发现确有错误的，有权提审

C. 各级人民法院院长对本院已经生效的判决，发现确有错误，认为需要再审的，提交审判委员会讨论决定

D. 最高人民法院对地方各级人民法院已经生效的判决，发现确有错误的，有权指令下级人民法院再审

7. 根据公司法律制度的规定，下列关于可转换公司债券的表述中，正确的有（ABC）。

A. 可转换公司债券在发行时必须规定转换办法

B. 可转换公司债券可以转换为公司股票

C. 可转换公司债券应当在债券上标明可转换公司债券字样

D. 可转换公司债券的持有人在转换条件具备时必须行使转换权 ← 可转也可不转，看当事人自己

8. 根据票据法律制度的规定，下列情形中，汇票不得背书转让的有（BCD）。

A. 汇票上未记载付款日期的 ← 未记载付款日期的，视为见票即付

B. 汇票被拒绝付款的

C. 汇票被拒绝承兑的

D. 汇票超过付款提示期限的

9. 根据合同法律制度的规定，下列属于合同中无效格式条款的有（BD）。

A. 有两种以上解释的格式条款 ← 应当作出不利于提供格式条款一方的解释

B. 因重大过失造成对方财产损失免责的格式条款

C. 就内容理解存在争议的格式条款 ← 按通常理解予以解释

D. 造成对方人身伤害免责的格式条款

10. 根据增值税法律制度的规定，下列服务中，适用 零税率 的有（ BC ）。

A. 向境外单位提供的完全在境外消费的物流辅助服务 ← 干扰项

B. 向境外单位提供的完全在境外消费的软件服务

C. 在境内载运旅客出境的国际运输服务

D. 纳税人提供的直接国际货物运输代理服务

零税率的服务：①国际运输服务；②航天运输服务；③向境外单位提供的完全在境外消费的研发服务、合同能源管理服务、设计服务、广播影视节目的制作和发行服务、软件服务、电路设计及测试服务、信息系统服务、业务流程管理服务、离岸服务外包业务和技术转让

11. 根据票据法律制度的规定，支票的下列记载事项中，可以由 出票人授权补记 的有（ BC ）。

A. 出票日期

B. 收款人名称   ← 相对记载事项，可补记

C. 票据金额

D. 付款人名称

绝对记载事项，不可以补记

12. 根据证券法律制度的规定，凡发生可能对上市公司证券交易价格产生较大影响的重大事件，投资者尚未得知时，上市公司应立即报送临时报告，并予公告。下列情形中，属于 重大事件 的有（ ABD ）。

A. 公司注册资本减少的决定

B. 公司涉嫌违法受到刑事处罚

C. 公司分配股利的计划 ← 内幕信息，非重大事件

D. 公司变更会计政策

13. 根据企业所得税法律制度的规定，下列取得收入的主体中，应当缴纳 企业所得税 的有（ ABD ）。

A. 国有独资公司

B. 股份有限公司

C. 合伙企业

D. 高等院校

企业所得税的纳税人包括：各类企业、事业单位、社会团体、民办非企业单位、从事经营活动的其他组织

不包括：个人独资企业和合伙企业

14. 下列关于有限合伙企业有限合伙人入伙和退伙责任的表述中，符合合伙企业法律制度规定的有（ AC ）。

A. 有限合伙人对基于其退伙前的原因发生的合伙企业债务，以其退伙时从合伙企业中取回的财产承担责任

B. 有限合伙人对基于其退伙前的原因发生的合伙企业债务，以其实缴的出资额为限承担责任 ←以其退伙时从合伙企业中取回的财产承担责任

C. 新入伙的有限合伙人对入伙前合伙企业的债务，以其认缴的出资额为限承担责任

D. 新入伙的有限合伙人对入伙前合伙企业的债务承担无限连带责任

↑以其认缴的出资额为限承担责任

15. 根据企业所得税法律制度的规定，下列关于企业提供劳务确认收入的表述中，正确的有（ ACD ）。

A. 广告的制作费，应根据制作广告的完工进度确认收入

B. 商品销售附带安装的安装费，应根据安装完工进度确认收入 ←在商品销售实现时确认收入

C. 为特定客户开发软件的收费，应根据开发的完工进度确认收入

D. 长期为客户提供重复的劳务收取的劳务费，在相关劳务活动发生时确认收入

三、判断题

1. 普通合伙企业入伙的合伙人，可以通过入伙约定比原合伙人享有较大的权利，承担较少的责任。（ ✓ ）

普通合伙企业入伙的新合伙人与原合伙人享有同等权利、承担同等责任。入伙协议另有约定的，从其约定

2. 张某向杨某借款3万元到期未还，双方因债务清偿问题发生纠纷，张某被杨某打伤。住院治疗共支出医疗费4.5万元，杨某有权主张在3万元内抵销，只向张某支付1.5万元医疗费。（ ✗ ）

因故意实施侵权行为产生的债务，不得抵销

3. 甲公司与乙公司签订买卖合同时，经丙公司同意，约定由丙公司向买受人甲公司交付货物，后丙公司交付的货物质量不符合约定，甲公司可以请求丙公司承担违约责任。（✗）

　　当事人约定由第三人向债权人履行债务的，第三人不履行债务或者履行债务不符合约定，应由债务人向债权人承担违约责任

4. 股份有限公司以超过股票票面金额的发行价格发行股份所得的溢价款，应当列为公司的盈余公积金。（✗）

　　应当列为"资本公积金"

5. 财产保险合同中，保险金额可以超过保险价值。（✗）

　　↑不得

6. 陈某与李某约定，在李某结婚时，陈某将自己的一套房屋赠与李某。该赠与行为是附期限的法律行为。（✗）

　　结婚属于附条件而不是附期限
　　附期限的是必然会发生的。附条件的则可能发生也可能不发生。李某可能一辈子不结婚

7. 甲公司向乙公司以预收货款的方式销售一批电脑，甲公司增值税纳税义务的发生时间为发出该批电脑的当天。（✓）

　　预收款方式销售货物，增值税纳税义务为货物发出的当天

8. 个人独资企业解散后，原投资人对企业存续期间的债务仍应承担偿还责任。但债权人在5年内未向债务人提出偿债请求的，该责任消灭。（✓）

9. 非居民企业转让财产所得，以收入全额为企业所得税应纳税所得额。（✗）

　　　　　　　　　　↑收入全额减除财产净值后的余额

10. 甲公司于2016年向意大利的乙公司出售一处位于中国境内的房产，乙公司在意大利将房款支付给了甲公司在意大利的分支机构，就该笔转让所得，甲公司有义务向中国主管税务机关申报缴纳企业所得税。（✓）

　　不动产转让所得按照不动产所在地确定所得来源地

[211]

四、简答题

1. 2015年9月1日,周某向梁某借款50万元,双方签订了借款合同,借款期限1年,年利率为24%。甲公司财务部门经理关某以财务部门名义为周某的该借款提供担保,与梁某签订了一份加盖甲公司财务部门章的保证合同。借款期限届满后,周某无力清偿借款本息。

2016年10月10日,梁某请求甲公司承担保证责任,甲公司以保证合同无效为由拒绝。

2016年12月1日,梁某调查发现,周某于2016年1月1日将一辆价值10万元的轿车赠送给亲戚郑某。2017年1月20日,梁某提起诉讼请求撤销赠与行为。郑某抗辩:

(1)自己不知道周某无力清偿欠款,属于善意第三人,梁某无权请求撤销;

(2)自2016年1月1日赠与行为发生至梁某起诉,已经超过可以行使撤销权的1年法定期间,梁某无权请求撤销。

要求:根据上述资料和合同法律制度的规定,回答下列问题。

(1)甲公司拒绝承担保证责任是否合法?简要说明理由。

(2)郑某抗辩理由(1)是否成立?简要说明理由。

(3)郑某抗辩理由(2)是否成立?简要说明理由。

---

(1)合法。企业法人的职能部门提供保证的,保证合同无效。甲公司关某是以财务部门名义与梁某签订的保证合同,所以保证合同无效,甲公司无需承担保证责任。

(2)郑某抗辩理由(1)不成立。根据规定,因债务人无偿转让财产,对债权人造成损害的(不论第三人善意还是恶意),债权人均可依法请求人民法院撤销债务人的行为。

(3)郑某抗辩理由(2)不成立。根据规定,撤销权自债权人"知道或者应当知道撤销事由之日起1年内行使"。2016年12月1日,梁某调查发现了该行为时构成"知道"撤销事由,截止到2017年1月20日尚未超过1年的撤销权行使期间。

2. 甲公司为增值税一般纳税人，主要从事化妆品销售业务，2017年发生如下事项：

（1）1月，将本公司于2016年10月购入的一处房产销售给乙公司，取得含税销售额1 332万元。

（2）5月，以附赠促销的方式销售A化妆品400件，同时赠送B化妆品200件。已知，A化妆品每件不含税售价为0.2万元，B化妆品每件不含税售价为0.1万元。

（3）7月，购进化妆品取得的增值税专用发票上注明的价款为30万元。另外向运输企业支付该批货物的不含税运费3万元，取得了运输企业开具的增值税专用发票。

已知，甲公司取得的增值税专用发票均已通过认证。

要求：根据上述资料和增值税法律制度的规定，回答下列问题。

（答案中的金额单位用万元表示）

（1）计算事项（1）中甲公司的销项税额。

（2）计算事项（2）中甲公司的销项税额。

（3）计算事项（3）中甲公司准予抵扣的进项税额。

---

(1) 销售不动产税率为11%。
事项(1)中甲公司的销项税额=1332÷(1+11%)×11%=132（万元）。

(2) 将自产、委托加工或购进的货物无偿赠送其他单位或个人，应视同销售缴纳增值税。
事项(2)中甲公司的销项税额=400×0.2×17%+200×0.1×17%=17（万元）。

(3) 交通运输服务适用11%的税率。
事项(3)中甲公司准予抵扣的进项税额=30×17%+3×11%=5.43（万元）。

3. 居民企业甲公司主要从事空调销售业务。2016年甲公司的销售收入为2 000万元，其他收入为500万元，年度利润总额为600万元，2016年度甲公司实际支出的广告费和业务宣传费为400万元。

甲公司申报缴纳2016年企业所得税时，未将下列收入计入应纳税所得额：

（1）从境内居民企业乙有限责任公司分得的股息60万元；

（2）依据法律代收的一项政府性基金30万元，该基金在当年未上缴财政。

要求：根据上述资料和企业所得税法律制度的规定，回答下列问题。（答案中的金额单位用万元表示）

（1）计算甲公司在清算2016年企业所得税应纳税所得额时准予扣除的广告费和业务宣传费。

（2）甲公司从乙有限责任公司分得的股息是否应计入应纳税所得额？简要说明理由。

（3）甲公司代收的政府性基金是否应计入应纳税所得额？简要说明理由。

---

(1) 企业发生的符合条件的广告费和业务宣传费支出，不超过销售收入15%的部分准予扣除。本题税前扣除限额=2000×15%=300（万元），小于实际发生额400万元。所以准予扣除的广告费和业务宣传费为300万元。

(2) 不计入应纳税所得额。
符合条件的居民企业之间的股息、红利等权益性投资收益，免征企业所得税。分得的60万元符合免税条件。

(3) 应计入应纳税所得额。
对企业依照法律、法规及国务院有关规定收取并上缴财政的政府性基金和行政事业性收费，准予作为不征税收入，于上缴财政的当年在计算应纳税所得额时从收入总额中减除，未上缴财政的部分，不得从收入总额中扣除。
该基金在当年未上缴财政，所以应计入应纳税所得额。

五、综合题

　　2015年6月，甲公司、乙公司、丙公司和陈某共同投资设立丁有限责任公司（下称丁公司）。丁公司章程规定：（1）公司注册资本500万元。（2）甲公司以房屋作价120万元出资，乙公司以机器设备作价100万元出资；陈某以货币100万元出资；丙公司出资180万元，首期以原材料作价100万元出资，余额以知识产权出资。2015年12月前缴足。（3）公司设股东会，1名执行董事和1名监事。（4）股东按照1:1:1:1行使表决权。公司章程对出资及表决权事项未作其他特殊规定。

　　公司设立后，甲公司、乙公司和陈某按照公司章程的规定实际缴纳了出资，并办理了相关手续，丙公司按公司章程规定缴纳首期出资后，于2015年11月以特许经营权作价80万元缴足出资。

　　2017年6月，因股东之间经营理念存在诸多冲突且无法达成一致，陈某提议解散丁公司。丁公司召开股东会就该事项进行表决。甲公司、乙公司和陈某赞成，丙公司反对。于是股东会作出了解散丁公司的决议。丁公司进入清算程序。

　　清算期间，清算组发现如下情况：

　　（1）由于市场行情变化，甲公司出资的房屋贬值10万元。

　　（2）乙公司出资时机器设备的实际价额为70万元，明显低于公司章程所定价额100万元。清算组要求甲公司补足房屋贬值10万元，甲公司拒绝；要求乙公司和其他股东对乙公司实际出资价额的不足承担相应的民事责任。

　　要求：根据上述资料和公司法律制度的规定，回答下列问题。

　　（1）指出丁公司股东出资方式中的不合法之处。

　　（2）丁公司设1名执行董事和1名监事是否合法？

　　（3）丁公司股东会作出解散公司的决议是否合法？说明理由。

　　（4）甲公司拒绝补足房屋贬值10万元是否合法？说明理由。

　　（5）对乙公司的实际出资价额的不足，乙公司和其他股东应分别承担什么民事责任？

(1) 丙公司以特许经营权作价出资不合法。
根据规定，股东不得以劳务、信用、自然人姓名、商誉、特许经营权或设定担保的财产等作价出资。

(2) 合法。
根据规定，股东人数较少或者规模较小的有限责任公司，可以设1名执行董事、1~2名监事，不设立董事会、监事会。

(3) 合法。
根据规定，公司解散属于股东会的特别决议，必须经全体代表2/3以上表决权的股东通过。
本题中，股东按照1：1：1：1行使表决权，甲公司、乙公司、陈某赞成解散公司，超过全部表决权的2/3，故作出解散公司的决议合法。

(4) 合法。
根据规定，出资人以符合法定条件的非货币财产出资后，因市场变化或其他客观因素导致出资财产贬值，公司、其他股东或者公司债权人请求该出资人承担补足出资责任的，人民法院不予支持。
本题中，由于市场行情变化，甲公司出资的房屋贬值10万元，故甲公司有权拒绝补足房屋贬值部分。

(5) ①乙公司应依法全面履行出资义务，向丁公司足额缴纳出资不足部分的本息。
②丁公司其他发起人股东应与乙公司承担连带责任。

第三模块　应试技巧

在中级会计考试中，除了常规的单选题、多选题、判断题之外，中级会计实务有计算题和综合题、经济法有简答题和综合题、财务管理有计算分析和综合题，难度比较大。在做题的时候，除了需要有过硬的知识和清晰的思路外，还需要讲究一些技巧和方法。

1. 单项选择题/多项选择题

单选题比较简单，多选题的难度在于要全部选正确才得分，漏选也不得分，所以对考生在知识掌握上的要求是比较全面的。对于一些难度大、经多次思考后仍不确定选项的题目，建议按照第一直觉去判断，大胆选答。另外，需要注意题目中问的是"正确"还是"不正确"的选项，建议平时练习做题时形成一个固定的习惯（例如无论题目怎么问，选项中表述正确的都打勾，错误的都打叉，回头再来看题目问的是"正确"还是"不正确"的选项）。

除此之外，在做单选/多选的时候，要活用排除法、比较法等方法进行选择，实在不能判断的话，还需要从出题者的角度去分析选项的设置，甚至可以从其他题目中尝试找到相关信息。

2. 判断题

判断题是不答不得分，答错倒扣分。所以对于有把握的题目要毫不犹豫地作答，但是对于把握不大的题目，建议宁可放弃也不要作答，以免造成倒扣分的情况。

3. 计算题/简答题

对于计算题与简答题（经济法），考生只需要直接列出关键的计算式和结果、会计分录，或写出法律条文即可，整体作答的篇幅比较简短。关键是对于题目中所问的属于哪个考点、使用什么公式或法律条文，需要在脑海中快速定位。

4. 综合分析题

综合分析题无非就是计算题或简答题的升级，在篇幅上更大，考核的知识点更广泛。考生应该在列出关键的计算式和结果、会计分录，或写出法律条文之外，再适当配以简短的结论性话语。

总而言之，考试需要"实力70%＋技巧20%＋运气10%"。希望各位考生顺利通过考试！

第四模块　模拟试卷

2018年度全国会计专业技术资格考试模拟试卷
《经济法》

一、**单项选择题**（本类题共30小题，每小题1分，共30分。每小题备选答案中，只有一个符合题意的正确答案。多选、错选、不选均不得分）

1. 根据专利法律制度的规定，下列关于专利申请人的表述中，不正确的是（　　）。

A. 专利申请人可以是发明人个人，也可以是职务发明的单位

B. 共同完成发明创造的个人，除另有协议外，可以作为共同的专利申请人

C. 在中国没有经常居所的外国人，不能成为中国专利申请人

D. 通过合同取得专利申请权的人属于继受取得申请权的专利申请人

2. 甲、乙、丙、丁拟任A上市公司独立董事。根据公司法律制度的规定，下列选项中，不影响当事人担任独立董事的情形是（　　）。

A. 甲之妻半年前卸任A上市公司之附属企业B公司总经理之职

B. 乙于1年前卸任C公司副董事长之职，C公司持有A上市公司已发行股份的7%

C. 丙正在担任B公司的法律顾问

D. 丁是持有A上市公司已发行股份2%的自然人股东

3. 甲、乙、丙、丁成立一家有限合伙企业，甲是普通合伙人，负责合伙事务执行，其他为有限合伙人。在合伙协议没有约定的情况下，下列行为不符合法律规定的是（　　）。

A. 甲以合伙企业的名义向A公司购买一辆二手车

B. 乙代表合伙企业与B公司签订了一份代销合同

C. 丙将自有房屋租给合伙企业使用

D. 丁设立的一人有限公司经营与合伙企业相同的业务

4. 关于股份有限公司的监事会，下列表述中正确的是（　　）。

A. 监事会成员必须全部由股东大会选举产生

B. 监事会每6个月至少召开一次会议

C. 公司高级管理人员可以兼任监事

D. 监事会成员任期3年，不得连任

5. 下列有关国有独资公司组织机构的表述中，符合公司法律制度规定的是（　　）。

A. 国有独资公司应当设股东会

B. 国有独资公司董事长由董事会选举产生

C. 经国有资产监督管理机构同意，国有独资公司董事长可以兼任经理

D. 国有独资公司监事会主席由监事会选举产生

6. 甲、乙等六位股东各出资 30 万元于 2012 年 2 月设立一个有限责任公司，5 年来公司效益一直不错，但为了扩大再生产一直未向股东分配利润；2018 年股东会上，乙提议进行利润分配，但股东会仍然作出不分配利润的决议；乙遂觉得继续投资于该公司没有什么意义。乙拟采取的下列措施中，符合公司法律制度规定的是（　　）。

　　A. 请求法院解散该公司

　　B. 请求法院撤销该股东会决议

　　C. 请求公司以合理价格收购其股权

　　D. 不经其他股东同意而将其股份转让给第三人

7. 南方甲与北方乙签订了苹果买卖合同，并在合同中约定，若发生争议由 A 市仲裁委员会仲裁，后甲未按期履行合同，乙欲向 A 市仲裁委员会提起仲裁，甲乙关于仲裁协议的效力产生了争议。根据规定，下列说法中正确的是（　　）。

　　A. 甲可以在首次开庭时请求人民法院作出裁定

　　B. 甲可以在首次开庭时请求仲裁委员会作出决定

　　C. 若甲请求仲裁委员会作出决定，乙请求人民法院作出裁定的，由人民法院裁定

　　D. 若甲请求仲裁委员会作出决定，乙请求人民法院作出裁定的，由仲裁委员会裁定

8. 2017 年 7 月 4 日，贾某携妻子跟随某旅行社到海边旅游，该旅行社承诺保障其人身安全。2017 年 7 月 5 日，贾某与妻子在海滩冲浪运动中，被海中动物咬伤，花去医疗费用 2 000 元。贾某向该旅行社请求赔偿医疗费用遭到拒绝。于是同年 8 月 8 日，贾某向人民法院提起侵权诉讼。根据民法通则的规定，下列说法中，正确的是（　　）。

　　A. 贾某提起诉讼时效期间为 2 年

　　B. 诉讼时效期间自 2017 年 7 月 4 日起算

　　C. 诉讼时效自贾某向人民法院提起诉讼时中止

　　D. 诉讼时效自贾某向人民法院提起诉讼时中断

9. A 有限责任公司有甲、乙、丙、丁、戊五名股东，甲拟将其股权以 100 万元的价格转让给庚，遂于 2016 年 11 月 1 日向其他股东发出书面通知征求意见；乙接到通知后第二日复函表示同意，丙接到通知后一直未予答复，丁接到通知后当即复函表示反对但又不愿意购买甲的股权，戊接到通知一周后复函表示反对并要求购买甲的股权。根据公司法律制度的规定，下列说法不正确的是（　　）。

　　A. 如果至 2016 年 12 月 1 日丙仍未答复，应视为丙同意甲转让股权

　　B. 如果至 2016 年 12 月 1 日丙仍未答复，同意和视为同意甲转让的股东人数为 3 人

　　C. 如果戊出价 100 万元要求购买，甲应当将股权转让给戊

　　D. 如果甲反悔，不同意将股权转让给戊，戊不能要求甲赔偿其合理损失

10. 根据证券法律制度规定，上市公司发生的下列事件，不属于重大事件的是（　　）。

　　A. 公司订立重要合同，可能对公司的资产、负债、权益和经营成果产生重要影响

　　B. 公司财务负责人发生变动

　　C. 公司发生重大债务和未能清偿到期重大债务的违约情况

　　D. 经理无法履行职责

11. 下列情形中，投保人不具有保险利益的是（　　）。

　　A. 张某为自己的妻子王某投人身保险

　　B. 田某为自己投人身保险

　　C. 甲公司为自己公司员工小刘投人身保险

　　D. 甲未经朋友乙的同意，为乙投人身保险

12. 李某为其小轿车向甲保险公司投保盗抢险，保险费为2万元；投保后6个月，李某谎称其小轿车被盗，向甲保险公司提出赔偿请求。根据保险法律制度规定，下列说法正确的是（　　）。

　　A. 甲保险公司有权解除保险合同，且不退还2万元保险费

　　B. 甲保险公司有权解除保险合同，但应退还2万元保险费

　　C. 甲保险公司有权解除保险合同，但须退还2万元保险费的现金价值

　　D. 甲保险公司有权解除保险合同，但须退还2万元保险费及其利息

13. 李某向甲银行贷款10万元，以自己价值30万元的越野汽车作抵押，并办理了抵押登记。后李某又将该车抵押给乙银行，获得贷款10万元，未办理抵押登记。最后李某将自己的汽车抵押给丙银行，获得贷款10万元，并办理了抵押登记。李某做生意周转不开，无法偿还甲银行、乙银行以及丙银行的贷款。在三个银行同时要求实现抵押权的情况下，李某的汽车拍卖后仅得24万元，不足以清偿全部债务。下列说法正确的是（　　）。

　　A. 分别清偿甲银行、乙银行、丙银行各8万元

　　B. 清偿甲银行10万元、乙银行10万元、丙银行4万元

　　C. 清偿甲银行10万元、丙银行10万元、乙银行4万元

　　D. 清偿甲银行10万元、丙银行10万元，不对乙银行进行清偿

14. 甲向乙借款10万元，以自有的一辆奔驰轿车作抵押，且办理了抵押登记。其后，甲发生一场交通事故导致车辆故障，送至丙处修理，因无力支付修理费而被留置。下列各项中，观点正确的是（　　）。

　　A. 乙的抵押权优先受偿

　　B. 丙的留置权优先受偿

　　C. 抵押权和留置权按比例受偿

　　D. 因留置物的价值高于修理费，丙不能行使留置权

15. 国家出资企业的关联方，不得利用与国家出资企业之间的交易谋取不当利益。下列不属于甲国有独资公司关联方的是（　　）。

　　A. 甲公司的董事张某

　　B. 甲公司的监事李某

　　C. 甲公司的经理王某

　　D. 甲公司的职工赵某

16. 根据保险法律制度的规定，下列有关保险合同成立时间的表述，正确的是（　　）。

　　A. 投保人支付保险费时，保险合同成立

　　B. 保险人签发保险单时，保险合同成立

　　C. 保险代理人签发暂保单时，保险合同成立

D. 投保人提出保险要求，保险人同意承保时，保险合同成立

17. 甲私刻乙公司财务专用章，假冒乙公司名义签发一张转账支票给收款人丙，丙将该支票背书转让给丁，丁又背书转让给戊。当戊主张票据权利时，下列说法正确的是（　　）。

A. 甲不承担票据责任　　　　　　　B. 乙公司承担票据责任
C. 丙不承担票据责任　　　　　　　D. 丁不承担票据责任

18. 有关权利质押，下列表述不符合法律制度规定的是（　　）。

A. 以汇票出质的，质权自汇票交付质权人时设立
B. 以基金份额出质的，质权自证券登记结算机构办理出质登记时设立
C. 以专利权中的财产权出质的，质权自专利权证书交付时设立
D. 以应收账款出质的，质权自信贷征信机构办理出质登记时设立

19. 甲拟向丙购买1台大型设备，因资金紧缺向乙融资租赁，双方签订了书面合同，甲乙之间无其他约定；甲在该设备安装完毕后，发现不能正常运行。根据合同法律制度的规定，下列表述中，不正确的是（　　）。

A. 甲、乙、丙可以约定，甲直接向丙索赔
B. 甲无权以标的物质量不合格为由要求乙承担违约责任
C. 甲仍应按照约定支付租金
D. 租赁期满后由甲取得该设备的所有权

20. 某企业为增值税一般纳税人，2017年5月购进原材料取得的增值税专用发票上注明的增值税税额为8.5万元，当月销售货物取得不含税销售额40万元；2017年6月购进原材料取得的增值税专用发票上注明的增值税税额为3.4万元，当月销售货物取得不含税销售额70万元。已知，该企业取得的增值税专用发票已通过税务机关认证。该企业2017年6月应缴纳的增值税为（　　）万元。

A. 10.2　　　　　B. 6.8　　　　　C. 8.5　　　　　D. 1.7

21. 某电器修理店是增值税小规模纳税人，本月取得含税修理收入20 600元，当月出售一台自己使用过的设备（未放弃减税优惠），收取价税合计金额123 600元。该电器修理店本月应缴纳的增值税为（　　）元。

A. 3 090　　　　B. 3 072　　　　C. 3 000　　　　D. 3 023.5

22. 某广告公司为增值税一般纳税人。2017年6月，取得广告设计不含税价款530万元，奖励费收入5.3万元；支付设备租赁费，取得的增值税专用发票注明税额17万元。根据增值税法律制度的规定，该广告公司当月上述业务应缴纳增值税（　　）万元。

A. 14.8　　　　B. 15.12　　　　C. 15.1　　　　D. 13.3

23. 根据增值税法律制度的规定，下列行为中，应当缴纳增值税的是（　　）。

A. 建筑公司员工接受本公司的工作任务设计建筑图纸
B. 客运公司为本公司员工提供班车服务
C. 运输公司为灾区免费提供运输救灾物资的服务
D. 母公司向子公司无偿转让商标权

24. 根据企业所得税法律制度的规定，有关确认收入实现时间的下列表述中，正确的是（　　）。

A. 接受捐赠收入，按照合同约定的捐赠日期确认收入的实现

B. 利息收入，按照合同约定的债务人应付利息的日期确认收入的实现

C. 租金收入，按照出租人实际收到租金的日期确认收入的实现

D. 权益性投资收益，按照投资方实际收到利润的日期确认收入的实现

25. 根据企业所得税法律制度的规定，下列固定资产中，在计算企业所得税应纳税所得额时可以扣除折旧费的是（　　）。

A. 未投入使用的房屋

B. 未投入使用的机器设备

C. 以经营租赁方式租入的固定资产

D. 以融资租赁方式租出的固定资产

26. 2016年某企业当年实现自产货物销售收入500万元，当年发生计入销售费用中的广告费60万元，企业上年还有35万元的广告费没有在税前扣除，企业当年可以税前扣除的广告费是（　　）万元。

A. 15　　　　　　B. 60　　　　　　C. 75　　　　　　D. 95

27. 下列有关票据承兑的说法正确的是（　　）。

A. 定日付款的商业承兑汇票，持票人应当在汇票到期日前向付款人提示承兑

B. 见票后定期付款的汇票，持票人应当自出票日起10日内向付款人提示承兑

C. 付款人承兑汇票的，应当在汇票正面或者背面记载"承兑"字样和承兑日期并签章

D. 票据承兑后，持票人未在法定期限提示付款的，承兑人的票据责任解除

28. 甲、乙、丙共同出资设立了A特殊普通合伙企业，约定甲、乙、丙共同执业。关于甲执业过程中的行为，下列说法正确的是（　　）。

A. 甲因重大过失给A企业带来的债务，应当和乙、丙一起承担无限连带责任

B. 甲主观上没有过错的话，给A企业带来的债务，甲就不必承担责任

C. 甲因故意给A企业带来的债务，应当由甲一人承担全部责任

D. 甲因轻微的过失给A企业带来的债务，应当由全体合伙人承担无限连带责任

29. 下列规范性文件中，属于地方性法规的是（　　）。

A. 广州市人民政府制定的《广州市实施〈工伤保险条例〉办法》

B. 国务院制定的《增值税暂行条例》

C. 湖南省人大常委会制定的《湖南省反不正当竞争条例》

D. 财政部制定的《会计从业资格管理办法》

30. 根据《仲裁法》的规定，下列各项中，不正确的是（　　）。

A. 婚姻、收养、监护、扶养、继承纠纷，不能申请仲裁

B. 限制民事行为能力人签订的仲裁协议无效

C. 当事人不服仲裁裁决的，可以向人民法院提起诉讼

D. 当事人提出证据证明仲裁裁决有应撤销情形的，可在收到裁决书之日起6个月内，向仲裁委员会所在地的中级人民法院申请撤销裁决

二、多项选择题（本类题共 15 小题，每小题 2 分，共 30 分。每小题备选答案中，有两个或两个以上符合题意的正确答案。多选、少选、错选、不选均不得分）

1. 在商品房买卖合同中，出现下列（　　）情形时，买受人有权解除合同并要求出卖人承担不超过已付购房款一倍的惩罚性赔偿金。
   A. 商品房买卖合同订立后，出卖人未告知买受人又将该房屋抵押给第三人
   B. 所售商品房的房屋主体结构质量不合格不能交付使用
   C. 出卖人迟延交付房屋，经催告后在 3 个月的合理期限内仍未履行
   D. 出卖人故意隐瞒所售房屋已经出卖给第三人而订立商品房买卖合同

2. 有限合伙企业中的合伙人身份可能会发生变化，对此下列说法正确的有（　　）。
   A. 有限合伙企业仅剩有限合伙人的，应当转为有限合伙企业
   B. 有限合伙企业仅剩普通合伙人的，应当转为普通合伙企业
   C. 除合伙协议另有约定外，普通合伙人转变为有限合伙人，应经全体合伙人一致同意
   D. 除合伙协议另有约定外，有限合伙人转变为普通合伙人，应经全体合伙人一致同意

3. 根据企业所得税法的规定，下列项目可以享受加计扣除的有（　　）。
   A. 企业安置残疾人员所支付的工资
   B. 企业购置节能节水专用设备的投资
   C. 企业从事国家需要重点扶持和鼓励的创业投资
   D. 新技术、新产品、新工艺的研究开发费用未形成无形资产

4. 根据增值税法律制度的规定，下列可作为增值税进项税额抵扣凭证的有（　　）。
   A. 增值税专用发票
   B. 农产品收购发票
   C. 海关进口增值税专用缴款书
   D. 增值税普通发票

5. 甲乙约定卖方甲负责将所卖货物运送至买方乙指定的仓库。甲如约交货，乙验收，但甲未将产品合格证和原产地证明文件如约交付给乙；乙已经支付了 80% 的货款。交货当晚，因山洪暴发，乙仓库内的货物全部毁损。根据合同法律制度的规定，下列说法正确的有（　　）。
   A. 乙应当支付剩余 20% 的货款
   B. 因甲未交付产品合格证和原产地证明文件，构成违约，但货物损失应由乙承担
   C. 乙有权解除合同，并请求甲返还已支付的 80% 货款
   D. 甲有权要求乙支付剩余 20% 的货款，但应当补交已经毁损的货物

6. 根据政府采购法律制度的规定，在中华人民共和国境内进行的采购均应适用《政府采购法》，但有下列（　　）情形之一的除外。
   A. 使用国际组织和外国政府贷款进行的政府采购，贷款方、资金提供方与中方达成的协议对采购的具体条件另有规定的，可适用其规定，但不得损害国家利益和社会公共利益
   B. 因严重自然灾害和其他不可抗力事件所实施的紧急采购和涉及国家安全和秘密的采购
   C. 军事采购

D. 需要采购的货物、工程或服务在中国境内无法获取或无法以合理的商业条件获取的

7. 根据《仲裁法》的规定，下列情形中的仲裁协议，属于无效的有（   ）。

A. 甲、乙两公司在建设工程合同中依法约定有仲裁条款，其后，该建设工程合同被确认无效

B. 王某与李某在仲裁协议中约定，将他们的扶养合同纠纷交由某仲裁委员会仲裁

C. 郑某与甲企业在仲裁协议中对仲裁委员会约定不明确，且不能达成补充协议

D. 陈某在与高某发生融资租赁合同纠纷后，陈某胁迫高某签订的仲裁协议

8. 下列关于以募集方式设立的股份有限公司股份募集的表述中，符合《公司法》规定的有（   ）。

A. 发起人向社会公开募集股份，发起人实缴不少于股本总额的35%

B. 发起人向社会公开募集股份，必须公告招股说明书，并制作认股书

C. 发起人向社会公开募集股份，应当由依法设立的证券公司承销，签订承销协议

D. 发起人向社会公开募集股份，应当同银行签订代收股款协议

9. 根据增值税法律制度规定，下列各项中，免征增值税的有（   ）。

A. 个人转让著作权

B. 残疾人本人为社会提供的服务

C. 婚姻介绍服务

D. 个人销售自建自用住房

10. 甲向乙发出一封电报称："现有白糖100吨，每吨售价2 000元，如有意购买，请于8月1日前到我厂提货。"乙给甲回了一封电报称："我厂有意购买，将于7月15日到你厂提货。"下列有关表述中，正确的有（   ）。

A. 甲向乙发出的电报是要约

B. 甲向乙发出的电报是要约邀请

C. 乙向甲发出的电报是承诺

D. 乙向甲发出的电报是要约

11. 根据《中华人民共和国票据法》规定，下列属于票据权利消灭的情形有（   ）。

A. 持票人对本票出票人的权利，自票据出票日起2年未行使

B. 持票人对支票出票人的权利，自出票日起6个月未行使

C. 持票人对除出票人、承兑人以外的前手的追索权，自被拒绝承兑或者被拒绝付款之日起6个月未行使

D. 持票人对除出票人、承兑人以外的前手的再追索权，自清偿日或者被提起诉讼之日起3个月未行使

12. 根据保险法律制度规定，投保人投保的下列保险中有效的有（   ）。

A. 老赵为其6岁的儿子小赵购买了一份以死亡为给付保险金条件的合同

B. 老钱为其患有精神疾病的妻子购买了一份以死亡为给付保险金条件的合同

C. 老孙为其丈夫购买了一份以死亡为给付保险金条件的合同，未经其丈夫同意

D. 老李为自己购买了一份以死亡为给付保险金条件的合同，指定受益人为自己的妻子

13. 下列有关个人独资企业设立条件的表述中，符合个人独资企业法律制度规定的有（　　）。

A. 投资人可以是中国公民，也可以是外国公民

B. 投资人可以家庭共有财产作为个人出资

C. 企业名称中不得使用"公司"字样

D. 企业必须有符合规定的最低注册资本

14. 下列关于公司股东会或股东大会、董事会决议不成立的表述中，正确的有（　　）。

A. 会议未对决议事项进行表决

B. 出席会议的人数或者股东所持表决权不符合公司法或公司章程规定

C. 会议的表决结果未达到公司法或公司章程规定的通过比例

D. 导致决议不成立的其他情形

15. 根据公司法律制度规定，股份有限公司股东大会所议下列事项中，必须经出席会议的股东所持表决权 2/3 以上通过的有（　　）。

A. 对公司增加或者减少注册资本作出决议

B. 对发行公司债券作出决议

C. 选举和更换由股东代表出任的监事，决定有关监事的报酬事项

D. 修改公司章程

三、判断题（本类题共 10 小题，每小题 1 分，共 10 分，请判断每小题的表述是否正确。每小题答题正确的得 1 分，答题错误的扣 0.5 分，不答题的不得分也不扣分。本类题最低得分为零分）

1. 在民间借贷中，出借人与借款人既约定了逾期利率，又约定了违约金或者其他费用，出借人应当在逾期利息、违约金或者其他费用中择一主张。（　　）

2. 公益性捐赠扣除限额为年度利润总额的 12%，超过部分，准予结转以后 3 年内扣除。（　　）

3. 孙某委托某律师代为申请专利，后孙某不幸遇交通事故死亡，孙某与该律师之间的委托代理关系随即终止。（　　）

4. 甲公司向 A 银行借款，并以其持有的 A 银行 5 万股股票为 A 银行设定质押，A 银行接受该项质押并提供借款。甲公司和 A 银行之间的质押借款行为符合有关法律制度。（　　）

5. 国有独资公司、国有企业、上市公司以及公益性的事业单位、社会团体不得成为普通合伙企业的普通合伙人，但可以成为有限合伙企业的普通合伙人。（　　）

6. 公司债权人的债权未过诉讼时效期间，依照规定请求未履行或者未全面履行出资义务或者抽逃出资的股东承担赔偿责任，被告股东以出资义务或者返还出资义务超过诉讼时效期间为由进行抗辩的，人民法院应予支持。（　　）

7. 无法辨别当事人在票据被变造之前还是之后签章的，视同在变造之后签章。（　　）

8. 股东要求查阅公司会计账簿，应当向公司提出书面请求，说明目的。（　　）

9. 甲公司拟修改公司章程，公司全体股东以书面形式一致表示同意。甲公司因此没有召开股东会会议，直接作出了修改公司章程的决定，并由全体股东在决定文件上签名、盖章。甲公司的这种做法是合法的。（　　）

10. 公民经常居住地是指公民离开住所地至起诉时已连续居住满 2 年的地方。（　　）

四、简答题（本类题共 3 小题，每小题 6 分，共 18 分。凡要求计算的，必须列出计算过程；计算结果出现两位以上小数的，均四舍五入保留小数点后两位小数。凡要求说明理由的，必须有相应的文字阐述）

1. 甲自然人、乙自然人和丙公司共同投资设立 A 有限合伙企业（以下简称"A 企业"），在各方协商一致的合伙协议中约定：甲出资 5 万元货币，乙以劳务作价 10 万元出资，丙公司以作价 8 万元的实物出资；甲和乙为普通合伙人，丙为有限合伙人；甲和乙共同执行 A 企业的合伙事务。

丙公司为谋取利润，以 A 企业普通合伙人的身份与不知情的 B 公司签订购买钢材的合同。B 公司按约向 A 企业交货时，A 企业以丙公司无权代表合伙企业签订合同为由拒绝支付货款。

丙公司为偿还其欠债权人的购货款，未经甲和乙的同意，以其在 A 企业中的财产份额出质，与 C 银行签订借款合同，取得 8 万元的借款支付了债权人的购货款。后由于丙公司生产经营困难，无力偿还银行贷款。经协商，丙公司将其在 A 企业的财产份额全部转让给了 D 公司，D 公司成为 A 企业的有限合伙人。

经查：A 企业的合伙协议中，没有对有限合伙人财产份额出质作出约定。

根据以上事实及有关规定，回答下列问题。

要求：

（1）A 企业拒绝支付 B 公司货款的理由是否成立？丙公司应承担什么责任？分别说明理由。

（2）丙公司将其在 A 企业中的财产份额出质的行为是否符合规定？说明理由。

（3）丙公司和 D 公司对在其退伙前和入伙后 A 企业的债务各应如何承担责任？说明理由。

2. 甲公司购买乙公司价值 30 万元的办公用品，向乙公司出具了一张 A 银行为付款人、票面金额为 30 万元的定日付款汇票。乙公司收到汇票后，向 A 银行提示承兑，A 银行予以承兑。后乙公司为偿付所欠丙公司 30 万元贷款，将该汇票背书转让给丙公司，并在背书时记载"禁止转让"字样。丙公司购买原材料时，又将该汇票背书转让给债权人丁。丁在该汇票付款期限届满时，向 A 银行提示付款，A 银行以甲公司账户资金不足为由拒绝付款，并做成拒绝付款证明交给丁。

根据《票据法》的规定，回答下列问题。

要求：

（1）A 银行拒绝付款的理由是否成立？简要说明理由。

（2）丁可以向哪些人行使追索权？简要说明理由。

3. 2017 年 6 月 10 日，A 公司与 B 公司签订 300 万元的借款合同，合同约定：借款期限为 1 年；借款用途是购买固定资产；借款年利率为 40%，利息在发放借款时一次性从借款本金中扣除；未约定逾期利率。当日，C 公司作为 A 公司的保证人与 B 公司签订了借款保证合同，但未约定保证范围、保证方式和保证期限。D 公司与 B 公司签订了抵押合同，以其所有的一处房产作为抵押，双方约定：如果 A 公司不按时偿还借款本息，B

公司有权对该房产行使抵押权。

借款合同到期后，A 公司没有偿还借款，B 公司遂向法院提起诉讼，要求 A 公司按照 40% 的利率返还本息并支付逾期利息。

根据上述资料，回答下列问题。

要求：

（1）借款合同约定借款利息预先从借款本金中扣除是否合法？如何处理？说明理由。

（2）如何确定 C 公司的保证方式和保证期限？说明理由。

（3）如果 B 公司请求 C 公司承担保证责任，C 公司能否以"保证范围不明确时，保证人只对物的担保以外的债权承担保证责任"为由进行抗辩？说明理由。

（4）借款年利率为 40% 是否符合规定？说明理由。

五、综合题（本类题共 1 题，共 12 分。凡要求计算的，必须列出计算过程；计算结果出现两位以上小数的，均四舍五入保留小数点后两位小数。凡要求说明理由的，必须有相应的文字阐述）

甲企业为增值税一般纳税人，2017 年度取得销售收入 8 800 万元，销售成本为 5 000 万元，会计利润为 845 万元。2017 年，甲企业其他相关财务资料如下：

（1）在管理费用中，发生业务招待费 140 万元，新产品的研究开发费用 280 万元（未形成无形资产计入当期损益）。

（2）在销售费用中，发生广告费 700 万元，业务宣传费 140 万元。

（3）发生财务费用 900 万元，其中支付给与其有业务往来的客户借款利息 700 万元，年利率为 7%，金融机构同期同类贷款利率为 6%。

（4）营业外支出中，列支通过减灾委员会向遭受自然灾害的地区的捐款 50 万元，支付给客户的违约金 10 万元。

（5）已在成本费用中列支实发工资总额 500 万元，并实际列支职工福利费 105 万元，上缴工会经费 10 万元并取得工会经费专用拨缴款收据，职工教育经费支出 20 万元。

已知：甲企业适用的企业所得税税率为 25%。

要求：

（1）计算业务招待费应调整的应纳税所得额。

（2）计算新产品的研究开发费用应调整的应纳税所得额。

（3）计算广告费和业务宣传费应调整的应纳税所得额。

（4）计算财务费用应调整的应纳税所得额。

（5）计算营业外支出应调整的应纳税所得额。

（6）计算职工福利费、工会经费、职工教育经费应调整的应纳税所得额。

（7）计算甲企业 2017 年度的应纳税企业所得税税额。

答案解析

线上诊断